WILLIAM CEREJA

Professor graduado em Português e Linguística e licenciado em Português
pela Universidade de São Paulo (USP)
Mestre em Teoria Literária pela Universidade de São Paulo (USP)
Doutor em Linguística Aplicada e Estudos da Linguagem pela PUC-SP
Professor da rede particular de ensino em São Paulo, capital

CAROLINA DIAS VIANNA

Professora graduada e licenciada em Português pela
Universidade Estadual de Campinas (Unicamp)
Mestre em Linguística Aplicada pela Universidade Estadual de Campinas (Unicamp)
Doutora em Linguística Aplicada pela Universidade Estadual de Campinas (Unicamp)
Professora das redes pública e particular de ensino nos
Estados de São Paulo e Minas Gerais

Autores também de:

OBRAS PARA O ENSINO FUNDAMENTAL

Português: linguagens (1º ao 5º ano)
Todos os textos (6º ao 9º ano)
Gramática reflexiva (6º ao 9º ano)
Gramática – Texto, reflexão e uso (6º ao 9º ano)

OBRAS PARA O ENSINO MÉDIO

Conecte Live - Língua Portuguesa (vol. único)
Literatura brasileira
Gramática reflexiva
Texto e interação
Português contemporâneo

William Cereja é autor também de:

OBRAS PARA O ENSINO FUNDAMENTAL

Interpretação de textos (1º ao 5º ano)
Interpretação de textos (6º ao 9º ano)

OBRAS PARA O ENSINO MÉDIO

Conecte Live - Português: linguagens (3 vol.)
Literatura portuguesa
Interpretação de textos

Presidência: Mario Ghio Júnior
Vice-presidência de educação digital: Camila Montero Vaz Cardoso
Direção editorial: Lidiane Vivaldini Olo
Gerência de conteúdo e design educacional: Julio Cesar Augustus de Paula Santos
Gestão e coordenação de área: Renato Luiz Tresolavy
Edição: Paula Junqueira e Ingrid Favoretto Falcão
Aprendizagem digital: Renata Galdino (ger.),
Beatriz de Almeida Pinto Rodrigues da Costa (coord. Experiência de Aprendizagem),
Carla Isabel Ferreira Reis (coord. Produção Multimidia),
Daniella dos Santos Di Nubila (coord. Produção Digital),
Rogerio Fabio Alves (coord. Publicação),
Vanessa Tavares Menezes de Souza (coord. Design Digital).
Planejamento e controle de produção: Flávio Matuguma (ger.),
Juliana Batista (coord.) e Jayne Ruas (analista)
Revisão: Letícia Pieroni (coord.), Aline Cristina Vieira, Anna Clara Razvickas, Carla Bertinato, Daniela Lima, Danielle Modesto, Diego Carbone, Elane Vicente, Kátia S. Lopes Godoi, Lilian M. Kumai, Malvina Tomáz, Marília H. Lima, Patrícia Rocco S. Renda, Paula Freire, Paula Rubia Baltazar, Paula Teixeira, Raquel A. Taveira, Ricardo Miyake, Shirley Figueiredo Ayres, Tayra Alfonso e Thaise Rodrigues
Arte: Fernanda Costa da Silva (ger.), Catherine Saori Ishihara (coord.), Meyre Diniz. Schwab (edição de arte)
Diagramação: Arte4
Iconografia e tratamento de imagem: Roberta Bento (ger.),
Iron Mantovanello Oliveira, Thaisi Albarracin Lima e
Cristina Akisino (pesquisa iconográfica), Fernanda Crevin (tratamento de imagens)
Licenciamento de conteúdos de terceiros: Roberta Bento (ger.),
Jenis Oh (coord.), Liliane Rodrigues, Raísa Maris Reina,
Sueli Ferreira e Cristina Akisino (analistas de licenciamento)
Ilustrações: Biry Sarkis, David Martins, DSilustras, Estúdio Ornitorrinco, Filipe Rocha, Jean Galvão, Psonha, Rafael Herrer, Tânia Ricci, Tati Spinelli e Thiago Newmann (NORTE)
Cartografia: Eric Fuzii (coord.) e Robson Rosendo da Rocha
Design: Erik Taketa (coord.) e Talita Guedes da Silva (proj. gráfico e capa)
Foto de capa: Crazy nook/Shutterstock, sonia.eps/Shutterstock e umnola/Shutterstock

Todos os direitos reservados por Somos Sistemas de Ensino S.A.
Avenida Paulista, 901, 6º andar – Bela Vista
São Paulo – SP – CEP 01310-200
http://www.somoseducacao.com.br

Dados Internacionais de Catalogação na Publicação (CIP)

```
Cereja, William
    Português linguagens 6º ano / William Cereja, Carolina
Dias Vianna. -- 10. ed. -- São Paulo : Atual, 2023.

    Suplementado pelo manual do professor
    ISBN 978-65-5945-087-9 (aluno)
    ISBN 978-65-5945-091-6 (professor)

    1. Língua portuguesa (Ensino fundamental) I. Título II.
Vianna, Carolina Dias

22-0183                                          CDD 372.6
```

Angélica Ilacqua – Bibliotecária – CRB-8/7057

Dados Internacionais de Catalogação na Publicação (CIP)

```
Cereja, William
    Português linguagens 6º ano [livro eletrônico] / William
Cereja, Carolina Dias Vianna. -- 10. ed. -- São Paulo :
Atual, 2023.
    PDF

    Suplementado pelo manual do professor
    ISBN 978-65-5945-095-4 (aluno)
    ISBN 978-65-5945-099-2 (professor)

    1. Língua portuguesa (Ensino fundamental) I. Título II.
Vianna, Carolina Dias

22-0187                                          CDD 372.6
```

Angélica Ilacqua – Bibliotecária – CRB-8/7057

2023
10ª edição
1ª impressão
De acordo com a BNCC.

2023

Impressão e acabamento: Bercrom Gráfica e Editora

Uma publicação

APRESENTAÇÃO

CARO ESTUDANTE:

Este livro foi escrito para você.

Para você que é curioso, gosta de aprender, de realizar coisas, de trocar ideias com a turma sobre os mais variados assuntos, que não se intimida ao dar uma opinião... porque tem opinião.

Para você que gosta de trabalhar às vezes individualmente, às vezes em grupo; para você que leva a sério os estudos, mas gosta de se descontrair, porque, afinal, ninguém é de ferro.

E também para você que, "plugado" no mundo, viaja pela palavra, lendo livros, jornais ou revistas; viaja pelo som, ouvindo música ou tocando um instrumento; viaja pela imagem, apreciando uma pintura, lendo quadrinhos, assistindo à tevê ou a um vídeo, ou navega pela internet, procurando outros saberes e jovens de outras terras para conversar.

Para você que às vezes é pura emoção, às vezes, sentimental, às vezes, bem-humorado, às vezes, irrequieto e, muitas vezes, tudo isso junto.

E também para você que, dinâmico e criativo, não dispensa um trabalho diferente com a turma: visitar um museu, entrevistar uma pessoa interessante, encenar uma peça de teatro para outras turmas, discutir um filme, montar um livro com poemas seus e de seus colegas, desenhar uma história em quadrinhos, tornar o mural da escola um espaço de divulgação de assuntos de interesse geral, participar de um seminário, de um debate público, etc., etc.

Para você que transita livremente entre linguagens e que usa, como um dos seus donos, a língua portuguesa para emitir opiniões, para expressar dúvidas, desejos, emoções, ideias e para receber mensagens.

Para você que gosta de ler, de criar, de falar, de rir, de criticar, de participar, de argumentar, de debater, de escrever.

Enfim, este livro foi escrito para você que deseja aprimorar sua capacidade de interagir com as pessoas e com o mundo em que vive.

Um abraço,
Os Autores.

SUMÁRIO

UNIDADE 1: No mundo da fantasia 8
De olho na imagem: Ilustração de conto maravilhoso 10

CAPÍTULO 1 ▌ Era uma vez... 12
Os sete corvos, Irmãos Grimm 12
Estudo do texto 15
   Compreensão e interpretação.............. 15
   A linguagem do texto 16
   Trocando ideias 17
   De olho na oralidade:
   Escuta de conto maravilhoso 17

A língua em foco 19
   Linguagem: ação e interação 19
   Linguagem verbal, não verbal e
   textos multimodais 20
   Os interlocutores 20
   A língua 22
   A linguagem e os códigos 25
   Língua e linguagem na construção
   do texto 27
   Semântica e discurso 28
   De olho no gráfico: Leitor – gênero e
   idade... 29
   Para escrever com expressividade 32
   O dicionário: palavras no contexto...... 32

Produção de texto 37
   Conto maravilhoso: construção e
   recursos expressivos 37

Divirta-se 41

CAPÍTULO 2 ▌ Depois do final feliz.. 42
Felizes quase sempre, Antonio Prata... 42
Estudo do texto 46
   Compreensão e interpretação.............. 46
   A linguagem do texto 47
   Trocando ideias 48
   De olho na oralidade: Leitura expressiva
   do texto 49
   Ler é reflexão 50

A língua em foco 51
   Variedades linguísticas 51
   Tipos de variação linguística 53
   Variedades de prestígio e norma-padrão.. 54
   Preconceito linguístico 55
   As variedades linguísticas na
   construção do texto 58
   Semântica e discurso 59
   De olho na escrita: Fonema e letra 62

Produção de texto 65
   Paródia de conto maravilhoso:
   construção e recursos expressivos..... 65

Divirta-se 69

CAPÍTULO 3 ▌ Fábulas em cena! ..70
O leão, o lobo e a raposa,
Cristiane F. Arrais 70
Estudo do texto 74
   Compreensão e interpretação.............. 74
   A linguagem do texto 77
   Cruzando linguagens 77
   Trocando ideias 80
   De olho na oralidade: Leitura
   expressiva do texto 81

A língua em foco 82
   Figuras de linguagem 82
   As figuras de linguagem na construção
   do texto 89
   Semântica e discurso 90
   De olho na escrita: Dígrafo e encontro
   consonantal..................................... 92

Produção de texto 95
   Texto teatral: construção e recursos
   expressivos...................................... 95

Divirta-se 99

Passando a limpo 100

Intervalo — Mostra: Histórias
de hoje e de sempre 104

UNIDADE 2: Crianças 108

De olho na imagem: Fotografia de William Vanderson 110

CAPÍTULO 1 ■ A princesa do pé quebrado 112
- *Lúcio — Conta mais?*, Ziraldo 112
- Estudo do texto 118
  - Compreensão e interpretação............. 118
  - A linguagem do texto 119
  - Trocando ideias 120
- A língua em foco.. 120
  - Texto, discurso, gêneros do discurso... 120
  - A intencionalidade discursiva 122
  - Os textos e os gêneros do discurso .. 123
  - A intencionalidade discursiva na construção do texto........................ 126
  - Semântica e discurso 127
  - De olho na escrita: Encontros vocálicos... 129
- Produção de texto 132
  - História em quadrinhos (I): construção e recursos expressivos... 132
- Divirta-se 137

CAPÍTULO 2 ■ Um crime na garagem 138
- *Mau menino*, Antonio Prata................ 138
- Estudo do texto 141
  - Compreensão e interpretação............. 141
  - A linguagem do texto 143
  - Trocando ideias 143
- A língua em foco.. 144
  - O substantivo 144
  - Classificação dos substantivos 147
  - Flexão dos substantivos 152
  - O substantivo na construção do texto .. 157
  - Semântica e discurso 158
  - De olho na escrita: Divisão silábica 160

- Para escrever com adequação 162
  - O diálogo... 162
- Produção de texto 166
  - História em quadrinhos (II): construção e recursos expressivos 166
- Divirta-se 175

CAPÍTULO 3 ■ Meus palpites......176
- Resenha crítica — *Turma da Mônica: Laços* 176
- Estudo do texto 179
  - Compreensão e interpretação............. 179
  - A linguagem do texto 180
  - Cruzando linguagens 181
  - Trocando ideias 183
- A língua em foco.. 183
  - Análise linguística: intertextualidade 183
- Produção de texto 192
  - Resenha crítica: construção e recursos expressivos 192
- Divirta-se 197

Passando a limpo 198

Intervalo — Mostra de quadrinhos 202

UNIDADE 3: Eu no mundo ... 206

De olho na imagem: Fotografia de Javier Senosiain Jimeno ... 208

CAPÍTULO 1 ▪ No meio do fogo .. 210
O diário de Myriam, Myriam Rawick ... 210

Estudo do texto ... 212
- Compreensão e interpretação ... 212
- A linguagem do texto ... 213
- Cruzando linguagens ... 214
- Trocando ideias ... 216
- Ler é reflexão ... 216

A língua em foco ... 218
- O adjetivo, o artigo e o numeral ... 218
- O adjetivo, o artigo e o numeral na construção do texto ... 230
- Semântica e discurso ... 233
- Para escrever com técnica ... 235
- O parágrafo ... 235

Produção de texto ... 238
- O diário: construção e recursos expressivos ... 238

Divirta-se ... 241

CAPÍTULO 2 ▪ A descoberta ... 242
Cartas para minha avó, Djamila Ribeiro .. 242

Estudo do texto ... 244
- Compreensão e interpretação ... 244
- A linguagem do texto ... 245
- Trocando ideias ... 245
- De olho na oralidade: Ouvindo e fazendo relatos orais ... 246

A língua em foco ... 246
- O pronome ... 246
- Classificação dos pronomes ... 248
- O pronome na construção do texto ... 258
- Semântica e discurso ... 259
- De olho na escrita: Sílaba tônica e sílaba átona ... 262
- Palavras oxítonas, paroxítonas e proparoxítonas ... 263

Produção de texto ... 264
- A carta pessoal: construção e recursos expressivos ... 264

Divirta-se ... 269

CAPÍTULO 3 ▪ Nenhum a menos! ... 270
Anúncio da Unicef ... 270

Estudo do texto ... 271
- Compreensão e interpretação ... 271
- A linguagem do texto ... 273
- Trocando ideias ... 273

A língua em foco ... 274
- O verbo (I) ... 274
- O verbo na construção do texto ... 282
- Semântica e discurso ... 284
- De olho na escrita: Acentuação ... 286

Produção de texto ... 290
- Anúncio publicitário: construção e recursos expressivos ... 290

Divirta-se ... 293

Passando a limpo ... 294

Intervalo — Campanha "Preconceito: Tô fora!" ... 298

UNIDADE 4: Verde, adoro ver-te! 302

De olho na imagem: Cartum de Fabiano dos Santos 304

CAPÍTULO 1 ▪ É hora de mudar!.. 306
- Entrevista com David Wallace-Wells.. 306
- Estudo do texto 310
  - Compreensão e interpretação............ 310
  - A linguagem do texto 311
  - Trocando ideias 311
  - De olho na oralidade: Roda de conversa 312
  - Ler é ação.. 312
- A língua em foco................................ 313
  - O verbo (II) 313
  - Semântica e discurso 320
  - De olho na escrita: Formas verbais terminadas em -ram e -rão............. 322
- Produção de texto 324
  - Entrevista: construção e recursos expressivos..................................... 324
- Divirta-se 329

CAPÍTULO 2 ▪ Vai virar água!.... 330
- Notícia... 330
- Estudo do texto 333
  - Compreensão e interpretação............ 333
  - A linguagem do texto 336
  - Trocando ideias 336
- A língua em foco................................ 337
  - O verbo na oração e no período 337
  - Semântica e discurso 341
  - De olho na escrita: Concordância verbal 343
- Produção de texto 348
  - Notícia: construção e recursos expressivos..................................... 348
  - A notícia em outras mídias: notícias em áudio e audiovisuais 352
- Divirta-se 355

CAPÍTULO 3 ▪ Perdas irreparáveis.356
- Artigo de divulgação científica 356
- Estudo do texto 359
  - Compreensão e interpretação............ 359
  - A linguagem do texto 360
  - Cruzando linguagens 361
  - Trocando ideias 362
- A língua em foco................................ 362
  - Análise linguística: fato e opinião 362
  - De olho na escrita: Palavras terminadas em -izar/-isar e -oso 368
  - Para escrever com coerência e coesão 372
  - A coerência e a coesão textual.......... 372
- Produção de texto 377
  - Artigo de divulgação científica: construção e recursos expressivos... 377
- Divirta-se 382

Passando a limpo 383

Intervalo — Planeta Terra, urgente! 387

Referências bibliográficas...................... 391

UNIDADE 1

No mundo da fantasia

Os contos maravilhosos estão relacionados diretamente à nossa infância. Ouvindo-os pela voz dos pais, de avós, ou de outros adultos da família, o nosso contato com eles se dá antes mesmo de aprendermos a ler. Depois que isso acontece, passamos a ter autonomia para ler muitas outras histórias e enveredar por um mundo encantador de fantasias. Por meio dos contos maravilhosos, nos divertimos, imaginamos, sonhamos e temos a oportunidade de aprender algumas lições para a vida.

FIQUE LIGADO! PESQUISE!

Capa do livro *Contos de fadas em quadrinhos*.

Contos de fadas em quadrinhos — Clássicos contados por extraordinários cartunistas, organizado por Chris Duffy (Callis Editora). O livro reúne dezessete contos de fadas que foram adaptados para a linguagem das histórias em quadrinhos por cartunistas norte-americanos. O mundo mágico dos contos maravilhosos é apresentado ao leitor com novidades, como personagens femininas que abandonam a imagem de fragilidade e dependência que tinham nos contos tradicionais.

Leia também: *Contos peculiares*, de Anna Maria de O. Rennhack, Edmundo P. Barreiros, Ransom Riggs (Intrínseca); *Contos dos irmãos Grimm*, de Clarissa Pinkola Estés (Rocco); *Sapos não andam de skate*, de Jon Scieszka e Lane Smith (Companhia das Letrinhas); *Fábulas de La Fontaine*, com pinturas de Marc Chagall (Estação Liberdade).

Malévola – Dona do mal, de Joachim Ronning.

O filme dá continuidade a *Malévola*, longa-metragem lançado cinco anos antes. O primeiro filme se baseia no conto maravilhoso *A Bela Adormecida*, mas seu foco é a personagem Malévola, uma criatura com chifres e asas, protetora do reino dos Moors e da afilhada Aurora. Em *Malévola — Dona do mal*, Aurora resolve se casar, e isso cria uma série de dificuldades para as personagens fazendo-as viver grandes aventuras.

Veja também: *A Bela e a Fera*, de Bill Condon; *Valente*, de Brenda Chapman, Mark Andrews, Steve Purcel; *Enrolados*, de Byron Howard e Nathan Greno; *Branca de Neve e o caçador*, de Rupert Sanders; *As crônicas de Nárnia — Príncipe Caspian*, de Andrew Adamson.

Os *sites* https://www.grimmstories.com/pt/grimm_contos/index e https://pt.m.wikisource.org/wiki/Contos_de_Grimm apresentam centenas de contos maravilhosos, traduzidos para o português, que você pode baixar e ler gratuitamente.

Ouça *podcasts* acessando o *link*: https://eraumavezumpodcast.com.br/

Intervalo

Histórias de hoje e sempre

No final da unidade, você e os colegas vão organizar um evento na escola para compartilhar suas produções com a comunidade escolar, as famílias e os amigos.

Nesse evento, vocês vão fazer o lançamento de um livro de contos maravilhosos, de paródias e de textos teatrais e vão apresentar ao público peças teatrais produzidas pela turma.

DE OLHO NA IMAGEM

Observe os detalhes desta ilustração:

1. Na imagem, vemos o cenário de uma casa e quatro personagens femininas.

   a) O que a moça que está sentada está fazendo?

   b) Como ela está vestida?

   c) Em que tipo de ambiente ela está? Que elementos da imagem comprovam sua resposta?

2. Observe que três pombos aparecem ao lado da mulher sentada. O que isso pode indicar a respeito do caráter dela? Qual é a relação dela com os animais?

3. Três mulheres estão descendo uma escada que leva ao ambiente onde a quarta personagem aparece sentada.

The History Collection/Alamy/Fotoarena

   a) Como as duas moças que descem a escada estão vestidas?

   b) Para onde possivelmente elas estão indo?

   c) Para onde elas estão olhando? O que expressam suas feições?

4. Todas as personagens vivem na mesma casa. No entanto, parece haver uma grande diferença entre o modo como a mulher mais velha trata as duas moças vestidas de modo luxuoso e a moça que aparece sentada. Que relação pode haver entre as três moças e a mulher mais velha?

5. A ilustração retrata uma cena de um conhecido conto maravilhoso que já foi recontado por importantes contadores de histórias populares, como Charles Perrault e os irmãos Grimm. No alto da imagem, na página anterior, há um sapato feminino que nos ajuda a identificar a história.

   a) Qual é o conto maravilhoso que a imagem retrata?

   b) Qual é a relação entre o sapato feminino e as personagens retratadas? Se você conhece essa história, conte-a para os colegas.

UNIDADE 1 ▷ De olho na imagem

CAPÍTULO 1

Era uma vez...

"Era uma vez..." Basta alguém pronunciar essas palavras para sabermos que lá vem história. E histórias povoadas de príncipes e princesas, crianças em perigo, soldadinhos de chumbo, gigantes e dragões! Também conhecidas como contos maravilhosos, elas são contadas de geração em geração e permanecem vivas no imaginário das pessoas. Hoje, estão por toda parte: na voz de um contador ou de alguém que narra histórias para as crianças da família, nos livros, nas histórias em quadrinhos, nos desenhos animados e no cinema, por exemplo.

De que contos maravilhosos você gosta? O que mais chama sua atenção nessas histórias? Troque ideias com os colegas, respeitando a vez de cada um falar.

A seguir, leia um conto maravilhoso. Será que você reconhece nessa história alguma situação que se repete em outros contos maravilhosos?

Os sete corvos

Era uma vez um homem que tinha sete filhos. Mas nenhuma filha. Seu maior desejo era ganhar uma menina. Quando sua esposa contou que esperava mais um bebê, ele ficou cheio de esperança:

— Tomara que seja uma menina!

Seu sonho foi realizado. Uma menina nasceu! O pai ficou muito contente. Mas a saúde do bebê era frágil. Com medo de que ela morresse, o pai decidiu batizá-la em casa. Enquanto o padre não chegava, pediu para um dos filhos ir ao riacho mais próximo, buscar água para o batismo. Os outros seis foram atrás. Todos queriam ser o primeiro a levar água para o pai.

Na disputa, o jarro caiu na água. Os sete filhos ficaram com medo do pai, que era muito bravo. E sem coragem de voltar para casa.

O pai ficou impaciente.

— Devem estar se divertindo, sem dar atenção ao meu pedido!

12. UNIDADE 1 ▷ Capítulo 1

Furioso, perdeu a noção das coisas. **Praguejou**:

— Desejo que os sete sejam transformados em corvos!

Mal terminou de dizer as palavras, ouviu uma revoada sobre sua cabeça. Olhou para cima. Sete corvos voavam no céu!

O pai caiu em si. Fez de tudo para quebrar o feitiço. A mãe também, chorando, moveu mundos e fundos para ter os filhos de volta. Foi inútil. Os sete filhos haviam virado corvos.

A menina não faleceu. Pelo contrário. Passados os primeiros dias, sua saúde fortaleceu-se. Tornou-se, também, muito bonita.

Durante muito tempo, a menina não soube que tinha irmãos. Seus pais preferiam não contar o que acontecera. Um dia, porém, ouviu uma vizinha comentar:

— A menina é linda! Mas foi por culpa dela que aconteceu aquela tragédia a seus irmãos.

Ficou muito abalada com o comentário. Aproximou-se do pai e da mãe e quis saber a verdade. O pai contou tudo o que acontecera. Mas explicou:

— A culpa não é sua. Foi minha, que não medi as palavras.

No fundo de seu coração, a menina resolveu que um dia libertaria os irmãos.

— Farei tudo que puder para salvá-los!

Quando estava bem crescida, resolveu partir pelo mundo à procura dos sete corvos. Levou apenas seu anel de estimação, um pão para comer no caminho e uma cadeira bem pequena para descansar da caminhada.

Andou, andou, andou. Até aos confins da terra, um lugar mágico, onde só um coração cheio de ternura pode chegar. O Sol parecia estar tão perto! A menina aproximou-se dele, mas era quente e terrível. Pior, devorava crianças! Quando o Sol abriu uma boca gigantesca, a menina correu em direção à Lua. Oh! Era fria demais. Ao perceber que a menina olhava para ela, a Lua também abriu a boca, pronta para mastigá-la!

— Hummm... estou sentindo um cheiro delicioso de carne humana!

A menina fugiu novamente! Foi até as estrelas, mais bondosas e gentis. Algumas já estavam dormindo, pois as estrelas costumam sonhar durante o dia. Só a estrela da manhã levantava-se. Sorriu e ofereceu-lhe um osso bem pequeno.

— Leve esse ossinho. Com ele, poderá abrir a Montanha de Cristal. É lá que estão os seus irmãos!

A menina pegou o osso. Embrulhou-o em um lenço. Saiu andando novamente. Finalmente, avistou a Montanha de Cristal, tão brilhante como nunca tinha visto nada no mundo!

Aproximou-se. A montanha tinha uma porta. A menina pegou o lenço para abrir a porta com o ossinho, mas ao desamarrar o nó, não encontrou o osso. Havia perdido o presente dado pela estrela!

praguejar: lançar uma praga, amaldiçoar.

UNIDADE 1 ▶ Capítulo 1 — 13

Decidida a entrar, a menina espetou o dedo mindinho e botou na fechadura, como se fosse um osso. Conseguiu abrir a porta!

Logo na entrada, havia um anão, que perguntou:

— O que veio fazer aqui?

—Vim buscar meus sete irmãos, transformados em corvos.

O anão sorriu.

— Os sete corvos são meus patrões. Não estão aqui agora. Mas, se quiser esperar por eles, fique à vontade.

A menina entrou em uma grande sala, toda de cristal. Sentou-se na cadeirinha que havia trazido, pois todos os móveis eram muito frios, quase gelados!

Em seguida, o anão pôs o jantar dos corvos na mesa. Botou sete pratinhos com sete copinhos e saiu. A menina olhou a comida. Percebeu que estava com fome. Para não deixar nenhum pratinho vazio, comeu um pouco de cada um. Bebeu somente um gole bem pequeno de cada copinho. Mas no último deixou cair seu anel.

Ouviu ruídos de asas e gritos de pássaros. Eram os corvos chegando! Escondeu-se rapidamente.

Cada um foi comer de seu pratinho e beber de seu copinho. Um após outro surpreendeu-se:

— Oh! Quem comeu do meu pratinho!? — **grasnou** o primeiro.

— Alguém bebeu do meu copinho! — continuou o segundo.

— Foi uma boca humana! — surpreendeu-se o terceiro.

E assim por diante, até chegar o sétimo. Este bebeu o vinho até o final. Pegou o anel com o bico!

Examinou a joia, surpreso.

— É o anel de mamãe!

Concluiu:

— Quem sabe foi nossa irmãzinha que trouxe o anel! Tomara! Só assim seremos libertados.

Ao ouvir o corvo, a irmã saiu detrás da porta, onde estava escondida.

— Sou eu, sim! — gritou, feliz. —Vim encontrar meus irmãos!

Imediatamente, o feitiço desfez-se. Todos os sete voltaram à forma humana.

Abraçaram-se felizes.

Juntos, retornaram à sua casa, para viver como uma verdadeira família!

(Irmãos Grimm. Os sete corvos. *In*: *Contos de Grimm — Branca de Neve e Rosa Vermelha e outras histórias*. Adaptação de Walcyr Carrasco. Barueri: Manole, 2007. p. 15-20.)

grasnar: emitir o som característico dos corvos, corvejar.

ESTUDO DO TEXTO

Compreensão e interpretação

1 Compartilhe com os colegas:
   a) Você gostou da história? Por quê?
   b) Ao ler o conto, você reconhece alguma situação que lembra outros contos maravilhosos? Explique.

2 Grande parte dos contos maravilhosos é iniciada com a expressão "Era uma vez...". Essa expressão dá a ideia:
   a) de um tempo preciso e definido ou de um tempo impreciso e distante?
   b) de uma história verídica ou de uma história ficcional, inventada?

3 O conto retrata a história de uma família.
   a) Como essa família era formada?
   b) Qual era o desejo do pai dessa família?
   c) Esse desejo foi realizado?

4 A respeito do relacionamento entre o pai e os sete filhos no conto, responda:
   a) Furioso porque os filhos estavam demorando para trazer a água do batismo da filha, o pai cometeu um ato impensado. Que ato foi esse?
   b) Qual foi a consequência desse ato?
   c) Considerando suas respostas anteriores, como era o relacionamento entre o pai e os sete filhos?

5 Depois de crescida, a filha fica sabendo da história de seus irmãos e resolve viajar pelo mundo à procura deles. O que essa decisão pode revelar sobre a personalidade da filha?

6 Depois de vencer vários desafios, a irmã encontra os corvos.
   a) Por que o anel que a irmã usava era importante?
   b) Há, no conto, alguma informação que comprove que os irmãos tinham esperança de que a irmã os procurasse? Justifique sua resposta com um trecho do texto.

7 Muitos contos maravilhosos terminam com os personagens principais "vivendo felizes para sempre". O final do conto "Os sete corvos" é um exemplo disso? Por quê?

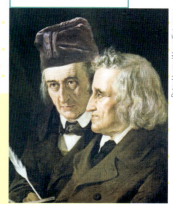

Jacob e Wilhelm Grimm, em 1847.

QUEM SÃO OS IRMÃOS GRIMM?

Os irmãos Jacob Ludwig Karl Grimm (1785-1863) e Wilhelm Karl Grimm (1786-1859) nasceram na cidade de Hanau, na Alemanha. Eles foram professores, estudiosos da língua e realizaram importantes pesquisas no campo da tradição popular.

Ao percorrer a Alemanha, registraram as narrativas orais de velhos camponeses, pastores, barqueiros e cantores que conheceram pelo caminho ou que se reuniam ao redor do fogo. Por meio desse trabalho, Jacob e Wilhelm, conhecidos mundialmente como Irmãos Grimm, ajudaram a preservar um rico conjunto de lendas, fábulas e contos maravilhosos que circulavam oralmente pela Europa na época, como os clássicos *João e Maria*, *Branca de Neve*, *A Bela Adormecida* e *Rapunzel*.

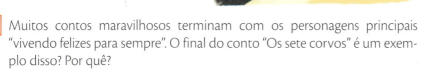

UNIDADE 1 ▷ Capítulo 1 15

A linguagem do texto

1 Releia o trecho a seguir.

> "Mal terminou de dizer as palavras, ouviu uma revoada sobre sua cabeça. Olhou para cima. Sete corvos voavam no céu!
> O pai **caiu em si**. Fez de tudo para quebrar o feitiço. A mãe também, chorando, **moveu mundos e fundos** para ter os filhos de volta."

a) Ao observar os sete corvos voando no céu, o pai **caiu em si**. O que essa expressão revela sobre o sentimento do pai nesse momento?

b) Ao saber que os filhos tinham sido transformados em corvos, a mãe **moveu mundos e fundos** para tê-los de volta. Qual é o sentido da expressão em destaque?

2 No trecho "Andou, andou, andou. Até aos confins da terra [...]", qual é o sentido criado pela repetição da palavra **andou**?

3 Em uma passagem do conto, a menina chega aos confins da terra e se depara com o Sol e a Lua. Nesse trecho do texto, são empregados alguns pontos de exclamação. Releia-o em voz alta, dando ênfase a esse sinal de pontuação.

> "O Sol parecia estar tão perto! A menina aproximou-se dele, mas era quente e terrível. Pior, devorava crianças! Quando o Sol abriu uma boca gigantesca, a menina correu em direção à Lua. Oh! Era fria demais. Ao perceber que a menina olhava para ela, a Lua também abriu a boca, pronta para mastigá-la!"

Conclua: Que sentido o ponto de exclamação produz no trecho?

4 Releia o trecho a seguir:

> "A menina não faleceu. Pelo contrário. Passados os primeiros dias, sua saúde fortaleceu-se. Tornou-se, também, muito bonita.
> Durante muito tempo, a menina não soube que tinha irmãos. Seus pais preferiam não contar o que acontecera."

a) Nesse trecho, que expressão indica que a melhora da saúde da menina ocorreu rapidamente?

b) A menina tinha irmãos, mas não sabia. No caderno, copie a expressão que sinaliza que ela demorou para saber sobre esse fato.

c) Reescreva o trecho lido substituindo as expressões identificadas nos itens **a** e **b** por outras, com sentido equivalente.

Trocando ideias

1. Há muito tempo, os contos maravilhosos são contados oralmente para as crianças como uma forma de transmitir ensinamentos e educar. O que o conto "Os sete corvos" ensina? Converse com os colegas, respeitando a vez de falar de cada um.

2. No conto "Os sete corvos", os personagens são envolvidos por conflitos familiares. A atitude impulsiva do pai desencadeia um acontecimento trágico, que o leva a se arrepender de tal atitude.

    a) Considerando o enredo dessa história, é possível dizer que pais e filhos podem tomar atitudes impulsivas. Isso também acontece na vida real? Explique.

    b) Você já se arrependeu de falar ou fazer algo que magoou algum familiar ou amigo?

    c) Em sua opinião, quando nos encontramos em uma situação de conflito, o que podemos fazer para evitar atitudes das quais podemos nos arrepender?

De olho na oralidade

Escuta de conto maravilhoso

Ouvir histórias pode ser um prazer: na família, na reunião com os amigos, na escola. Esse hábito levou muitas narrativas, como contos maravilhosos e fábulas, a serem transmitidas oralmente de geração em geração e também chamou a atenção de vários estudiosos, como os Irmãos Grimm, que se dedicaram a registrar essas histórias por escrito para preservá-las.

Atualmente, a tecnologia permite que as histórias possam ser preservadas também na modalidade oral por meio de *podcasts*, por exemplo.

Com a orientação do professor, você vai escutar um conto maravilhoso. Após a escuta, converse com os colegas e responda oralmente às questões a seguir.

Fique LIGADO!

Gostou de ouvir uma história contada em formato *podcast*? No *site* **Deixa que eu conto** você encontrará muitas outras. Há, por exemplo, uma série de *podcasts* sobre as culturas amazônicas e outra apresentada por contadores negros que narram histórias afro-brasileiras. Disponível em: https://www.deixa queeuconto.org.br/. Acesso em: 4/11/2021.

Tatiana Stulbo/Shutterstock

O que é um *PODCAST*?

Podcast é um arquivo de áudio que circula em meio digital. Diferentemente das mensagens de áudio que compartilhamos pelo celular, o *podcast* é mais longo e pode ser utilizado para divulgar, entreter, informar, entre outras possibilidades. Muitos deles se assemelham a programas de rádio, mas podem ser ouvidos a qualquer hora por meio de um computador ou um celular, por exemplo.

Hoje, existem muitas plataformas dedicadas ao compartilhamento de *podcasts*, e as pessoas que se dedicam a produzi-los são chamadas de *podcasters*.

1 É provável que você já conheça alguma versão da história que acabou de ouvir.

a) Como foi a experiência de ouvir esse conto maravilhoso narrado em formato *podcast*?

b) Para você, o *podcast* pareceu longo ou curto? Foi fácil manter a atenção na escuta ou você se dispersou em algum momento? Por quê?

2 O *podcast* é iniciado com algum tipo de apresentação? Que informações são dadas aos ouvintes nesse momento?

3 Você acha que a narração do *podcast* ouvido foi feita de improviso ou preparada com antecedência? Explique.

4 Houve variações na voz durante a narração? Em caso positivo, esse recurso foi utilizado para caracterizar os personagens do conto no *podcast*? Dê pelo menos um exemplo.

5 No *podcast* ouvido, foram utilizados recursos como efeitos sonoros ou trilha de fundo, além das variações da voz da narradora.

a) Que recursos foram esses?

b) Você acha que o volume do áudio desses recursos estava adequado ou atrapalhou a compreensão da narração em algum momento?

6 Ao ouvir o *podcast*, você percebeu os momentos em que a narradora começou a falar de situações da história que aconteceram em outra época e em outro lugar? De que maneira essas mudanças de tempo e de lugar foram sinalizadas para os ouvintes?

7 Do que você mais gostou nessa versão do conto maravilhoso ouvido em *podcast*? Caso você fosse gravar uma narração desse conto maravilhoso, o que faria de modo diferente? Compartilhe sua opinião com os colegas, respeitando a vez de falar de cada um.

18 **UNIDADE 1** ▶ **Capítulo 1**

A LÍNGUA EM FOCO

Linguagem: ação e interação

Construindo o conceito

No início do capítulo, você leu o conto maravilhoso "Os sete corvos". Os contos maravilhosos existem há muitos séculos e antigamente eram transmitidos apenas oralmente, de geração em geração. Foi assim até o início do século XIX, quando os irmãos Grimm, na Alemanha, coletaram e publicaram muitos dos contos que circulavam pela Europa e que hoje conhecemos.

O desejo de contar ou ouvir histórias e de ficar sabendo de fatos do cotidiano é muito antigo. Na Pré-História, muito antes da invenção da escrita, os seres humanos já narravam histórias por meio de **pictogramas**, isto é, representações feitas em paredes de cavernas.

Pictogramas da caverna de Lascaux, na França. Segundo os especialistas, eles datam de 17 mil anos a.C.

Assim, a linguagem — seja a da palavra, seja a do desenho ou da pintura, seja a de outras formas de expressão — sempre cumpriu um papel fundamental na construção e na transmissão dos hábitos e da cultura de um povo.

A tira a seguir é uma forma moderna de representação. Leia-a.

(Disponível em: https://tirasarmandinho.tumblr.com/post/104193128309/tirinha-original. Acesso em: 18/10/2017.)

1 A tira retrata uma situação familiar.

   a) Quem são os personagens?

   b) Qual é a situação retratada?

2 Observe o desenho feito na parede, no 2º e no 3º quadrinho.

   a) Quem fez o desenho?

   b) Você acha que a fala do 3º quadrinho traz a resposta esperada pela personagem que fez a pergunta no 1º quadrinho? Justifique.

3 A construção do humor da tira se baseia no mal-entendido causado pela fala do 1º quadrinho. De acordo com a situação retratada:

a) Deduza: A mãe do garoto entendeu que o desenho representava a imagem de um polvo?

b) Você acredita que o garoto tenha entendido a pergunta da mãe?

c) Embora estejam falando o mesmo idioma, há um ruído na comunicação entre os personagens. Levante hipóteses: Por que isso aconteceu?

d) Reescreva a fala do 1º quadrinho fazendo uma afirmação, explicitando a real intenção da mãe.

Conceituando

Na tira que você leu, o garoto e a mãe, usando a língua portuguesa, se referem a um desenho feito por ele na parede da sala. Todas as formas de expressão que a mãe e o garoto usam na situação — as palavras, os gestos, o desenho — são **linguagem**. Tanto nossas falas quanto nossos gestos, desenhos e escrita são linguagem.

Por meio da linguagem as pessoas interagem, isto é, se entendem, se desentendem, dão ordens, fazem pedidos, convencem umas às outras, se mostram menos ou mais simpáticas, etc.

Linguagem é um processo comunicativo pelo qual as pessoas interagem entre si.

Linguagem verbal, não verbal e textos multimodais

Na **linguagem verbal**, a unidade básica é a palavra, falada ou escrita. Em **linguagens não verbais**, como a pintura, a música, a dança, o código Morse, os sinais de trânsito, as unidades são de outro tipo, como o gesto, a nota musical, o movimento, a imagem, etc. Há textos que combinam diferentes linguagens e são denominados textos **multimodais**, como é o caso, por exemplo, da tira lida, que apresenta imagens e palavras.

Com o desenvolvimento das novas tecnologias, tem-se também a linguagem digital, que, valendo-se da combinação de números, permite armazenar e transmitir informações em meios eletrônicos.

Os interlocutores

Na tira lida, os personagens se inter-relacionam e interagem por meio da linguagem. Mesmo falando o mesmo idioma, o português, há ruídos na comunicação entre eles, o que pode acontecer em qualquer situação de interação entre duas ou mais pessoas. Percebemos, portanto, que a comunicação nem sempre é construída de forma solidária pelos sujeitos, os chamados **interlocutores** no processo comunicativo.

Interlocutores são aqueles que participam do processo de interação que se dá por meio da linguagem.

Aquele que produz a linguagem, ou seja, que fala, pinta, compõe, etc., é o locutor, e aquele a quem a linguagem se destina é o locutário. No processo de comunicação e interação, locutor e locutário são interlocutores.

Em geral, quando participamos de uma conversa, tentamos ser solidários com nossos interlocutores, mas há casos em que alguns fatores — falta de familiaridade com a situação, desconhecimento de algum código ou dos textos ali presentes, divergência de ponto de vista com nossos interlocutores, etc. — interferem e, por isso, não conseguimos estabelecer uma comunicação eficiente ou não temos a intenção de fazê-la. Daí a importância de ampliarmos nossas experiências com a linguagem em situações sociais, pois essa ampliação pode nos ajudar a ter mais consciência em relação a essas possibilidades.

EXERCÍCIOS

Leia o anúncio a seguir.

(Disponível em: https://www.jornaldasalagoas.com.br/2019/12/23/em-maceio-mpt-lanca-campanha-de-combate-ao-trabalho-infantil-no-verao/. Acesso em: 10/2/2022.)

1 A imagem do anúncio é visualmente dividida em duas partes por uma faixa branca vertical no centro.

   a) O que retratam as imagens que compõem cada uma dessas partes?

   b) As duas partes da imagem apresentam um mesmo cenário ou cenários diferentes? Que cenário(s) é(são) esse(s)?

   c) Relacione a imagem e o texto verbal na parte superior em cada uma das duas partes e conclua: Eles estabelecem relação de complementaridade ou de oposição? Justifique sua resposta.

2 Releia o texto verbal da parte inferior:

"Rejeite produtos vendidos por crianças e adolescentes. Denuncie o trabalho infantil. **Disque 100!**"

   a) Deduza: A quais interlocutores o texto se dirige diretamente?

   b) Na última frase, que efeito de sentido é construído pelo uso do negrito e do ponto de exclamação?

3 Observe a parte inferior do anúncio, em fundo branco, na qual há alguns logotipos, isto é, símbolos que representam instituições e empresas. Troque ideias com os colegas e o professor:

   a) Quem é o interlocutor responsável pelo anúncio? Justifique sua resposta.

   b) O que representam os demais nomes listados?

   c) É possível considerar que cada um desses nomes é composto de linguagem verbal e não verbal? Explique.

A língua

Ao ler a tira reproduzida no início desta seção, vimos que a comunicação pode se estabelecer entre dois interlocutores por meio das linguagens verbal, não verbal ou multimodal e de forma menos ou mais eficiente. Quando utilizamos qualquer uma das linguagens, fazemos uso de conhecimentos construídos ao longo do tempo por pessoas que vivem em sociedade. Aprendemos os significados que nossa sociedade atribui a gestos, símbolos, cores e sons e, entre esses aprendizados, está o conhecimento da língua falada pelas pessoas com quem convivemos. As línguas variam de acordo com cada povo e cada cultura.

Uma língua pode ser entendida como um idioma, isto é, a língua oficial de um país. Na tira, por exemplo, os personagens falam português.

O português foi trazido para o Brasil pelos portugueses na época da colonização, no século XVI. Ao longo do tempo, vieram para cá portugueses de diferentes regiões de Portugal, e seus diferentes dialetos passaram a conviver com as mais de mil línguas indígenas então faladas em nosso território.

Estima-se que são faladas no Brasil, atualmente, além do português brasileiro (que se divide em inúmeras variedades linguísticas), 190 línguas indígenas e também línguas trazidas por imigrantes, entre elas o italiano, o espanhol, o alemão, o japonês. Além das línguas orais, que têm como base os sons (como o português, o alemão, o chinês, etc.), existem também as línguas visual-motoras, como a libras (língua brasileira de sinais), que têm como base os sinais realizados por meio de gestos e expressões faciais e corporais.

Embora se falem muitas línguas no Brasil, o português é considerado a língua oficial do país, como forma de impor uma suposta unidade linguística. Outros países colonizados por Portugal, como Angola, Moçambique, São Tomé e Príncipe, Cabo Verde e Guiné-Bissau, na África, passaram por processos semelhantes e também têm atualmente o português como língua oficial.

As línguas DO BRASIL

Em 2006, foi criado o Grupo de Trabalho da Diversidade Linguística do Brasil (GTDL), com o objetivo de registrar, documentar e legitimar cerca de 200 línguas faladas em território nacional, considerando que elas fazem parte do patrimônio cultural brasileiro. Segundo o Instituto de Pesquisa Econômica Aplicada (Ipea), a finalidade principal da criação do grupo é dar visibilidade à pluralidade linguística brasileira, contribuindo para sua continuidade e valorização.

▶ Indígenas da tribo Sateré-Mawé. Manaus (AM), 2010.

▶ Indígenas da etnia Kuikuro. São Paulo (SP), 2010.

O que é necessário para saber falar uma língua? Será que basta conhecer um conjunto de palavras e seus significados? As regras de combinação dessas palavras também não são importantes?

Leia o anúncio.

OU PARA CIMA.
PELA FRENTE.
MUITO TRABALHO
QUE AINDA TEM
SÓ SIGNIFICA
CONQUISTA
QUE ESTA
PORQUE ENTENDE
DIFERENTE E
PORQUE PENSA
MAIS ADMIRADA
CONSTRUTORA
A CYRELA É A

Cyrela Brazil Realty: Av. Pres. Juscelino Kubitschek, 1.455 – 3º andar – Itaim Bibi
CEP 04543-011 – São Paulo/SP – Secovi 878 – Creci J-17.592.

Ao lermos o anúncio, notamos que as palavras pertencem à língua portuguesa. No entanto, temos dificuldade de ler o texto na primeira tentativa. Isso ocorre porque, de acordo com as convenções do português escrito, lemos de cima para baixo e da esquerda para a direita, e não como no anúncio, que apresenta o enunciado numa sequência diferente, ou seja, de baixo para cima.

Embora o texto verbal fuja às convenções da escrita, no contexto ele é coerente com as intenções do anunciante — uma empresa que atua no ramo da construção civil. Ao apresentar a mensagem na vertical e com leitura de baixo para cima, o texto sugere a gradual construção de um edifício, atividade principal da empresa anunciante.

A leitura do anúncio deixa claro que, para compreendermos adequadamente os textos que circulam na sociedade, não basta ter domínio do vocabulário e das regras de combinação das palavras. É necessário também estar atento às situações de comunicação em que os textos são produzidos e circulam, às finalidades e às intenções do locutor. Assim, concluímos:

Língua é um fenômeno social que resulta da interação verbal entre interlocutores e se manifesta por meio de enunciados concretos.

Portanto, para um falante se apropriar de uma língua, é preciso dominar o léxico (conjunto de palavras), suas leis combinatórias e compreender as diferentes situações de comunicação. Os usos e as leis combinatórias de uma língua evoluem continuamente, sem interrupções, e por isso a língua apenas pode ser compreendida de fato se considerada a situação de comunicação em que ela se dá.

Nossa língua faz parte de quem somos, não está fora de nós, constitui nossa identidade e possibilita que sejamos capazes de interagir socialmente.

A linguagem e os códigos

Pevopecê pejá peinpevenpetou pealpegum pecópedipego pesepecrepeto? Se você conseguiu entender o que essa frase quer dizer, é porque conhece a **língua do pê**. Se não conseguiu, veja como é fácil se comunicar nessa língua: basta pôr **pê** antes de cada sílaba das palavras. Assim, para produzir ou compreender um texto na língua do pê, você precisa, além de saber sua função e seus possíveis usos, conhecer o **código** dessa língua.

Qualquer que seja a linguagem que utilizamos para interagir com alguém, ela só será compreendida pelo interlocutor se ele também conhecer o código utilizado.

Código é um conjunto de sinais instituídos e utilizados por uma comunidade segundo determinadas convenções.

Existem muitos tipos de código. Os códigos verbais são as línguas. Existem também os códigos não verbais, como o de trânsito, o musical, o braile, etc.

EXERCÍCIOS

Leia o cartaz a seguir e responda às questões 1 a 3.

(Disponível em: https://passeioshopping.com.br/. Acesso em: 11/3/2022.)

1 O cartaz divulga uma campanha.

a) Quem promove a campanha?

b) A quem o cartaz é dirigido?

c) O que a campanha divulga?

2 O texto em destaque no cartaz faz uso das linguagens verbal e não verbal. Observe as figuras, as cores e os códigos utilizados nesse texto.

a) Quais são os códigos?

b) A que contextos esses códigos geralmente estão relacionados e quais são os seus sentidos?

c) No cartaz, quais novos sentidos esses códigos ganham?

d) Levante hipóteses: Por que o uso de tais códigos contribui para chamar a atenção do leitor?

3 No texto do lado direito do cartaz, lemos:

> • "todo o lixo que [nós] produzimos"
> • "Assim [nós] diminuímos o volume de lixo"

a) A quem o **nós** utilizado no texto se refere?

b) Conclua: O texto verbal contribui para construir qual imagem de quem promove a campanha?

Língua e linguagem na construção do texto

Observe este poema visual de Arnaldo Antunes.

(*Gente*. Disponível em: https://arnaldoantunes.com.br/upload/artes_1/177_g.jpeg. Acesso em: 10/11/2021).

1 Assim como outros textos que você já estudou neste capítulo, os poemas visuais criam sentidos não só com o texto verbal, mas também com efeitos visuais gerados pelo formato e pela distribuição das palavras e das letras na página. Troque ideias com os colegas e o professor:

a) Quais palavras podem ser lidas no poema?

b) Levante hipóteses: Quais relações podem ser estabelecidas entre os possíveis sentidos dessas palavras?

2 As palavras que você identificou na questão anterior estão escritas de formas variadas.

a) Em quais delas a escrita segue a convenção do português escrito, isto é, da esquerda para a direita, de cima para baixo?

b) E em qual delas essa convenção não é seguida?

c) Por que, no poema, houve essa quebra na convenção da escrita?

3 Considerando suas respostas às questões anteriores, conclua:

a) Quais sentidos são construídos pelo poema por meio da combinação de tais palavras, escritas dessa forma?

b) Entre os itens a seguir, indique aqueles que descrevem alguns dos propósitos do poema visual em estudo.
   I. Brincar com palavras e sentidos.
   II. Desenvolver um conceito.
   III. Estimular a imaginação.
   IV. Levar à reflexão.

Semântica e discurso

Os cartazes a seguir fazem parte de uma campanha intitulada "Foca no trânsito". Leia-os.

(Disponível em: https://www.ccpagencia.com.br/maio-amarelo. Acesso em: 3/2/2022.)

1 Observe o texto verbal em preto situado no canto superior dos cartazes. Com base nessa observação, identifique quem produziu os cartazes.

2 Os dois cartazes fazem parte da mesma campanha. Releia toda a parte verbal de cada um e deduza:

a) Qual é o nome da campanha e qual é o objetivo dela?

b) Por que no texto em preto do canto superior as palavras estão escritas sem espaçamento? O que significam os símbolos # e @ nesse contexto?

28 UNIDADE 1 ▶ Capítulo 1

3 Embora façam parte da mesma campanha, os cartazes são diferentes. Em que aspecto da campanha cada um deles se concentra?

4 Considere o título da campanha.

a) Qual é o sentido do termo **foca** quando o título da campanha é lido isoladamente? A quem o termo se refere, nesse caso? Justifique sua resposta com base nos objetivos dos cartazes.

b) Que outro sentido o termo **foca** ganha quando é associado ao texto não verbal dos cartazes? A quem o termo se refere, nesse caso? Justifique sua resposta com base nos elementos não verbais do texto.

5 Observe como é apresentada a informação "94% dos acidentes com morte são causados por falha humana".

a) Qual é o formato do quadro em que a informação aparece? O que esse formato representa?

b) Identifique nesse texto uma expressão que é enfatizada por essa forma de apresentação. Justifique sua resposta.

De olho no gráfico

Neste capítulo, você leu um conto e refletiu sobre como as histórias são passadas de geração em geração, contadas oralmente ou por escrito em livros.

Observe os gráficos a seguir, que mostram parte do perfil dos brasileiros leitores de literatura, e responda às questões 1 a 6.

(Disponível em: https://www.prolivro.org.br/wp-content/uploads/2020/12/5a_edicao_Retratos_da_Leitura-_IPL_dez2020-compactado.pdf. Acesso em: 10/2/2022.)

1 Os gráficos acima traçam o perfil dos leitores considerando dois fatores. Quais são esses fatores?

2 Na parte superior da imagem, há pequenos desenhos que acompanham os subtítulos dos gráficos.

a) Descreva esses desenhos.

b) Explique o que eles representam.

c) Troque ideias com os colegas e o professor: Que outros desenhos poderiam ter sido utilizados para indicar esses subtítulos?

3 Os gráficos comparam dados de pesquisas realizadas em duas datas.

a) Quais são essas datas e como elas foram representadas nos gráficos?

b) Quantas pessoas foram entrevistadas em cada uma dessas datas?

4 Pessoas de diferentes gêneros têm diferentes visões sobre hábitos de leitura literária.

a) Segundo os gráficos lidos, o número de indivíduos do sexo masculino que se declararam leitores correspondia a menos ou a mais da metade dos entrevistados? Explique.

b) O número de pessoas do sexo feminino que se declararam leitoras correspondia a menos ou a mais da metade das entrevistadas? Explique.

c) Conclua: Em relação ao gênero, quem se considera mais leitor?

5 Também há variação na percepção dos hábitos de leitura literária dependendo da idade.

a) Em qual faixa etária a maior parte dos entrevistados se considera leitor literário?

b) Em qual faixa etária a menor parte dos entrevistados se considera leitor literário?

c) Você se considera um leitor de literatura? Em qual faixa etária desse gráfico você se encaixa?

6 Observe a seguir mais imagens utilizadas para representar outros dados dessa mesma pesquisa. Troque ideias com os colegas e o professor e levante hipóteses:

a) Que informações sobre o perfil dos entrevistados as imagens a seguir representam?

30 UNIDADE 1 ▶ Capítulo 1

b) O que os mapas a seguir indicam sobre a origem das pessoas entrevistadas?

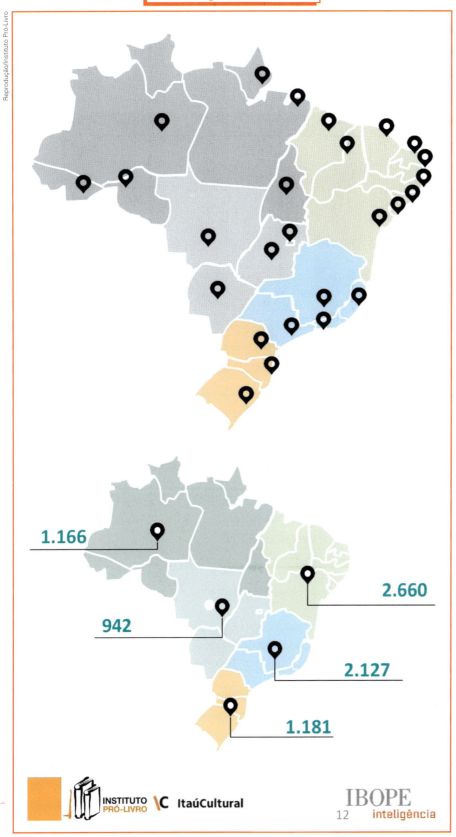

Para escrever com expressividade

O dicionário: palavras no contexto

Como os contos maravilhosos, as fábulas também foram transmitidas oralmente durante muitos séculos. Leia a fábula a seguir, contada por La Fontaine.

A cigarra e a formiga

Cantou muito a cigarra
Só fez farra
Durante todo o verão.

Chega o inverno, e então
Com a despensa vazia
Acabou-se a alegria.

"Vou procurar uma amiga
Minha vizinha, a formiga!"
E foi pedir emprestado
Qualquer comida, um bocado.

"Mas quando o verão voltar
Voltarei para pagar
Pode estar certa, eu garanto
Vou recuperar meu canto".

A formiga, renitente
Disfarçou, olhou de lado
E deu logo seu recado
à cigarra imprevidente:

"Eu cuidei do meu cantinho
Tu cantavas toda hora...
Escolheste teu caminho
Tudo bem, pois dança agora..."

(*O melhor de La Fontaine — Fábulas*. Tradução e adaptação de Nílson José Machado. São Paulo: Escrituras, 2012. p. 17-18.)

Você sabe o significado de todas as palavras do texto lido? Quando lemos um texto, ouvimos um noticiário de TV ou rádio ou participamos de algumas conversas, é comum surgirem palavras cujo significado desconhecemos. Outras vezes, ao redigirmos um texto, sentimos necessidade de empregar palavras de significado mais preciso ou temos dúvida em relação à ortografia. Em situações como essas, podemos consultar um dicionário.

Dicionário é um livro que apresenta vocábulos de uma língua dispostos em ordem alfabética e acompanhados de alguns de seus significados e usos.

Veja a reprodução de uma página de dicionário:

Minidicionário Soares Amora da língua portuguesa. 19º ed. São Paulo: Saraiva, 2009. p. 306

facial   **306**   **falhar**

fa.ci.al *adj 2 gên* Concernente à face.
fá.cil *adj 2 gên* 1. Que se faz sem dificuldade; 2. simples, claro, natural; 3. dócil, brando; 4. ingênuo, complacente; *adv* 5. facilmente, com facilidade. *Pl do adj* **fáceis**. *Antôn* **difícil**.
fa.ci.li.da.de *sf* 1. Qualidade do que é fácil; 2. destreza, prontidão em fazer alguma coisa; 3. complacência; 4. leviandade; *sf pl* 5. condescendência; 6. meios cômodos de se conseguir alguma coisa. *Antôn* **dificuldade**.
fa.ci.li.tar *vtd* 1. Tornar fácil ou mais fácil; *vi* 2. relaxar, descuidar-se. *Antôn* **dificultar**.
fa.cí.no.ra *sm* Criminoso, celerado.
fac-sí.mi.le *sm* Reprodução de um escrito, de uma assinatura, de uma pintura, de um desenho, etc. *Pl* fac-símiles.
fac.tí.vel *adj 2 gên* Que se pode fazer.
fa.cul.da.de *sf* 1. Poder de efetuar, de fazer; 2. autoridade para decidir; 3. escola superior.
fa.cul.tar *vtd* 1. Conceder, permitir; 2. facilitar; 3. prestar; oferecer.
fa.cul.ta.ti.vo *adj* 1. Que faculta; 2. que permite que se faça ou não; 3. arbitrário; *sm* 4. médico.
fa.da *sf* 1. Ser fantástico a que se atribui poder sobrenatural; 2. *fig* mulher formosa.
fa.dar *vtd* 1. Predestinar; 2. conceder (dons excepcionais); 3. favorecer; 4. regular, determinar o destino de.
fa.di.ga *sf* Cansaço, estafa.
fa.do *sm* 1. Destino, sorte; 2. canção típica de Portugal.
fa.go.te *sm Mús* Instrumento de sopro, espécie de clarineta de som grave.
fa.go.tis.ta *s 2 gên* Pessoa que toca fagote.
fa.guei.ro *adj* 1. Que afaga; 2. meigo, suave, carinhoso; 3. agradável.
fa.gu.lha *sf* 1. Faísca que se desprende da matéria em combustão; 2. centelha.
fai.an.ça *sf* Louça de massa argilosa, vidrada ou esmaltada.
fai.na *sf* Trabalho, lida, azáfama.
fai.são *sm* Galináceo de bela plumagem e carne saborosa. *Fem* **faisoa** e **faisã**. *Pl* **faisões** e **faisães**.

fa.ís.ca *sf* Centelha, chispa, fagulha.
fa.is.car *vi* 1. Lançar faíscas; cintilar; *vtd* 2. emitir faíscas, clarão, brilho; 3. *fig* dardejar. Conjuga-se como **trancar**.
fai.xa *sf* 1. Tira de tecido ou couro; banda; 2. porção de terra estreita e longa; 3. cada uma das músicas gravadas em disco.
fa.la *sf* 1. Faculdade de exprimir o pensamento pela palavra; 2. ação de falar; 3. voz, palavra, elocução; 4. parte do diálogo dita por um dos interlocutores.
fa.lá.cia *sf* 1. Qualidade de falaz; 2. engano, logro; 3. *fam* falatório.
fa.la.ci.o.so (ô) *adj* 1. Que tem falácia; 2. palrador. *Pl* **falaciosos** (ó).
fa.lan.ge *sf* 1. Corpo de infantaria, na antiga milícia grega; 2. *Anat* cada um dos ossos que formam os dedos das mãos e dos pés; 3. *fig* multidão.
fa.lar *vtd* 1. Exprimir o pensamento por meio de palavras; 2. exprimir-se em; 3. conversar acerca de; 4. explicar; 5. combinar; *vi* 6. articular palavras; 7. ter o dom da palavra; 8. conversar; *vti* 9. discursar.
fa.la.tó.rio *sm* 1. Ruído de muitas vozes simultâneas; 2. murmuração; maledicência; 3. locutório, parlatório.
fal.cão *sm epiceno* Nome comum a várias aves de rapina, diurnas, da família dos falconídeos.
fal.ca.tru.a *sf* 1. Logro, engano, ardil, fraude; 2. artifício para lograr.
fa.le.cer *vi* 1. Morrer, expirar; 2. escassear, faltar; *vti* 3. ser insuficiente; falhar.
fa.le.ci.do *adj* 1. Morto; 2. que carece de alguma coisa; *sm* 3. o que morreu.
fa.le.ci.men.to *sm* 1. Ato de falecer; morte; 2. míngua; 3. incapacidade.
fa.lên.cia *sf* 1. Ação ou efeito de falir; quebra; 2. omissão; 3. carência.
fa.lé.sia *sf* Rocha alta e íngreme à beira-mar.
fa.lha *sf* 1. Fenda, lasca; 2. falta; defeito físico ou moral; 3. lacuna; 4. mania.
fa.lhar *vi* 1. Não suceder como se esperava; malograr-se; *vti* 2. não acudir a tempo; faltar.

(*Minidicionário Soares Amora da língua portuguesa.* 19. ed. São Paulo: Saraiva, 2009. p. 306.)

1 Para encontrar uma palavra no dicionário, baseamo-nos na ordem alfabética da primeira letra, depois da segunda, e assim sucessivamente. Por exemplo, na página do dicionário reproduzida, a sequência de palavras **falange**, **falar** e **falatório** segue esta ordem:

1ª letra	2ª letra	3ª letra	4ª letra	5ª letra	6ª letra	7ª letra	8ª letra	9ª letra
f	a	l	a	n	g	e		
f	a	l	a	r				
f	a	l	a	t	ó	r	i	o

a) Nessa sequência, a partir de que letra as palavras passam a se diferenciar?

b) Seguindo o exemplo da sequência considerada, disponha em ordem alfabética estas palavras, empregadas na fábula:

cantou	cigarra	farra	chega	alegria	formiga	renitente	imprevidente

UNIDADE 1 ▷ Capítulo 1   **33**

2 Além da ordem alfabética, costuma haver nos dicionários outro recurso para nos ajudar a encontrar as palavras. São as palavras-índices ou palavras-guias, que se localizam no alto de cada uma das páginas dessas obras. Na página do dicionário que foi reproduzida:

a) Quais são as palavras-índices?

b) Essas palavras, além de se encontrarem no alto, estão em que outro local da página?

c) Conclua: Para que servem as palavras-índices?

3 **Verbete** é cada uma das palavras do dicionário, com seus significados, explicações, informações, exemplos, etc. Consulte novamente a página de dicionário reproduzida e responda:

a) No verbete **falar**, por que, na sua opinião, os significados dessa palavra vêm numerados?

b) No verbete **falacioso**, há indicação da pronúncia dessa palavra, no singular e no plural. No singular, ela é pronunciada com a primeira vogal o aberta ou fechada? E no plural?

c) Qual é o feminino de **faisão**? E o plural?

d) Na frase "A enfermeira envolveu o braço machucado com uma faixa", a última palavra é grafada com **x** ou **ch**?

e) No verbete **fada**, há a abreviatura **sf**, que indica que essa palavra é um substantivo feminino. Localize na página outras duas palavras que também sejam substantivos femininos.

f) No final do verbete **fácil**, há a abreviatura **antôn**, que significa **antônimo** (palavra que tem significado oposto ao de outra). Quais são os antônimos de **fácil**, **facilidade** e **facilitar**?

A ordem alfabética
FACILITA A CONSULTA

Quando queremos encontrar uma palavra no dicionário, é indispensável saber a ordem das letras do alfabeto.

A ordem alfabética não é usada apenas nos dicionários. Por ser um princípio organizador eficaz e permitir ao leitor encontrar com facilidade e rapidez o que procura, o uso da ordem alfabética é comum na disposição de nomes de pessoas em listas de chamadas, nomes de cidades em guias turísticos, sobrenomes de pessoas em listas telefônicas, verbetes em enciclopédias, etc.

Todas as palavras
ESTÃO NO DICIONÁRIO?

Por mais extenso que um dicionário seja, ele nunca conseguirá reunir todas as palavras usadas em uma língua, assim como todos os sentidos e todos os usos possíveis das palavras que apresenta.

Em uma entrevista à revista *Mundo Estranho*, o lexicógrafo Mauro de Salles Villar, diretor do Instituto Antônio Houaiss (responsável pela publicação do *Dicionário Houaiss*), afirma que "uma língua tem milhões de palavras, das quais apenas uma parte fará parte do dicionário".

Os dicionaristas geralmente optam por legitimar as palavras e os usos das variedades de maior prestígio social, contribuindo para que esse prestígio se perpetue. Assim, é preciso ter em mente que, se não encontramos no dicionário uma palavra do nosso uso habitual, isso não quer dizer que a palavra não existe, mas, sim, que ainda não houve tempo ou interesse para sua inclusão no banco de dados daquela obra.

4 Observe as palavras **facultou**, **falésias** e **fagueira** nas frases:

• No Dia das Crianças, a direção **facultou** a entrada gratuita no parque.

• Visitei as **falésias** de Torres, no Rio Grande do Sul.

• A cantora tem uma voz **fagueira**.

a) Essas palavras constam da página reproduzida do dicionário na forma como estão?
b) Em que forma elas aparecem na página do dicionário?
c) Conclua: Como elas devem ser procuradas no dicionário?

5 Na 5ª estrofe da fábula "A cigarra e a formiga", a formiga se mostra **renitente**. Essa palavra apresenta três significados: **contumaz**, **teimoso** e **obstinado**. Veja o sentido de cada uma dessas palavras:

contumaz: teimoso, inveterado
teimoso: persistente
obstinado: teimoso, irredutível, inflexível

Analise o emprego da palavra **renitente** na fábula. Qual desses significados é mais adequado no contexto? Justifique sua resposta.

6 Na mesma estrofe da fábula, lê-se:

E deu logo seu recado
à cigarra imprevidente

Veja alguns dos significados da palavra **imprevidente**:

im.pre.vi.den.te *adj.* 2 *gên.* 1. Não previdente; 2. negligente, desleixado.

(*Minidicionário Soares Amora da língua portuguesa*. 20. ed. São Paulo: Saraiva, 2014. p. 443.)

Veja também os significados da palavra **negligente**:

ne.gli.gen.te *adj. 2 gên.* 1. Que tem ou mostra negligência; 2. desleixado; 3. descuidado, desatento; 4. preguiçoso.

(*Idem*, p. 583.)

Qual é a melhor acepção da palavra **imprevidente** no contexto?

Em quanto tempo se faz UM DICIONÁRIO?

O dicionário de Oxford, o maior do mundo, demorou 48 anos para ser escrito. Ele tem doze volumes e reúne mais de 400 mil palavras em inglês. Mais de 1 milhão de pessoas trabalharam para que ele ficasse pronto. O maior dicionário em português, o *Houaiss*, traz mais de 228 mil palavras. Ele levou dez anos para ficar pronto e contou com o trabalho de 140 pessoas. O primeiro dicionário foi publicado na China, no ano 150 a.C.

(*Recreio*, n. 83.)

O significado E O CONTEXTO

O dicionário registra os diferentes sentidos de uma palavra, pois eles podem variar, dependendo do contexto. Isso quer dizer que precisamos selecionar no dicionário o sentido que seja mais adequado ao texto em que a palavra está empregada.

EXERCÍCIOS

O cartaz a seguir fez parte de uma campanha de conscientização promovida pelo Hospital Regional de Patos, na Paraíba. Leia-o.

(Disponível em: https://4.bp.blogspot.com/-Z59zdkyLpvM/V2g9I3kkZnI/AAAAAAABeIA/N3NUwVTk9VIl9gj0oqd2zkbTarlKUIDeQCLcB/s1600/campanha1.jpg. Acesso em: 10/2/2022.)

1 Relacione as partes verbal e não verbal do cartaz. Depois, responda:

a) Quais são as imagens que aparecem em primeiro e em segundo plano no cartaz?

b) Em qual posição ou ângulo o leitor do cartaz é colocado?

c) O cartaz circulou em uma época específica do ano. Qual foi essa época?

d) Identifique a relação das imagens e do texto verbal da parte superior do cartaz com a região do Brasil onde ele circulou. Justifique sua resposta.

2 Há, no cartaz, uma palavra que foi utilizada com mais de um sentido.

a) Qual é essa palavra?

b) Discuta com os colegas e o professor: Tendo em vista a época do ano e a região do país em que o cartaz circulou, quais são os possíveis significados dessa palavra?

c) Levante hipóteses: Com que finalidade a ambiguidade dessa palavra foi explorada no cartaz?

3 Releia este trecho do cartaz:

"Imprudência não é acidente. É crime."

Procure no dicionário os significados das palavras **imprudência**, **acidente** e **crime**, empregadas no trecho.

a) Qual seria, no contexto da campanha, a imprudência que poderia ser cometida?

b) Por que o cartaz caracteriza tal imprudência como crime, e não como acidente?

c) Discuta com os colegas e o professor: O recurso de colocar o leitor na posição de um criminoso reforça o objetivo do cartaz? Por quê?

PRODUÇÃO DE TEXTO

Conto maravilhoso: construção e recursos expressivos

1 Considerando o conto maravilhoso lido no início deste capítulo e outros que você conhece, responda:

a) Quem costuma ser o leitor/ouvinte dessas histórias?

b) Qual é o objetivo dessas narrativas?

c) Como elas circulam?

2 Nos contos maravilhosos, geralmente o tempo e o espaço não são apresentados com exatidão.

a) Que expressões são usadas no conto "Os sete corvos" para indicar esse tempo e espaço imprecisos?

b) Que outras expressões você conhece para indicar tempo e espaço nos contos maravilhosos?

c) Em geral, qual é o tempo verbal mais usado nessas histórias? Para responder a essa questão, analise as formas verbais deste trecho do conto "Os sete corvos":

"Era uma vez um homem que tinha sete filhos. Mas nenhuma filha. Seu maior desejo era ganhar uma menina. Quando sua esposa contou que esperava mais um bebê, ele ficou cheio de esperança."

Jean Galvão/Arquivo da editora

3 O conto maravilhoso é um gênero narrativo. Textos narrativos costumam ser organizados em partes, como é indicado no boxe **Partes da narrativa**. O conjunto dessas partes forma o enredo do conto.

a) No conto "Os sete corvos", qual é a situação inicial?

b) Que fato instaura o conflito no conto?

c) Qual é o clímax do conflito?

d) Qual é o desfecho da história?

4 Releia o conto "Os sete corvos", observando os personagens.

a) A família retratada nesse conto é formada por membros da nobreza — como rei, príncipe e princesa — ou por pessoas comuns? As famílias também costumam ser assim em outros contos maravilhosos? Explique.

b) Considerando o papel que representa na história, quem é o(a) personagem protagonista do conto "Os sete corvos"? Por que é possível dizer que ele(a) agiu como um herói?

c) Quem pode ser considerado o antagonista ou vilão desse conto?

d) Quem são os personagens secundários no conto "Os sete corvos"?

5 Nos contos maravilhosos, há uma atmosfera de magia e encantamento que permeia toda a história e influi no rumo dos acontecimentos. Pode ser uma bruxa que joga um feitiço em um personagem ou um dom mágico que o protagonista adquire para resolver o conflito, por exemplo.

a) No conto lido, que personagem(ens) realizou/realizaram um feito mágico?

b) No conto, também ocorrem alguns fatos sobrenaturais. Cite três deles.

c) Você conhece outro conto maravilhoso em que há uma transformação parecida com a que ocorreu com os irmãos no conto lido? Qual?

6 Analisando os contos maravilhosos, o estudioso russo Vladimir Propp (1895-1970) observou que quase todos apresentam situações muito parecidas. Veja algumas delas:

1. O herói se distancia de sua casa.
2. Uma proibição é imposta ao herói.
3. O herói desobedece à proibição.
4. O herói é submetido a provas.
5. O herói realiza as tarefas que lhe são impostas.
6. Meios mágicos são fornecidos ao herói.
7. Há luta entre o herói e o antagonista.
8. O antagonista é vencido.

9. O herói regressa para casa ou para seu país.
10. O antagonista é desmascarado.
11. O antagonista é punido.
12. O herói se casa e/ou sobe ao trono.

Quais dessas situações ocorrem no conto "Os sete corvos"? Anote os números no caderno.

7 Considerando o que você já estudou sobre o gênero conto, que tipo de narrador há em "Os sete corvos"? Justifique sua resposta.

8 Releia o trecho abaixo.

> "Decidida a entrar, a menina espetou o dedo mindinho e botou na fechadura, como se fosse um osso. Conseguiu abrir a porta!
> Logo na entrada, havia um anão, que perguntou:
> — O que veio fazer aqui?
> — Vim buscar meus sete irmãos, transformados em corvos."

a) Observe a reprodução do diálogo entre a menina e o anão. Reescreva o trecho no caderno de modo que o narrador conte como se deu esse diálogo entre os dois personagens.

b) Em sua opinião, qual das duas formas deixa o texto mais dinâmico? Justifique sua resposta.

9 Com a orientação do professor, junte-se a alguns colegas para resumir as características básicas do conto maravilhoso. Para isso, copiem o quadro a seguir no caderno e completem as lacunas de acordo com o que aprenderam sobre o conto maravilhoso estudado ou sobre outros que vocês conhecem.

Conto maravilhoso: construção e recursos expressivos	
Quem são os leitores dos contos maravilhosos?	
Qual é o objetivo desses textos?	
Como e onde circulam?	
Como é a linguagem desses contos?	
Qual é o foco narrativo?	
Como são os personagens?	
Quais são os momentos do enredo?	
Como são apresentados o espaço e o tempo?	

Tipos de PERSONAGEM

- Além do tempo e do espaço, outro elemento da narrativa são os personagens, que costumam ser classificados de acordo com seu papel na história:

- **Protagonista:** personagem principal, herói ou heroína que vive grandes aventuras e vence muitos obstáculos.

- **Antagonista:** personagem que se opõe ao protagonista, seja porque age contra ele, seja porque tem características opostas às dele.

- **Personagens secundários:** aqueles que têm uma participação menor ou menos frequente na história.

Tipos de NARRADOR

Como você já deve ter estudado, nas narrativas, há basicamente dois tipos de narrador:

- **Narrador-personagem:** quando ele participa dos fatos, ou seja, é também personagem. Nesse caso, usa-se a 1ª pessoa (eu, nós).

- **Narrador-observador:** quando ele não participa da história, sendo apenas observador dos fatos. Nesse caso, usa-se a 3ª pessoa (ele, o herói, a princesa, os corvos, etc.).

UNIDADE 1 ▶ Capítulo 1 — 39

Agora é a sua vez

Ao final desta unidade, no capítulo **Intervalo**, você e os colegas publicarão um livro com o título **Histórias de hoje e sempre**. Para isso, a turma está convidada a escrever contos maravilhosos com as características próprias desse gênero, conforme estudo realizado neste capítulo. O conto deverá ser narrado em 3ª pessoa, ou seja, por um narrador que apenas observa os acontecimentos. Vocês poderão escrever o conto individualmente ou em grupo.

Considere as etapas de produção indicadas a seguir.

Planejamento do texto

- Lembrem-se de que os contos maravilhosos têm sempre uma atmosfera de magia e encantamento. Os personagens podem ser príncipes, reis, gigantes, camponeses, fadas, etc., e as ações costumam ter como cenário bosques, reinos distantes, castelos, entre outros.

- Planejem uma situação inicial, começando pela expressão "Era uma vez...". Por exemplo: "Era uma vez, em um reino distante, um rei que tinha duas filhas..."; ou "Era uma vez, um casal de camponeses que vivia em uma pequena casa em um bosque...".

- Criem o personagem principal, os personagens secundários e o antagonista, pensando em suas características físicas e psicológicas. Releiam as situações enumeradas por Vladimir Propp, descritas na atividade 6 da seção anterior, e analise se algumas delas podem ajudar a definir os personagens das histórias de vocês.

- Imaginem o fato que vai instaurar o conflito da narrativa, ou seja, um acontecimento que vai desequilibrar a situação inicial, como: algo precioso é roubado ou uma bruxa lança um feitiço em algum personagem. Definam o clímax do conflito, ou seja, o momento de maior tensão da história, criando esse acontecimento, por exemplo: Será que o herói e o vilão vão se enfrentar? Haverá a quebra de um encantamento?

- Determinem uma sequência para os acontecimentos da narrativa, imaginando a situação inicial, o conflito, o clímax (momento de maior tensão da história) e o desfecho. Para planejá-la, pensem em como o protagonista vai resolver o conflito e qual será a nova situação de equilíbrio da história (que deverá ser um pouco diferente da situação inicial). Lembrem-se de que, no conto maravilhoso, o final é sempre feliz.

Escrita

- Planejados os momentos e os elementos da narrativa, organizem a história de modo dinâmico com diálogos e com narração em 3ª pessoa.
- Lembrem-se de que se trata de um texto escrito com a finalidade de entreter a comunidade escolar. Então, a linguagem pode ser um pouco mais informal, porém com correção gramatical e ortográfica, a não ser que haja um motivo especial para não fazer isso.
- De preferência, usem os verbos no passado, para criar a atmosfera de que tudo ocorreu há muito tempo. Lembrem-se de usar expressões que indiquem a passagem do tempo, como "Um dia...", "Anos depois...", "Na manhã seguinte...", entre outras.
- Escolham um título para o conto que dê alguma pista sobre o enredo e que desperte o interesse do ouvinte/leitor.

Revisão e reescrita

Troquem a primeira versão do conto com a de outros colegas para que possam observar os seguintes aspectos:

- O texto foi escrito de acordo com as convenções da escrita, com correção gramatical e ortográfica?
- A sequência dos acontecimentos está coerente? Há encadeamento dos fatos ocorridos?
- Foram usadas expressões que indicam a passagem do tempo para que os leitores entendam a sequência da narrativa?
- A história é contada em 3ª pessoa?
- Há diálogos entre os personagens?
- O enredo da narrativa prende a atenção do leitor?
- O título do conto desperta o interesse do leitor?

Com base nas observações e sugestões dos colegas, façam as correções necessárias e passem o texto a limpo. Guardem a versão final para publicá-la no livro **Histórias de hoje e de sempre**, que será produzido pela turma no capítulo **Intervalo**.

DIVIRTA-SE

(Fernando Gonsales. *Folha de S.Paulo*, 27/12/2021.)

CAPÍTULO 2
Depois do final feliz

A maioria dos contos maravilhosos termina com a famosa frase "E foram felizes para sempre". Mas o que será que acontece depois que termina a história? Será que príncipes e princesas realmente vivem felizes? Será que continuam sempre jovens, bonitos e apaixonados?

Antonio Prata, um escritor da atualidade, escreveu um livro imaginando como seria a vida "feliz para sempre" dos personagens de um conto maravilhoso.

Texto 1

Observe, a seguir, a capa do livro.

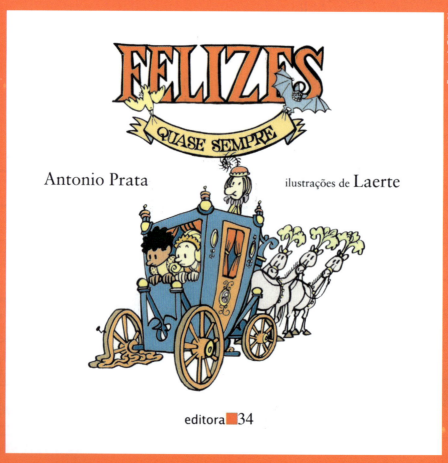

Capa do livro *Felizes quase sempre*, de Antonio Prata. São Paulo: Editora 34, 2012.

1 A respeito dessa capa, responda:

a) Qual é o título da obra?

b) Quem ilustra a história?

2 Observe a ilustração da capa.

a) Quem você imagina que são os dois personagens dentro da carruagem? Justifique sua resposta.

b) Quem provavelmente é a pessoa que está na parte de cima da carruagem?

c) Pela expressão facial dos personagens e pelo olhar dos cavalos, o que deve ter acontecido?

3 Há uma frase que encerra muitos dos contos maravilhosos mais conhecidos: "E foram felizes para sempre". Considerando as histórias dessa natureza que você conhece, o que essa frase final costuma sugerir a respeito do futuro dos personagens desses contos?

4 Relacionando a ilustração da capa e o título da obra, responda: Qual deve ser a visão dessa obra sobre a famosa frase "E foram felizes para sempre", que encerra vários contos maravilhosos?

Texto 2

Leia, agora, um trecho do livro:

Felizes quase sempre

Era uma vez uma princesa que viveu feliz para sempre. Ah, ela nunca vai esquecer o primeiro dia em que viveu feliz para sempre! Acordou ao lado do seu príncipe encantado só quando não tinha mais nem um tiquinho de sono para aproveitar, abriu a janela do quarto lá no alto do castelo e deu de cara com o dia mais lindo que já fez num conto de fadas. O sol brilhava bem forte no meio do céu azul e uma única nuvenzinha passava num canto, caso eles quisessem deitar na grama e brincar de adivinhar as figuras.

E foi isso mesmo que eles fizeram. Correram pro gramado, deitaram e ficaram lá, de papo pro ar, comendo bolo de chocolate com sorvete de creme e dizendo o que viam na nuvem:

— Um urso!

— Uma locomotiva!

— Uma bota engraçada!

— O cabelo da vovó quando acorda!

— Um pirulito mordido!

— Uma dentadura banguela!

UNIDADE **1** ▶ Capítulo 2 · **43**

Prata, Antonio. *Felizes quase sempre.* São Paulo: Editora 34, 2012.

O príncipe e a princesa passaram o dia todo brincando, cantando, montando a cavalo, andando de bicicleta, tomando banho de cachoeira, fazendo guerra de frutas no **pomar** e se divertiram muito. À noite, depois de um jantar só de sobremesa, o filme preferido deles passou num telão, e foram pra cama contentes, sem nem ter que escovar os dentes, porque quando a gente é feliz para sempre os dentes são autolimpantes. Dormiram abraçadinhos, torcendo para que o dia seguinte fosse igual ao anterior.

E não é que foi? Eles acordaram só quando não tinham mais nem um tiquinho de sono para aproveitar, abriram a janela do quarto lá no alto do castelo e deram de cara com o dia mais lindo que já fez num conto de fadas. O sol brilhava bem forte no meio do céu azul e uma única nuvenzinha passava num canto, caso eles quisessem deitar na grama e brincar de adivinhar as figuras.

Foi isso mesmo que eles fizeram: correram pro gramado, deitaram e ficaram lá, de papo pro ar, comendo panqueca com geleia de morango e dizendo o que viam:

— Uma borboleta!

— Um pneu murcho!

— Uma galinha com pescoço de girafa!

— Não, não, uma girafa com corpo de galinha!

— Um homem barrigudo assoprando uma língua de sogra!

[...]

À noite, depois de um jantar só de salgadinhos, assistiram ao segundo filme preferido deles, lá no telão, e foram pra cama contentes, sem nem ter que tomar banho, porque quando você é feliz para sempre a sujeira não gruda na pele, ela escorrega e vai direto pro chão, que nem água no vidro da janela. Dormiram abraçadinhos, torcendo para que o dia seguinte fosse igual.

E não é que foi? Foi. Assim como o outro. E o outro depois do outro e o depois do outro e o depois do depois de depois de depois de mil novecentas e setenta e sete vezes depois. [...]

[...] no milésimo trilionésimo quarto dia sendo felizes para sempre, o príncipe e a princesa estavam tão **entediados** que não conseguiam mais imaginar nenhuma figura na nuvenzinha no canto do céu. [...]

E foi assim que eles descobriram que a felicidade também cansa.

— A gente precisa fazer alguma coisa! — disse a princesa.

[...]

— [...] A gente tem que parar de ser feliz para sempre! Se não tiver uma infelicidadezinha de vez em quando, a vida perde a graça!

Então, deitados ali na grama, os dois começaram a se lembrar de tudo o que acontecia de ruim antigamente, mas que também tinha seu lado bom. [...]

Animada com tantas lembranças, mas sem conseguir resolver a situação, a princesa sugeriu que fizessem uma reunião, um encontro com todo mundo que era feliz para sempre. Quem sabe, juntos, não conseguiam achar uma solução?

Os dois foram para a biblioteca do castelo, leram todos os contos de fada que encontraram e anotaram os nomes dos personagens. Então fizeram uma pesquisa na internet, descobriram os e-mails e mandaram o seguinte convite:

De: princesa@castelo.ffz

Para: todos

Assunto: cansado de ser feliz?!

Olá, se você não aguenta mais ser feliz para sempre e quer fazer algo a respeito, não perca a reunião no nosso castelo, sábado de manhãzinha!

[...] Não faltou ninguém: Branca de Neve e os sete anões, Bela Adormecida e as fadas madrinhas, Chapeuzinho Vermelho, a vovó e os caçadores, Cinderela, Rapunzel, os príncipes, seus cavalos brancos e até uns dois ou três personagens de histórias que a gente nem conhece.

Pelo visto, a infelicidade com a felicidade era geral, pois todo mundo começou a reclamar ao mesmo tempo. [...]

Foi no meio daquela **balbúrdia** que o príncipe teve uma ideia. Levantou e pediu um minuto de silêncio. Todos se calaram para ouvir.

— É muito simples, pessoal: o que a gente precisa é de um vilão! Temos que arrumar alguém do mal que atrapalhe a nossa vida de novo! Que traga risco e emoção aos nossos dias ensolarados e cansativos!

Foi a maior bagunça. Ninguém queria saber de gente má. A Branca de Neve gritava: "a minha madrasta não, pelamordedeus!". A Bela Adormecida dizia que preferia mil vezes ser feliz para sempre do que dormir para sempre. "Eu quero ser Bela Acordada! Não Bela Adormecida!"

[...]

Depois de ouvir tudo aquilo, o príncipe se convenceu: era muito perigoso soltar as bruxas, os lobos, as madrastas ou as irmãs pezudas da Cinderela. Os felizes para sempre ficaram **inquietos**. O que é que eles iam fazer?

[...]

(Antonio Prata. *Felizes quase sempre*. São Paulo: Editora 34, 2012. p. 3-12, 14-18, 20-21.)

balbúrdia: desordem, confusão.

entediado: cheio de tédio, desinteressado, aborrecido.

inquieto: agitado.

pomar: lugar onde são cultivadas árvores frutíferas.

ESTUDO DO TEXTO

Compreensão e interpretação

1. No 1º parágrafo do texto, há duas expressões que costumam aparecer em alguns contos maravilhosos. Quais são elas?

2. A história começa exatamente onde termina a maior parte dos contos maravilhosos e apresenta dois personagens muito comuns nesses contos.

   a) Em que momento se inicia o conto de Antonio Prata? Que trecho do texto justifica sua resposta?

   b) Em que lugar se passam os fatos desse conto?

   c) Como é a vida que os personagens começam a ter nesse momento da história?

3. O cotidiano dos personagens é composto de atividades que os deixam felizes.

   a) Cite algumas dessas atividades.

   b) Segundo o texto, que ações eles deixam de fazer para continuarem felizes?

   c) A seleção do que fazer e do que não fazer para ser feliz parece corresponder mais a uma visão de mundo própria das crianças ou dos adultos? Por quê?

4. Cada texto costuma ter um público leitor em particular, ainda que outras pessoas possam lê-lo e apreciá-lo. Com base em sua resposta ao item **c** da questão 3 e no que você compreendeu ao ler o texto de Antonio Prata, deduza: Qual é o público leitor de "Felizes quase sempre"? Explique.

5. Em geral, nos contos maravilhosos "ser feliz para sempre" é o final que dá a impressão de que desse momento em diante os personagens principais vão viver em um mundo perfeito para eles. Porém, na história lida neste capítulo, "ser feliz para sempre" provoca uma sensação inesperada no príncipe e na princesa.

   a) Que sensação é essa?

   b) Que aspecto do "ser feliz para sempre" causa essa sensação?

   c) Do que o príncipe e a princesa começam a sentir falta?

6. O príncipe e a princesa da história pertencem a algum conto maravilhoso que não é identificado no conto de Prata e que também termina com um final feliz.

   a) Tendo em vista a situação que eles estão passando, como o príncipe e a princesa imaginam a experiência de outros personagens principais de contos maravilhosos?

   b) Que ideia eles têm para resolver o problema?

QUEM É ANTONIO PRATA?

Antonio Prata.

Antonio de Góes e Vasconcellos Prata (1977-) nasceu em São Paulo (SP). Filho do escritor Mário Prata, vem se destacando no gênero crônica, como o pai.

Cursou por um tempo Filosofia, Cinema e Ciências Sociais, mas não chegou a concluir nenhum dos cursos. Descobriu sua verdadeira vocação na literatura e já publicou vários livros, entre eles *As pernas da tia Corália*; *Inferno atrás da pia*; *Adulterado*; *Meio intelectual, meio de esquerda*; e *Nu, de botas*. Atualmente, também se dedica ao romance e ao cinema.

Foi cronista da revista *Capricho*, do jornal *O Estado de S. Paulo* e, atualmente, publica suas crônicas no jornal *Folha de S.Paulo*.

7 Na história de Antonio Prata, além de elementos dos contos maravilhosos, que retratam um tempo antigo e indefinido, existem elementos do nosso tempo.

a) Identifique esses elementos.

b) Que sensação essa mistura de elementos provoca no leitor?

8 Na reunião com outros personagens de contos maravilhosos, o príncipe expressa uma opinião que assusta a todos.

a) Que opinião é essa?

b) Por que os demais personagens se assustam com essa ideia?

9 Releia os dois últimos parágrafos do conto e, no caderno, escreva o nome da protagonista associando corretamente a ela a vilã ou o problema que a tornou infeliz em sua história original.

Cinderela	1. madrasta má
Branca de Neve	2. sono eterno
Bela Adormecida	3. irmãs pezudas

A linguagem do texto

1 Releia este trecho:

"[...] quando a gente é feliz para sempre os dentes são **autolimpantes**."

a) Qual é o sentido da palavra destacada?

b) Deduza: Qual é o sentido da partícula **auto**-?

c) Por que essa palavra provoca humor no trecho?

d) Para você, ter dentes autolimpantes seria uma felicidade? Por quê?

2 Observe as palavras destacadas neste trecho da história:

"Eles acordaram só quando não tinham mais nem um **tiquinho** de sono para aproveitar, abriram a janela do quarto **lá** no alto do castelo [...]."

a) A palavra **tiquinho** é diminutivo de **tico**. Qual é o sentido da palavra **tico**? E qual é o efeito de sentido gerado pelo uso de **tiquinho**, no contexto?

b) Imagine como ficaria o texto sem o emprego da palavra **lá**. Deduza: Que efeito de sentido o emprego dessa palavra produz na frase?

c) Releia estes dois trechos da narrativa:

> • "[...] quando a gente é feliz para sempre os dentes são **autolimpantes**".
>
> • "Eles acordaram só quando não tinham mais nem um **tiquinho** de sono para aproveitar, abriram a janela [...]."

Eles dão ideia de situações do cotidiano que o príncipe e a princesa consideram que os fazem felizes. Com base nessas situações, escreva no caderno o que a felicidade significa para esses personagens:

- ter obrigações
- planejar o dia
- não ter obrigações
- seguir ordens
- sofrer

3 Observe este trecho do texto:

> "E o outro depois do outro e o depois do outro e o depois do depois de depois de depois de mil novecentas e setenta e sete vezes depois. [...]
>
> [...] no milésimo trilionésimo quarto dia sendo felizes para sempre, o príncipe e a princesa estavam tão entediados que não conseguiam mais imaginar nenhuma figura na nuvenzinha no canto do céu. [...]"

a) Que efeito de sentido tem a repetição das palavras **outro** e **depois**?

b) No texto, o numeral ordinal "milésimo trilionésimo quarto" equivale a uma sequência de mil trilhões e quatro dias. Por que foi escolhido um numeral como esse para indicar os dias transcorridos?

c) No fragmento, a repetição constante de algumas palavras e o uso de numerais que sinalizam grandes quantidades provocam humor? Por quê?

4 Releia esta fala da princesa:

> "A gente tem que parar de ser feliz para sempre! Se não tiver uma **infelicidadezinha** de vez em quando, a vida perde a graça!"

a) A palavra em destaque é uma negação e um diminutivo do substantivo **felicidade**. Explique.

b) O que o uso do diminutivo indica na palavra **infelicidadezinha**?

Trocando ideias

Você está convidado a levantar hipóteses sobre a continuação da história: De que maneira os personagens poderiam resolver o problema deles? Levando em conta o que se sabe da narrativa, imagine de que modo ela poderia continuar.

Com a orientação do professor, reúna-se com alguns colegas antes de responder às questões propostas. Durante a troca de ideias, ouça os colegas com atenção e respeite a vez de falar de cada um.

1 Releiam este trecho da narrativa:

> "Depois de ouvir tudo aquilo, o príncipe se convenceu: era muito perigoso soltar as bruxas, os lobos, as madrastas ou as irmãs pezudas da Cinderela. Os felizes para sempre ficaram inquietos. O que é que eles iam fazer?"

a) Com base nesse trecho, o que vocês acham que vai acontecer com os personagens?

b) Que proposta vocês fariam se fossem um dos personagens?

2 Vocês concordam com o príncipe e a princesa da narrativa, que concluíram que é preciso haver uma "infelicidadezinha" de vez em quando? Por quê? O que precisa haver na sua vida de vez em quando?

De olho na oralidade

Leitura expressiva do texto

Junte-se a um colega para fazer oralmente uma leitura expressiva de parte do conto de Antonio Prata. Sigam estas instruções:

- Primeiro, leiam em voz baixa o trecho que vai do início até o parágrafo que começa assim: "— Uma dentadura banguela!".
- Depois, você lê o primeiro parágrafo, o colega lê o segundo parágrafo e vocês se alternam na leitura dos diálogos do príncipe e da princesa.
- Leiam o trecho indicado várias vezes, buscando a entonação mais adequada, como se estivessem lendo em público. Enfatizem algumas palavras, dando vivacidade a elas ou reforçando seu sentido. Por exemplo, no trecho "abriu a janela do quarto lá no alto do castelo", alonguem a pronúncia da palavra **lá**. Deem ênfase aos trechos que contêm ponto de exclamação. Nos diálogos, procurem falar de modo engraçado e divertido.
- Após esse primeiro treino de leitura expressiva, o professor vai distribuir os seguintes trechos para as duplas:

> • De "O príncipe e a princesa passaram o dia todo brincando [...]" até "[...] uma língua de sogra!".
>
> • De "À noite, depois de um jantar só de salgadinhos [...]" até "[...] a vida perde a graça!".
>
> • De "Então, deitados ali na grama [...]" até "[...] sábado de manhãzinha!".
>
> • De "Não faltou ninguém [...]" até o final.

- Leiam novamente os trechos, trocando as falas. Avaliem juntos a melhor forma de falar o texto.
- Apresentem a leitura expressiva à turma, conforme a orientação do professor.

Ler é reflexão

Um eterno encantamento

Como a maioria dos leitores, tive meu primeiro contato com contos de fadas ainda antes de saber ler. Uma alegria imorredoura de minha meninice nasceu do fato de que contar histórias para as crianças era um ritual que fazia parte do cotidiano de minha família. Lembro perfeitamente de ter ouvido desde a primeira infância várias narrativas tradicionais, dessas que compõem a tradição oral brasileira. Muitas delas, talvez a sua maioria, eram de origem europeia e fazem parte desse inesgotável baú de tesouros que agrupamos sob o título genérico de "contos de fadas".

[...]

A rigor, esses contos tradicionais e populares que normalmente chamamos em português de contos de fadas constituem um tipo de narrativa com características muito específicas. A presença de fadas entre seus personagens *não* é uma delas. [...]

No entanto, há certas qualidades que cercam os contos de fadas e, com muita clareza, os distinguem de outros gêneros literários. Algumas se impõem à primeira vista e não têm a ver com traços identificáveis no texto em si. Por exemplo, sua universalidade e sua vizinhança com a infância. Desta última, decorre outra, ainda mais sutil: sua carga afetiva. Falar em conto de fadas é evocar histórias para crianças, lembranças domésticas, ambiente familiar. Equivale também a uma filiação ao maravilhoso, em que tudo é possível acontecer.

Esse universo tem a ver também com outro aspecto: o da cultura oral. Trata-se de contos populares, de uma tradição anônima e coletiva, transmitidos oralmente de geração a geração e transportados de país em país. Muitos deles foram depois recolhidos em antologias por estudiosos, com maior ou menor fidelidade à versão original de seus contadores e contadoras. Em vários casos, foram recontados e reelaborados — ora ganhando qualidade literária nas novas roupagens, ora se perdendo em adaptações cheias de intenções de corrigir as matrizes populares. Ora mantendo seu vigor original, ora se diluindo em pasteurizações.

Essas diferentes versões se multiplicam. Continuam a ser feitas hoje em dia. Por isso, o próprio conceito de "versão original" é difícil de precisar. Muitas vezes é difícil que o leitor atual tenha a possibilidade de acesso aos textos em sua forma cristalizada de quando foram pela primeira vez fixados por escrito, ou na versão que se tornou seu ponto de partida clássico.

[...]

("Um eterno encantamento", por Ana Maria Machado. *In: Contos de fadas*, de Perrault, Grimm, Andersen & outros. Rio de Janeiro: Zahar, 2010. p. 9-10.)

A LÍNGUA EM FOCO

◼ Variedades linguísticas

Construindo o conceito

No início do capítulo, você leu um trecho do conto "Felizes quase sempre", de Antonio Prata. O autor deu uma entrevista ao programa *Sesc TV* em que ele fala sobre seu processo criativo, respondendo a três perguntas que vão aparecendo na tela ("Onde?", "Como?" e "Por quê?"), sobrepostas à imagem.

Os trechos transcritos a seguir são parte das respostas do escritor às perguntas "Onde?" e "Como?". Leia a transcrição e, se possível, assista ao vídeo da entrevista.

Bom, eu escrevo éé, mais do que nessa varanda eu escrevo nessa cadeira, essa cadeira foi um brinde queee minha mãe ganhou de um sei lá da onde no nos anos noventa [...] e ela fecha ela fecha e vira um guarda-chuva assim. Então éé... mais de uma vez quando eu já fui escrever em viagem, que eu tinha que nas Olimpíadas, por exemplo, quando eu vou cobrir o **Flip**, tal, eu levo aaa cadeira na mala [...].

Olha, ééé... eu acordo, tomo café e venho pra cá [varanda da casa]. Ou dia que minha filha tá aqui, tal, vou pro escritório lá em cima. Ééé... idealmente é de manhã o horário que eu tô mais descansado eee... e sento no computador e escrevo... não tem muitaaa... muito segredo, assim. Anoto ideias no celular no no bloco de notas eee... e quando eu vou fazer uma crônica eu já tenho várias ideias eee... e busco nelas. Ou então eu tenho uma uma ideia na hora. A escrita eu acho que é praticamente reescrever, reescrever, reescrever... eu escrevo lentamente, botando coisa no papel e mudando, éé... enfim... [...].

(Disponível em: https://www.youtube.com/watch?v=UEzhTeZFi2M. Acesso em: 30/11/2021.)

Prata, Antonio. *Felizes quase sempre*. São Paulo: Editora 34, 2012.

Flip: festival literário que acontece todos os anos na cidade de Paraty (RJ) desde 2003. Essa sigla significa: Festa Literária Internacional de Paraty.

1 Na transcrição, estão presentes marcas típicas da oralidade, que não costumam ocorrer em textos escritos, entre elas: a hesitação do falante, a correção do que é dito e a repetição. No caderno, escreva trechos da transcrição em que o entrevistado:

a) hesita, isto é, leva algum tempo para elaborar ou reelaborar o conteúdo da fala dele e por isso prolonga um termo ou faz uma pausa na fala.

b) corrige um termo dito anteriormente.

c) repete uma palavra ou expressão.

2 Leia, a seguir, um trecho da transcrição com algumas palavras escritas do modo como o escritor as pronunciou, e não de acordo com a ortografia.

UNIDADE 1 ▷ Capítulo 2 — 51

"Bom, eu escrevo éé, mais do que nessa varanda eu escrevo nessa cadêra, essa cadêra foi um brinde queee minha mãe ganhô de um sei lá daonde no nos anos noventa [...] e ela fecha ela fecha e vira um guarda-chuva assim. Então éé... mais de uma vez quando eu já fui escrevê em viagem, que eu tinha que nas Olimpíadas, por exemplo, quando eu vô cobri o a Flip, tal, eu levo aaa cadêra na mala [...]"

a) Desconsiderando os termos que expressam marcas típicas da oralidade (**éé**, **queee**, **aaa**), que palavras foram grafadas de modo diferente da escrita ortográfica?

b) Podemos notar na fala de Antonio Prata alguns usos comuns à fala brasileira:

- O apagamento do som final das formas verbais no infinitivo.
- A redução de alguns sons de determinadas palavras como forma de economia da língua.

No caderno, relacione esses usos da língua aos termos que você identificou no item **a**.

3 Imagine que você e os colegas vão publicar essa parte da entrevista de Antonio Prata no jornal da turma, e que esse texto será afixado em um mural da escola. Juntos, adaptem as perguntas (Onde escrevo? Como escrevo? Por que escrevo?) e a fala do autor à modalidade escrita, fazendo as alterações necessárias. Vejam se é possível manter algumas marcas de oralidade, como hesitações.

4 Analise as afirmações a seguir sobre os trechos transcritos e a versão escrita pela turma. Depois, indique quais são verdadeiras e quais são falsas.

a) A diferença entre as duas versões se dá porque a fala é desorganizada e sem regras, ao passo que a escrita é organizada e segue regras rígidas.

b) A diferença entre as versões se dá porque fala e escrita são modalidades distintas da língua e, portanto, seguem regras próprias.

c) Analisar trechos da fala espontânea de uma pessoa e compará-los com uma versão escrita comprova que os brasileiros precisam aprender as regras da escrita para utilizá-las mesmo em situações de fala.

d) Analisar trechos da fala espontânea de uma pessoa ajuda a perceber sutilezas próprias da oralidade, que são importantes para seu funcionamento e que não são notadas durante o estudo de textos escritos.

5 Compare a pronúncia de algumas palavras usadas por Antonio Prata com a forma como você, os colegas e o professor costumam pronunciá-las em situações cotidianas.

a) Na fala cotidiana da região onde você mora, é comum as pessoas pronunciarem algumas dessas palavras do mesmo modo como o autor Antonio Prata as pronuncia? Exemplifique.

b) O autor pronuncia alguma palavra de forma muito semelhante ou muito diferente da forma como vocês a pronunciam? Que palavra é essa?

Conceituando

Ao analisar um pequeno trecho de uma fala espontânea de Antonio Prata, você observou que nela há traços típicos do modo de falar de muitos brasileiros. Além disso, foi possível notar que a fala e a escrita são diferentes. Essa diferença é um exemplo de variedade linguística. As variedades linguísticas ocorrem porque, embora a língua pareça única, homogênea, na verdade ela é heterogênea, ou seja, abriga diferentes modos de falar que variam de acordo com características sociais, regionais, etárias e culturais dos falantes. A heterogeneidade da língua, ou seja, ela apresentar variedades, é o que chamamos de variação linguística.

Especialmente em uma sociedade tão heterogênea como a brasileira, com realidades e perfis muito diferentes convivendo, às vezes, em uma mesma cidade ou até no mesmo bairro, acontecem diferenças também nas formas de uso da língua.

Variedades linguísticas são os diferentes modos de usar uma língua, relacionados à variedade da(s) própria(s) sociedade(s) que a pratica(m). Influem nas variedades linguísticas fatores como a região de origem dos falantes, a idade, o gênero, as condições econômicas e o grau de escolaridade.

Tipos de variação linguística

As variações de uma língua podem ocorrer por diferentes motivos. Conheça, a seguir, alguns deles.

- **Diferenças de lugar ou região** — Há nos modos de falar das pessoas diferenças relacionadas ao lugar de onde elas vêm ou onde vivem: Estados diferentes, zona rural, zona urbana e algumas áreas de grandes cidades.

- **Diferenças de classe social** — Pessoas de diferentes classes sociais podem ter modos distintos de falar.

- **Diferenças entre a fala e a escrita** — Uma mesma pessoa pode fazer uso de variedades distintas ao empregar as modalidades oral e escrita da língua.

- **Diferenças no grau de monitoramento** — Uma pessoa pode monitorar menos ou mais sua fala, conforme julgar necessário. Dependendo da situação de comunicação em que se encontra, ela pode usar a linguagem de modo menos ou mais formal. Por exemplo, ao contar um fato em casa, a membros da família, é natural que a pessoa empregue uma **linguagem informal**, mas ao contar o mesmo fato a pessoas com quem tem pouca intimidade, como em uma reunião profissional, ela geralmente fará uso da **linguagem formal**.

- **Diferenças históricas** — Pessoas de diferentes gerações podem ter modos de falar diferentes, uma vez que as línguas mudam com o passar do tempo.

A língua portuguesa NO MUNDO

A língua portuguesa tem presença significativa em quatro continentes. Além de ser falada no Brasil (América do Sul) e em Portugal (Europa), está presente em Angola, Moçambique, Cabo Verde, Guiné-Bissau, São Tomé e Príncipe (na África) e em Goa e Timor Leste (Ásia).

Se, dentro do Brasil, notamos variações linguísticas de uma região para outra, imagine de um continente para outro!

Marcelo Duarte. *O guia dos curiosos — Língua portuguesa*. São Paulo: Panda, 2003. p. 58.

Variedades de prestígio e norma-padrão

A língua está sempre em mudança, em renovação. Palavras novas surgem a todo instante e formas antes valorizadas caem em desuso com o tempo. Atualmente, com a internet, as redes sociais e os novos suportes de escrita cotidiana, como celulares e *tablets*, até mesmo o modo de escrever as palavras tem se modificado em algumas situações.

Em sociedades como a brasileira, a língua é usada por grupos sociais muito distintos e variados, e os usos que os grupos considerados privilegiados, de maior poder e prestígio socioeconômico, fazem da língua vão se tornando, historicamente, padrões de referência.

Quando esses usos se estabilizam e são descritos por estudiosos da língua em obras como as gramáticas, eles dão origem ao que é chamado, nos estudos de linguagem, de **norma-padrão**. Como essa norma surge de usos de vários grupos privilegiados socialmente, ela acaba sendo um modelo idealizado de língua.

> **Norma-padrão** é um modelo idealizado de língua que tem origem nos usos de grupos sociais privilegiados.

A variedade empregada por Antonio Prata na entrevista analisada neste capítulo, por exemplo, é uma variedade de prestígio, usada em uma situação descontraída por uma pessoa que teve amplo acesso à escola, mas não corresponde exatamente à norma-padrão.

O uso da língua feito por quem tem acesso a maior grau de escolaridade nem sempre corresponde ao modelo idealizado da norma-padrão. Na imprensa em geral, nas universidades, no mundo do trabalho e dos documentos legais, por exemplo, são empregadas variedades da língua que refletem a cultura letrada de uma sociedade, ou seja, o conhecimento das regras da escrita, das quais nos apropriamos por meio dos estudos escolares.

> **Variedades de prestígio** são as variedades utilizadas por falantes com nível de escolaridade mais elevado e, em geral, com maior poder socioeconômico.

Existem diferentes possibilidades de usar a língua e todas elas podem ser devidamente adequadas às respectivas situações de comunicação. Embora a norma-padrão se distancie de muitos usos que fazemos da língua em situações do dia a dia, é importante reconhecer que ela existe. Além disso, é direito de todos os falantes ter acesso a ela e às suas regras.

Gírias e IDENTIDADE

A linguagem faz muito mais do que transmitir pensamentos e sentimentos. Ela pode revelar características sociais, culturais, étnicas, regionais, grau de escolaridade ou o grupo ou a "tribo", a que o falante pertence. É pela linguagem que as pessoas mostram sua forma de ser e de ver o mundo.

Uma das marcas que podem revelar o grupo ao qual uma pessoa pertence e outras características que constituem sua identidade no mundo são as gírias, ou seja, palavras ou expressões empregadas por indivíduos de uma mesma geração ou de determinado grupo social que podem conviver em uma mesma época. Por exemplo, há gírias específicas dos skatistas, dos surfistas, de jovens de centros urbanos, das periferias, etc.

zuperia/Shutterstock

54 UNIDADE 1 Capítulo 2

Preconceito linguístico

Você já ouviu alguém dizer que o português praticado em uma cidade ou em um Estado é melhor ou mais correto do que o praticado em outra(o)? Já viu uma pessoa ser depreciada pelo modo como fala ou escreve?

Quando uma pessoa é julgada pela variedade linguística que usa, dizemos que ocorre preconceito linguístico. Esse pensamento tem por base crenças do senso comum que não têm nenhum fundamento científico. Devemos sempre nos posicionar contra o preconceito para construir uma sociedade mais justa e menos preconceituosa também no aspecto linguístico.

Lembre-se de que a língua está em constante mudança e se modifica em função de diversos fatores.

Ao longo desta obra, serão sugeridas atividades para que você possa refletir a respeito do preconceito linguístico e observar de que modo ele se apresenta no cotidiano e como pode ser combatido.

EXERCÍCIOS

1 Troque ideias com os colegas e o professor e indique se as afirmações a seguir são verdadeiras ou falsas, explicando por quê.

a) É importante respeitar as variedades linguísticas de todos os grupos sociais, as quais cumprem suas funções em seus contextos específicos de uso.

b) Pelo fato de cada pessoa ter um jeito próprio de falar, em algum momento futuro os indivíduos não vão mais conseguir se comunicar.

c) É direito de todos os falantes ter acesso à norma-padrão, pois há situações em que dominá-la pode ser necessário.

d) Dominar a norma-padrão e as variedades de prestígio pode contribuir para que as pessoas participem com mais segurança e autonomia de práticas sociais variadas.

2 Leia estas gírias antigas:

- bafafá – bicho – bokomoko
- carango – chuchu beleza – cricri
- plá – prafrentex – tá ruço

Fonte: Kárin Fusaro. *Gírias de todas as tribos*. São Paulo: Panda Books, 2001. p. 120-123.

a) Você conhece alguma(s) dessas gírias? Troque ideias com os colegas e o professor e tentem entender os sentidos de cada uma delas.

b) Pergunte a pessoas conhecidas, de gerações anteriores, se sabem o significado dessas gírias. Em caso afirmativo, anote os significados no caderno.

c) Peça-lhes, também, que citem outras gírias utilizadas no passado e que não são mais usadas hoje em dia. Anote essas palavras e seus significados.

d) Reúna-se com alguns colegas e escrevam no caderno gírias usadas por vocês com sentidos semelhantes aos das gírias listadas no item **a**.

e) Compartilhe com a turma as gírias citadas pelas pessoas que você entrevistou (itens **b** e **c**). Analise a idade, o gênero e o grupo social das pessoas entrevistadas, entre outros fatores que julgue relevantes, e observe as variações existentes.

f) Agora, converse com a turma sobre as gírias usadas por vocês atualmente que apresentam sentidos semelhantes aos das gírias apresentadas no enunciado da atividade. Por que as gírias são diferentes, mas apresentam o mesmo significado? Por que vocês acham que isso acontece?

Leia a tira a seguir e responda às questões 3 a 5.

(Fernando Gonsales. *Folha de S.Paulo*, 30/8/2017.)

3 Observe no primeiro quadrinho os textos verbais.

a) Deduza: De quem é a voz no retângulo e nos balões?

b) Qual é o sentido das falas contidas nos balões?

4 Você estudou que os modos de usar a língua podem variar conforme diferentes fatores.

a) Na tira, os indivíduos que usam uma linguagem semelhante pertencem a que grupo?

b) No contexto da tira, que identidade é construída para esse grupo?

5 No segundo quadrinho, há quatro balões de fala.

a) Que balões têm falas semelhantes aos balões do primeiro quadrinho? Justifique sua resposta.

b) Troque ideias com a turma e conclua: Com que sentido é habitualmente usada a expressão "voz interior"?

c) Na tirinha, por que essa expressão provoca humor?

Quantos idiomas EXISTEM NO MUNDO?

São 6 909 línguas diferentes faladas ao redor do mundo, segundo o compêndio *Ethnologue*, que cataloga os idiomas do nosso planeta desde 1950. Mas a maioria desses idiomas a gente quase não ouve: 6 520 línguas (cerca de 94% do total) estão na boca de apenas 6% dos habitantes da Terra, enquanto o restante da população mundial usa apenas 389 idiomas. [...]

BLÁ-BLÁ-BLÁ GLOBAL

ÁSIA
33,6% dos idiomas

A Ásia é a Babel dos continentes: são 2 322 idiomas — 33% do total — praticados por lá. Além de ter a maior variedade, os asiáticos também têm o maior número de falantes — 3,6 bilhões, uma média de 1,5 milhão por idioma.

AMÉRICA
14,4% dos idiomas

Do Alasca à Patagônia, são 993 idiomas no continente, com a média de 50 852 praticantes cada um. Você sabia que se fala francês no Haiti? E holandês em Aruba? E que 700 mil mexicanos ainda falam maia, um idioma pré-colombiano?

OCEANIA
18,1% dos idiomas

Apesar de ter apenas dois países grandes — Austrália e Nova Zelândia —, a Oceania tem dezenas de ilhotas, com centenas de dialetos, somando 1 250 variedades. O resultado: em média, cada idioma é praticado por apenas 5 144 pessoas.

ÁFRICA
30,5% dos idiomas

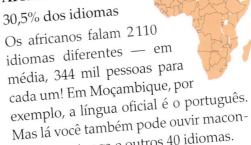

Os africanos falam 2 110 idiomas diferentes — em média, 344 mil pessoas para cada um! Em Moçambique, por exemplo, a língua oficial é o português. Mas lá você também pode ouvir maconde, chona, tonga e outros 40 idiomas.

EUROPA
3,4% dos idiomas

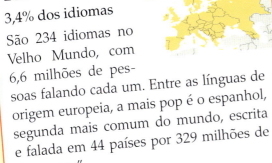

São 234 idiomas no Velho Mundo, com 6,6 milhões de pessoas falando cada um. Entre as línguas de origem europeia, a mais pop é o espanhol, segunda mais comum do mundo, escrita e falada em 44 países por 329 milhões de "personas".

LÍNGUAS DE SINAIS

As linguagens feitas para surdos-mudos também entram no catálogo de idiomas. E, mesmo sem som, elas variam ao redor do mundo: são 130 tipos! [...].

(Disponível em: https://super.abril.com.br/mundo-estranho/quantos-idiomas-existem-no-mundo/#:~:text=S%C3%A3o%206%20909%20l%C3%ADnguas%20diferentes,do%20nosso%20planeta%20desde%201950. Acesso em: 3/2/2022.)

As variedades linguísticas na construção do texto

Leia os textos a seguir e responda às questões 1 a 4.

(Disponível em: https://fotografia.folha.uol.com.br/galerias/51437-neologismos-traduzidos. Acesso em: 16/2/2022.)

(Disponível em: https://fotografia.folha.uol.com.br/galerias/51437-neologismos-traduzidos. Acesso em: 16/2/2022.)

1 Em 2017, os textos acima foram estampados em tapumes colocados ao redor do prédio ocupado pelo Museu da Língua Portuguesa, próximo da Estação da Luz, em São Paulo (SP). O museu ficou fechado durante um período porque estava em obras por causa de um incêndio ocorrido em 2015.

   a) Você já visitou algum museu? Como foi ou costuma ser sua experiência em museus? Compartilhe sua experiência com a turma.

   b) Você conhece o Museu da Língua Portuguesa? Se não conhece, navegue pelo *site* https://www.museudalinguaportuguesa.org.br/. Depois, compartilhe suas impressões sobre esse museu.

2 Sobre os textos estampados em tapumes, discuta com os colegas e o professor:

   a) Tendo em vista o processo de variação linguística, que particularidade as palavras em destaque à esquerda dos textos apresentam?

   b) Você conhecia essas palavras?

   c) Troque ideias com os colegas e o professor e, se considerar necessário, faça uma breve pesquisa para responder: Em que contexto essas palavras são utilizadas?

3 Os textos estampados nos tapumes se parecem com os que compõem verbetes de dicionários.

   a) Por quê?

   b) Os falantes de uma língua estão sempre criando novas palavras. Os verbetes nos tapumes justificam essa afirmação? Explique.

   c) Essas palavras estão registradas nos dicionários da língua portuguesa? Em geral, essas obras registram as novas palavras? Em sua opinião, por que isso acontece?

4 Leia o trecho da notícia a seguir, publicada no *site* do Museu da Língua Portuguesa.

Museu da Língua Portuguesa lança novo site

No próximo dia 17 de outubro, o Museu da Língua Portuguesa (MLP), instituição da Secretaria da Cultura do Estado de São Paulo, coloca no ar seu novo site. O novo ambiente é parte do conceito **"O Museu está sendo reconstruído. Mas é a nossa língua que está sempre em construção"**, que busca manter viva a conexão entre o Museu e seu público durante o período de reconstrução [...].

(Museu da Língua Portuguesa. Disponível em: https://www.museudalinguaportuguesa.org.br/release/museu-da-lingua-portuguesa-lanca-novo-site/. Acesso em: 18/2/2022.)

   a) Levando em consideração o conceito de variação linguística, explique o sentido do trecho em destaque.

   b) Discuta com os colegas e o professor: Qual é a importância de uma instituição como o Museu da Língua Portuguesa divulgar cartazes com palavras como **sofrência** e **viralizar**?

Semântica e discurso

Leia os seguintes memes que circularam em redes sociais da internet e depois responda às questões 1 a 3.

I.

(Disponível em: www.instagram.com/cultura caipira. Acesso em: 18/2/2022.)

II.

(Disponível: em: www.facebook.com/suricate seboso. Acesso em: 18/2/2022.)

III.

ME CAIU OS BUTIÁ DO BOLSO

(Disponível em: www.2beauty.com.br/blog/2015/02/19/video-tag-coisa-de-gaucho/. Acesso em: 18/2/2017.)

IV. sim, eu sou carioca. sim, tamojunto.

(Disponível em: https://diariodorio.com/sim-eu-sou-carioca/. Acesso em: 18/2/2022.)

sim, eu sou carioca. sim, eu sou carioca merrrmo.

1 Os memes lidos estão diretamente relacionados com o fenômeno da variação linguística.

a) Qual é o tipo de variação retratada neles?

b) A que cidade, Estado ou região do Brasil cada um faz referência?

2 Observe que a grafia utilizada em alguns dos memes não equivale à ortografia prescrita pela norma-padrão.

a) Em quais deles isso ocorre?

b) Discuta com os colegas e o professor: Em que se baseia a escrita que se vê nesses memes? Indique a correspondência entre trechos desses memes e a escrita da norma-padrão.

3 Um dos memes não explora a grafia, mas sim outros aspectos da variação linguística observados na fala de brasileiros de uma região do país.

a) Qual é esse meme?

b) Identifique duas expressões regionais que esse meme contém e dê o significado dessas expressões.

c) Identifique o aspecto sintático, isto é, de construção linguística, explorado nesse meme e as ocorrências relativas a esse aspecto.

4 Faz mais de quinhentos anos que a língua portuguesa foi trazida pelos portugueses para o Brasil. De lá para cá, muitas mudanças ocorreram na língua dos dois países. Veja algumas palavras usadas no Brasil e suas correspondentes em Portugal:

Brasil	Portugal
ônibus	autocarro
abridor de garrafas	tira-cápsula
aeromoça	hospedeira
café da manhã	pequeno almoço
chiclete	pastilha elástica

60 UNIDADE 1 ▶ Capítulo 2

Tente descobrir a correspondência entre as seguintes palavras do português brasileiro e do português lusitano. Escreva no caderno.

a) calcinha   gelado

b) caqui   miúdo

c) fila   cueca

d) garoto   bicha

e) salva-vidas   dióspiro

f) sorvete   banheiro

g) telefone celular   telemóvel

h) bola   esférico

Você fala pernambuquês? E ENTENDE CEARENCÊS?

Conheça algumas palavras e expressões usadas em Pernambuco e outras cidades do Nordeste, que ilustram aspectos da variação linguística regional do português do Brasil.

aperreio: preocupação, angústia

arenga: pequena briga

bicado: embriagado

bufento: desbotado

danou-se: expressão usada por alguém para indicar espanto ou anunciar que vai embora

fuleiro ou **peba:** fraco, sem valor, sem qualidade

liso: pobre ou em dificuldades financeiras

mangar: rir de alguém ou de algo

mói: grande quantidade

munganga: careta

oxe: expressão usada para indicar espanto

pantim: vergonha ou frescura

rabissaca: gesto de desdém, de dar as costas

renca: grupo de pessoas

virado na catita: alguém rápido

xexero: caloteiro, que não paga as contas

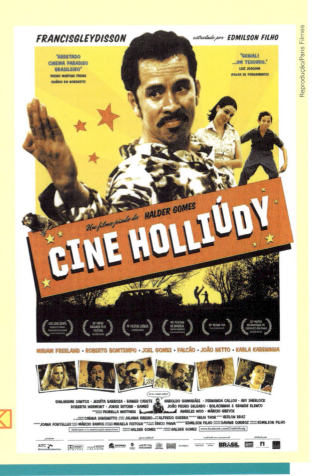

Cartaz do filme *Cine Holliúdy*, de Halder Gomes, o primeiro filme brasileiro falado em cearencês, com legendas em português.

UNIDADE 1 ▶ Capítulo 2   61

De olho na escrita

Fonema e letra

Releia este parágrafo do conto "Felizes quase sempre" e responda às questões 1 a 3.

"O príncipe e a princesa passaram o dia todo brincando, cantando, montando a cavalo, andando de bicicleta, tomando banho de cachoeira, fazendo guerra de frutas no pomar e se divertiram muito. À noite, depois de um jantar só de sobremesa, o filme preferido deles passou num telão, e foram pra cama contentes, sem nem ter que escovar os dentes, porque quando a gente é feliz para sempre os dentes são autolimpantes. Dormiram abraçadinhos, torcendo para que o dia seguinte fosse igual ao anterior."

Prata, Antonio. *Felizes quase sempre*. São Paulo: Editora 34, 2012.

1 Você provavelmente já estudou a relação entre letras e sons na formação das palavras, assim como teve oportunidade de saber como separar uma palavra em sílabas.

a) Considerando esses estudos, identifique quantas letras e quantas sílabas estas palavras têm:

| passaram | cachoeira | telão | sempre |

b) Levando em conta as respostas dadas no item anterior, pode-se afirmar que a quantidade de letras de uma palavra sempre determina a quantidade de sílabas que ela vai ter? Justifique sua resposta.

2 Uma mesma letra pode representar diferentes sons, e um mesmo som pode ser representado por diferentes letras. Monte no caderno uma tabela como a sugerida a seguir. Depois, escreva as palavras do quadro nos espaços adequados da tabela, de acordo com a descrição da relação entre letras e sons.

A letra **s** representa o mesmo som que em **seguinte**.	A letra **s** representa o mesmo som que em **princesa**.	Outra letra representa o mesmo som que a letra **s** em **seguinte**.	Outra letra representa o mesmo som que a letra **s** em **princesa**.

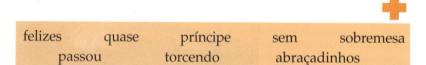

felizes   quase   príncipe   sem   sobremesa
passou   torcendo   abraçadinhos

3 Leia em voz alta estas palavras:

todo   deles

Observe que em cada palavra há duas sílabas e essas sílabas têm a mesma vogal. Sabendo que uma mesma letra pode representar diferentes sons, o som representado pelas vogais de cada palavra é o mesmo nas duas sílabas? Explique.

A unidade básica da comunicação verbal é a palavra, que pode ser dividida em unidades menores, como os sons e as sílabas.

Ao pronunciarmos a palavra **passou**, produzimos cinco sons: /p/ /a/ /s/ /o/ e /u/. Assim, embora essa palavra apresente na escrita seis letras, na fala é constituída por apenas cinco sons, já que as letras **ss** representam um único som: /s/. Na palavra **príncipe** ocorre algo semelhante. Embora tenha oito letras, na escrita essa palavra apresenta sete sons, já que as letras **in** representam um único som nasal: /í/.

As unidades sonoras que constituem uma palavra são chamadas de **fonemas**. Tradicionalmente, os fonemas são simbolizados entre barras inclinadas. Os fonemas da palavra **quase**, por exemplo, são /k/ /w/ /a/ /z/ /e/.

Fonema é a menor unidade sonora de uma palavra falada.

Observe agora a semelhança e a diferença entre estes pares de palavras:

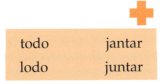

| todo | jantar |
| lodo | juntar |

Note que tanto em um par de palavras quanto em outro o número de letras e de sons é igual. Apesar disso, as palavras que formam cada par apresentam diferenças de sentido entre si. O que determina isso é a oposição entre os fonemas /t/ e /l/, no primeiro par, e /ã/ e /ũ/, no segundo par.

Assim, podemos concluir que o fonema exerce duas funções:
○ constitui palavras, sozinho ou ao lado de outros fonemas;
○ distingue uma palavra de outra.

Quando queremos representar na escrita os sons da fala, utilizamos as **letras**.

Letra é a menor unidade gráfica de uma palavra.

EXERCÍCIOS

1 Releia o trecho a seguir.

"Foi a maior bagunça. Ninguém queria saber de gente má. A Branca de Neve gritava: 'a minha madrasta não, **pelamordedeus!**'."

a) A qual expressão da fala brasileira corresponde o termo em destaque?

b) Que letra foi omitida nesse termo?

c) Troque ideias com os colegas e o professor e deduza: Por que será que o autor optou por fazer essa omissão?

2 Agora, observe este trecho com a fala da Bela Adormecida:

> "A Bela Adormecida dizia que preferia mil vezes ser feliz para sempre do que dormir para sempre. 'Eu quero ser Bela Acordada! Não Bela Adormecida!'"

a) Essa fala indica que Bela Adormecida queria trocar de nome?

b) Compare as duas primeiras sílabas das palavras **acordada** e **adormecida**: Qual é o único som diferente entre elas?

c) Quais sílabas dessas duas palavras são iguais?

d) Considerando suas respostas aos itens anteriores, troque ideias com os colegas e o professor e explique o efeito de humor construído no texto por essa fala da princesa.

3 Releia o trecho a seguir e compare os termos destacados.

> "[...] **foram pra cama** contentes, sem nem ter que tomar banho, porque quando você é **feliz para sempre** a sujeira não gruda na pele [...]"

a) Que palavra foi empregada duas vezes, porém escrita de forma diferente?

b) Quantas sílabas contêm as palavras do texto analisadas por você no item **a**?

c) Levante hipóteses: Por que houve variação na escrita dessa palavra?

4 A palavra **mil** apresenta a letra **l** em final de sílaba.

a) Na região onde você vive, como é pronunciada a letra **l** em final de sílaba? Ela é pronunciada como a letra **u** na palavra **mau** ou de outro modo?

b) Pesquise em jornais, revistas ou na internet palavras com a letra **l** em final de sílaba.

5 Nas palavras a seguir, observe que a letra **x** representa diferentes sons:

| fixo | xampu | tóxico | mexerica |
| pretexto | exótico | inexperiência | exibir |

Em quais delas a letra **x** representa o mesmo som que as letras:

a) **ch** em **chove**.

b) **s** em **escada**.

c) **z** em **zoológico**.

d) **c** e **ç** em **ficção**.

64 UNIDADE 1 ▶ Capítulo 2

6 Com base nos exercícios anteriores, podemos chegar a duas conclusões a respeito da relação entre sons e letras. Identifique os itens que expressam essas conclusões e copie-os no caderno.

a) Um mesmo som pode ser representado na escrita por uma ou por várias letras.

b) Uma mesma letra pode representar diferentes sons.

c) Um som é sempre representado por uma única letra.

d) Uma letra só pode representar um som.

PRODUÇÃO DE TEXTO

Paródia de conto maravilhoso: construção e recursos expressivos

1 No conto "Felizes quase sempre", alguns personagens são conhecidos de outras histórias, nas quais são os protagonistas.

a) Quais são essas outras histórias?

b) Você conhece essas histórias? Se não conhecer, peça a um colega que as conte a você.

c) Uma pessoa que não conhece essas histórias consegue entender as brincadeiras que o autor faz a respeito delas no texto?

Prata, Antonio. *Felizes quase sempre*. São Paulo: Editora 34, 2012.

2 Damos o nome de **paródia** ao texto que se refere a outro(s), ou seja, ao texto que incorpora parte da estrutura (título, versos, trechos, etc.) de outro texto com o objetivo de criticar, ironizar, brincar ou criar humor. Considerando essa definição, anote no caderno a alternativa que responde adequadamente a esta pergunta: Por que é possível considerar que o conto de Antonio Prata é uma paródia?

a) Trata-se de uma versão atualizada de uma história antiga que não seria mais compreendida nos dias de hoje.

b) É uma coletânea de diferentes histórias contadas em sequência e sem relação entre si.

c) Trata-se de uma história nova que se refere a outras histórias, criando humor com o uso de alguns elementos dessas outras narrativas.

d) É uma versão resumida de uma história clássica muito longa.

3 Releia, a seguir, algumas falas de personagens do conto. Depois, troque ideias com a turma e explique por que as personagens fazem essas observações, considerando o contexto original de cada história.

a) "Eu quero ser Bela Acordada! Não Bela Adormecida!"

b) "A Branca de Neve gritava: 'a minha madrasta não, pelamordedeus!'"

4 Considerando suas respostas à questão anterior, é possível afirmar que uma paródia retoma situações do(s) texto(s) ao(s) qual(is) ela se refere? De que modo isso acontece na história de Antonio Prata? Explique.

5 O título "Felizes quase sempre" também pode ser considerado um elemento de construção da paródia. Por quê?

6 Leia os trechos a seguir:

- "[...] a minha madrasta não, pelamordedeus!"
- "[...] deitaram e ficaram lá, de papo pro ar [...]"
- "[...] era muito perigoso soltar as bruxas, os lobos, as madrastas ou as irmãs pezudas da Cinderela."

a) Por esses fragmentos, é possível afirmar que o autor empregou na história construções mais informais, do cotidiano? Justifique sua resposta.

b) Em sua opinião, geralmente, é empregada uma linguagem mais informal nos contos maravilhosos? Explique.

7 Com a orientação do professor, junte-se a alguns colegas para resumir as principais características de paródia de conto maravilhoso. Para isso, copiem o quadro a seguir no caderno e completem as lacunas de acordo com o que vocês aprenderam.

Paródia de conto maravilhoso: construção e recursos expressivos	
Quem são os leitores de uma paródia de conto maravilhoso?	
Quais são os objetivos desses textos?	
Onde eles circulam?	
Que recursos de construção foram observados nos estudos da paródia lida?	
Como são seus personagens?	
Como é a linguagem da paródia de conto maravilhoso?	

Agora é a sua vez

Ao final desta unidade, no capítulo **Intervalo**, você e os colegas publicarão um livro com o título **Histórias de hoje e sempre**. Para isso, escolham uma das propostas a seguir e desenvolvam-na.

1. Escrevam a continuação do conto paródia "Felizes quase sempre". A história deverá ser narrada em 3ª pessoa, ou seja, por um narrador que apenas observa os acontecimentos. Imaginem um final para a história e, se quiserem, incluam outros personagens de contos maravilhosos. Vocês poderão realizar a atividade individualmente ou em grupo.

2. História ao contrário: Já imaginaram como seria o conto "A Bela Adormecida" se a moça sofresse de insônia? Ou se em "Chapeuzinho Vermelho" o lobo fosse vegetariano? Ou se em "Branca de Neve e os sete anões" a moça odiasse maçãs? Escolham um conto maravilhoso e recriem-no na forma de paródia, fazendo as alterações que quiserem. Se preferirem, vocês também podem adaptar a história aos dias de hoje.

Considere as etapas de produção indicadas a seguir.

Prata, Antonio. *Felizes quase sempre*. São Paulo: Editora 34, 2012.

Planejamento do texto

- Escrevam no caderno o nome dos personagens e a sequência de acontecimentos (como a história começa e os problemas que acabam surgindo).

- Lembrem-se de que o conflito da história gira em torno de uma dificuldade ou de um problema vivido pelo(s) personagem(ns) principal(is). Reflitam: Qual será o problema? Como ele será solucionado? Escrevam no caderno algumas ideias que poderiam resolver esse conflito. Depois, escolham uma delas.

- Pensem no desfecho do conto. Depois da resolução do conflito, qual será a situação de equilíbrio da história?

- Se quiserem, incluam outros personagens de contos maravilhosos na história, como o Pequeno Polegar, a Bela, a Fera, João e Maria. Lembrem-se de incluir na paródia traços da personalidade desses personagens e alguns elementos que remetam às histórias vividas por eles.

- Releiam a tabela da atividade 7 da subseção **Paródia de conto maravilhoso: construção e recursos expressivos** e a refaçam preenchendo-a com as informações que vocês escolheram para construir o novo texto.

Escrita

- Planejados o desfecho e os elementos da narrativa, escrevam a continuação do conto, com diálogos e narração em 3ª pessoa.

- Lembrem-se de que se trata de um texto escrito com a finalidade de entreter a comunidade escolar. Então, a linguagem pode ser um pouco mais informal, porém com correção gramatical.

- Atenção para os tempos verbais: eles precisam estar no passado, como no texto de Antonio Prata.

- Empreguem expressões que marquem claramente o tempo e o espaço em que ocorrem as ações, como: "Um dia...", "Anos depois...", "Na manhã seguinte...", entre outras.

- Fiquem atentos à pontuação, especialmente na introdução da fala dos personagens.

Revisão e reescrita

Troquem a primeira versão do conto com a de outros colegas (se vocês a tiverem produzido em grupo, troquem-na com a de outro grupo) para que possam observar os seguintes aspectos.

- A correção gramatical e ortográfica foi realizada?

- A continuação do texto está coerente com a primeira parte da narrativa? Há encadeamento dos fatos?

- Foram usadas expressões que indicam progressão do tempo para que os leitores entendam a sequência da narrativa?

- O texto é contado em 3ª pessoa?

- Há diálogos entre os personagens?

- A continuação da narrativa prende a atenção do leitor?

Com base nas observações e sugestões dos colegas, façam as correções necessárias e passem o texto a limpo. Guardem a versão final para publicá-la no livro **Histórias de hoje e de sempre**, que será produzido pela turma no capítulo **Intervalo**.

DIVIRTA-SE

Alguns filmes foram lançados em Portugal com títulos bem diferentes dos títulos escolhidos no Brasil. Tente descobrir a correspondência entre esses títulos e anote-os no caderno. Se necessário, faça uma breve pesquisa, comparando as diferenças entre o português de Portugal e o português do Brasil.

1. *Piratas do Caraíbas – O cofre do homem morto*

   a) *Piratas do Caribe – A vingança de Salazar*
   b) *Piratas do Caribe – O baú da morte*

2. *A rapariga que roubava livros*

   a) *A livraria*
   b) *A menina que roubava livros*

3. *A Bela e o Monstro*

   a) *A Bela e a Fera*
   b) *Monstros S. A.*

4. *Casados de fresco*

   a) *Separadamente casados*
   b) *Recém-casados*

DSilustras/Arquivo da editora

UNIDADE 1 ▶ Capítulo 2   69

CAPÍTULO 3

Fábulas em cena!

Como você já sabe, muitas histórias contadas oralmente atravessaram séculos e chegaram até os dias de hoje. Várias delas estão disponíveis atualmente em formato de filmes, animações, peças teatrais e até jogos. Além dos contos maravilhosos, as **fábulas** também fazem parte desse mundo de fantasia que tem levado ensinamentos a muitas gerações.

Você já ouviu falar de Monteiro Lobato? Ele foi um grande contador de histórias, conhecido, principalmente, por ser o autor da série de livros infantojuvenis Sítio do Picapau Amarelo, que já foi adaptada para o cinema, a televisão, o teatro, entre outras versões.

Leia, a seguir, um texto teatral de Cristiane F. Arrais criado a partir de uma fábula contada por Monteiro Lobato.

O leão, o lobo e a raposa

Personagens

Dona Benta
Emília
Pedrinho
Narizinho
Visconde de Sabugosa
Leão
Coelha
Onça
Macaco
Lobo
Raposa

ATO ÚNICO

Cena 1

(Ao som da música de Dona Benta, ela entra e assenta em uma cadeira de balanço.)

D. BENTA: Neste mundo, muita coisa eu já vi! Saci, curupira, cuca, boneca de pano falante...

(Ao som da música de Emília, a boneca sai de um baú, cheio de panos.)

EMÍLIA: Falando da minha pessoa, dona Benta?!

D. BENTA: Emília! Que bom que chegou. Estou aqui fazendo uma pequena avaliação das fábulas que conheço e como elas são importantes.

(Entram Pedrinho e Narizinho discutindo o que é fábula.)

PEDRINHO: Narizinho, não seja tão teimosa, as fábulas nos ensinam de forma suave aquilo que não conseguimos perceber entre uma atitude e outra.

NARIZINHO: Eu sei disso, Pedrinho, não estou teimando com relação a isto. Olha a vovó com a Emília, aposto que estão falando de mil coisas interessantes.

(Ao som da música de Visconde, entra Visconde de Sabugosa.)

VISCONDE: Olá, garotos! A vovó Benta pode nos contar muitas coisas das fábulas, ou melhor, quem sabe até algumas fábulas.

EMÍLIA: Sentem, todos, estou justamente interessada em escutar a dona Benta contar suas histórias. Sem falar que, nesse mundo mágico em que vivemos, criaturas interessantes nos ensinam a prática do bem conviver o tempo todo.

(Todos sentam no chão, ao redor da cadeira de balanço de dona Benta.)

D. BENTA: Crianças, vamos fazer uma linda viagem pelo mundo encantado das fábulas. Vou mostrar para vocês que lá os animais têm um jeito todo especial de fazer as coisas acontecerem.

EMÍLIA, PEDRINHO, VISCONDE, NARIZINHO: Obá...

D. BENTA: Irei contar para vocês a fábula: "O leão, o lobo e a raposa".

Certa vez, um leão muito velho e já caduco andava no morre e não morre. Mas, apegado à vida e sempre esperançado, deu uma ordem aos animais para que o visitassem e lhe ensinassem remédios para curar seu mal. Assim sendo, as coisas começaram a acontecer. A bicharada inteira começou a fazer desfile para visitar o rei, lhe dar receitas ou conselhos.

(O palco escurece. Todos saem de cena.)

Cena 2

(As luzes se acendem, vê-se um trono na região central do palco. Com uma música que fala sobre leão, entra o leão, bem devagar, parecendo doente, e senta-se em seu trono.)

(Ao som de música que fala sobre coelho, entra uma coelha com ramos na mão.)

COELHA: Olá, vossa majestade, vim lhe trazer esses ramos para fazer um chá. Essa é a planta da longevidade, vai deixar o seu DNA novinho, novinho. Espero que o senhor se sinta melhor depois de beber um grande copo. (Entrega os ramos para o leão.) Até mais ver. Tchau.

DNA: sigla, em inglês, para ácido desoxirribonucleico, uma substância relacionada diretamente com as características físicas hereditárias dos seres vivos.

longevidade: longa duração da vida.

(Ao som de música que fala sobre onça, ela chega. No momento em que a coelha está saindo, ela encontra com a onça.)

ONÇA: Olá, amiga coelha, espere-me, vou te dar uma carona, assim a senhora chegará mais rápido a sua casa, deixa só eu entregar à majestade o seu precioso remédio.

(Enquanto a onça entrega o remédio para o leão, fazendo uma reverência, a coelha diz:)

COELHA: Ela pensa que eu sou besta. Vou mostrar pra ela quem é mais inteligente aqui! **(Sai de cena correndo.)**

(Após entregar o remédio ao leão, a onça sai, atrás da coelha, cruzando com o macaco, que entra em cena com uma música bem animada. Ele olha para trás ao ver a onça passar por ele.)

MACACO: Majestade, majestade, vim lhe dar alguns conselhos, mas levei um susto tão grande ao ver a coelha e a onça saírem juntas que esqueci o que ia dizer-lhe. Elas são amigas agora? O senhor ordenou amizade entre elas?

LEÃO: Calma, macaco! O interessante daquela história é que a onça sempre se dá mal. **(Ri.)** Antes de ir embora, macaco, me responda: onde andam a raposa e o lobo, que até agora não vieram me visitar?

MACACO: Já estou indo, vossa majestade, ali está vindo o lobo, pergunte a ele, saberá lhe responder melhor. Tchau, se cuida.

LEÃO: Tchau, macaco.

(O macaco sai e entra o lobo, todo sorrateiro, com fundo musical sobre lobo.)

LEÃO: Olá, seu lobo. Onde anda a raposa? Por que ainda não veio me visitar?

LOBO: Ah, a raposa, majestade! Eu sei. Ela é uma esperta, acha que vossa majestade morre logo e é bobagem andar a perder tempo com cacos de vida.

(O leão enfurecido levanta do trono e anda de um lado para outro do palco.)

LEÃO: Então é assim que ela me trata. Eu que sou o rei da floresta e que em tudo mando. Vá buscá-la e traga-a nem que seja debaixo de vara. Diga a ela para não esquecer que eu sou o rei da floresta.

(O leão senta novamente em seu trono nervoso enquanto o lobo sai. O palco escurece.)

Cena 3

(As luzes se acendem. O trono não está mais no palco. Entra a raposa dançando uma música bem animada.)

(O lobo chega, segura a raposa pelo braço, interrompendo a música e a dança, e fala com ela.)

LOBO: Nossa majestade pede sua presença agora.

(*O lobo leva a raposa segurando-a pelo braço. Saem. O palco escurece.*)

Cena 4

(*As luzes se acendem. O leão está sentado em seu trono. O lobo volta acompanhado da raposa, e a deixa nos pés do leão.*)

RAPOSA: Perdão, majestade, não vim antes porque até agora andava em peregrinação pelos oráculos, consultando-os a respeito da doença que abate o ânimo do meu querido rei. E olhe, não perdi a viagem, visto que lhe trago a única receita que será capaz de curá-lo, produzir melhoras ao seu estado real de saúde.

LEÃO: Então diga logo o que é.

RAPOSA (com ar de ironia olhando para o lobo): É combater a frialdade que entorpece os vossos membros com uma pele de lobo.

LEÃO: Pele de lobo?

RAPOSA: Pele ainda quentinha de um lobo escorchado na horinha. E como está aqui o mestre lobo, súdito fiel de vossa majestade, vai ele sentir um imenso prazer em emprestar a pele ao seu real senhor.

(*O leão se levanta do trono e pega o lobo, que olha com ar de desprezo para a raposa. Os dois saem do palco. O leão volta à cena sozinho, com uma pele de lobo sobre o corpo.*)

RAPOSA (falando consigo mesma): Toma, lobo, para intrigante, intrigante e meio. **(Volta-se para o leão.)** Vamos embora, majestade, dar um passeio por aí, aposto que já se sente melhor.

(*A raposa dá o braço para o leão e ambos saem de cena, com ar triunfante e uma música animada ao fundo. O palco escurece.*)

Cena 5

(*As luzes acendem. Em cena, estão Dona Benta, na cadeira de balanço, Emília, Narizinho, Pedrinho e Visconde de Sabugosa, sentados no chão, em volta da cadeira.*)

EMÍLIA: Bem feito, essa raposa merece um doce. Com certeza o lobo devia ser o mesmo que comeu a vovozinha e a menina de capinha vermelha.

NARIZINHO: Claro que não, aquele morreu com golpes de machado na cabeça, sua boba.

EMÍLIA: Eu sei, mas, nas historinhas, as matanças nunca matam por completo. O morto nunca que fica bem matado. Já viu quantas vezes o Peter Pan deu cabo no Capitão Gancho? Ele continua cada vez mais gordo e ganchudo.

D. BENTA: Por hoje chega, a raposa astuta encerrou nosso momento de fábulas. Espero que tenham aprendido e gostado.

(**Música animada. O palco escurece.**)

Fim.

(Cristiane F. Arrais. *O leão, o lobo e a raposa*. Texto teatral baseado na fábula de Monteiro Lobato. 2013. Disponível em: https://crisarrais.blogspot.com/2013/11/turma-do-projeto-guisado-da-leitura.html. Acesso em: 29/11/2021. Adaptado.)

---

astuto: esperto, que não se deixa enganar, hábil para fazer maldades e tirar vantagens das situações.

dar cabo: matar, fazer desaparecer.

debaixo de vara: sob ordem judicial, por força da lei ou de uma autoridade.

entorpecer: enfraquecer, tirar a energia.

escorchado: que teve a pele retirada.

frialdade: frieza, friagem.

intrigante: que faz intrigas, promove o desentendimento com o objetivo de prejudicar alguém.

oráculo: indivíduo sábio ou local sagrado consultado para se obterem revelações ou respostas divinas.

peregrinação: longa jornada.

sorrateiro: espertalhão, falso, fingido.

ESTUDO DO TEXTO

Compreensão e interpretação

1 O texto lido apresenta duas histórias, uma dentro da outra.

a) Que história é contada dentro da história?

b) Quem é a contadora da história contada dentro da história?

c) Quem são os ouvintes da história contada dentro da história?

d) Quem escreveu o texto teatral "O leão, o lobo e a raposa"?

e) Quem escreveu a fábula e acrescentou a ela personagens de outras histórias, inspirando a criação de uma peça teatral?

f) Quem poderiam ser os leitores desse texto teatral?

2 Narizinho e Pedrinho discutem sobre o que é fábula. Releia este trecho do texto:

> "**PEDRINHO:** Narizinho, não seja tão teimosa, as fábulas nos ensinam de forma suave aquilo que não conseguimos perceber entre uma atitude e outra."

a) Considerando o que você sabe sobre fábulas, explique a afirmação do menino.

b) Você concorda com a afirmação de Pedrinho? Se possível, compartilhe oralmente com a turma exemplos de fábulas que justifiquem sua resposta.

3 Dona Benta começa a contar a fábula "O leão, o lobo e a raposa".

a) Com que expressão ela introduz essa história?

b) No início da história, qual parece ser o conflito da fábula, ou seja, qual é o problema que o leão precisa resolver?

c) De que forma ele tenta resolver esse problema?

4 Vários animais tentam ajudar o leão, como a coelha, a onça e o macaco. O leão comenta com o macaco que dois animais ainda não o haviam visitado. Quem são esses animais?

5 Quando o lobo vai visitar o leão, este pergunta pela raposa.

a) De acordo com o lobo, por qual motivo a raposa ainda não havia visitado o leão?

b) Que sentimento a fala do lobo desperta no leão? Por quê?

c) Que trecho do texto revela esse sentimento?

QUEM FOI MONTEIRO LOBATO?

Monteiro Lobato.

José Bento Renato Monteiro Lobato (1882-1948) nasceu em Taubaté, São Paulo. Formou-se em Direito e, como escritor, foi um dos fundadores da literatura infantil no país, consagrando-se por suas histórias e personagens do Sítio do Picapau Amarelo. Como autor de literatura adulta, destacou-se no gênero conto e escreveu obras como *Urupês* e *Cidades mortas*.

6 Releia o trecho a seguir, em que a raposa se dirige ao leão:

"**RAPOSA:** Perdão, majestade, não vim antes porque até agora andava em peregrinação pelos oráculos, consultando-os a respeito da doença que abate o ânimo do meu querido rei. E olhe, não perdi a viagem, visto que lhe trago a única receita que será capaz de curá-lo, produzir melhoras ao seu estado real de saúde."

a) Essa fala da raposa confirma ou contradiz o comentário do lobo sobre ela? Por quê?

b) A linguagem empregada pela raposa nesse trecho é mais formal, cerimoniosa. Que expressões da fala dela justificam essa afirmação? No caderno, explique por que ela teria empregado essa forma de linguagem nesse contexto.

7 A receita sugerida pela raposa mostra ser, na verdade, um plano.

a) Qual é a real intenção da raposa ao sugerir a receita dela para o leão?

b) O que levou a raposa a elaborar esse plano?

c) Qual destes trechos da fala da raposa deixa o lobo ameaçado e sem saída? Copie-o no caderno.

   I. "É combater a frialdade que entorpece os vossos membros."
   II. "E como está aqui o mestre lobo, súdito fiel de vossa majestade, vai ele sentir um imenso prazer em emprestar a pele ao seu real senhor."
   III. "Pele ainda quentinha de um lobo escorchado na horinha."

d) Quando o leão retorna ao palco com a pele de lobo sobre o corpo, a raposa diz: "Toma, lobo, para intrigante, intrigante e meio". Explique essa fala da raposa.

e) Entre as palavras a seguir, quais podem ser usadas para caracterizar a raposa na fábula "O leão, o lobo e a raposa"? Se não conhecer alguma delas, procure o significado no dicionário e anote-o no caderno.

| esperta | traiçoeira | mentirosa |
| calculista | astuta | |

8 Quando chegamos ao final da fábula, percebemos que a visão que tínhamos inicialmente dos personagens e da história contada por Dona Benta sofreu alterações.

a) Qual é o verdadeiro **conflito** da narrativa?

b) Qual é o **clímax** da história, ou seja, o momento de maior tensão?

c) E qual é o **desfecho** da história, ou seja, como o conflito é resolvido?

9 Os personagens das fábulas costumam ser animais que falam e agem como pessoas. São narrativas que, na realidade, espelham, analisam e criticam comportamentos de seres humanos. Que comportamento humano é retratado criticamente na fábula "O leão, o lobo e a raposa"?

10 Que trechos do texto marcam a transição entre a cena final da fábula narrada por Dona Benta e a cena em que os ouvintes comentam a história que foi contada?

11 Após o término da história contada por Dona Benta, a boneca Emília faz um comentário. Releia:

> "**EMÍLIA:** Bem feito, essa raposa merece um doce. Com certeza o lobo devia ser o mesmo que comeu a vovozinha e a menina de capinha vermelha."

a) Qual é a opinião de Emília sobre a atitude da raposa? Explique.

b) E qual é a opinião de Emília sobre o desfecho do lobo? Que justificativa ela dá?

c) A que conto maravilhoso pertencem os personagens citados por Emília nesse trecho?

12 Releia, agora, o diálogo final entre Narizinho e Emília:

> "**NARIZINHO:** Claro que não, aquele morreu com golpes de machado na cabeça, sua boba.
> **EMÍLIA:** Eu sei, mas, nas historinhas, as matanças nunca matam por completo. O morto nunca que fica bem matado. Já viu quantas vezes o Peter Pan deu cabo no Capitão Gancho? Ele continua cada vez mais gordo e ganchudo."

a) Em sua opinião, o lobo da fábula poderia ser o mesmo da história da Chapeuzinho Vermelho? Justifique.

b) Você concorda com Emília quando ela diz que "nas historinhas, as matanças nunca matam por completo" e que "o morto nunca fica bem matado"? Em caso positivo, que outro exemplo, diferente daquele citado por Emília, você daria para justificar a afirmação que ela faz?

13 Você conhece a história de Peter Pan, citada por Emília? Sabia que ela é divulgada tanto nas contações de histórias para crianças quanto no teatro, nos livros e no cinema? Com a ajuda do professor, faça uma pesquisa na internet ou na biblioteca da escola para conhecer o autor, a origem e o enredo dessa história. Procure também livros, filmes ou séries sobre esse personagem.

A linguagem do texto

1 Os animais chamam o leão de "vossa majestade" e "majestade".

a) Em que circunstâncias palavras e expressões como essas são usadas para se dirigir a alguém?

b) Que sentido essas formas de tratamento produzem na fala dos animais do texto lido?

2 Releia este trecho de fala da coelha:

> "COELHA: Olá, vossa majestade, vim lhe trazer esses ramos para fazer um chá. Essa é a planta da longevidade, vai deixar o seu DNA novinho, novinho. [...]"

Retome o glossário do texto teatral lido e veja o significado da sigla **DNA**. Depois, explique o sentido da fala da coelha quando ela diz que a planta vai deixar o DNA do leão novinho.

3 Releia esta fala do leão:

> "LEÃO: Então é assim que **ela** me trata. Eu que sou o rei da floresta e que em tudo mando. Vá buscá-**la** e traga-**a** nem que seja debaixo de vara. Diga a **ela** para não esquecer que eu sou o rei da floresta."

a) Todas as palavras destacadas no trecho referem-se à mesma personagem da história, citada anteriormente. Quem é essa personagem?

b) Como ficaria o texto caso a palavra que você identificou no item **a** fosse empregada em todas as situações destacadas? Em sua opinião, ele ficaria melhor? Explique.

Cruzando linguagens

O texto teatral "O leão, o lobo e a raposa", lido no início deste capítulo, foi inspirado na fábula de mesmo nome escrita por Monteiro Lobato. A seguir, leia a fábula contada por esse famoso autor e compare-a com o texto teatral de Cristiane F. Arrais. Observe também a impressão causada pelos dois textos. Será que o final é o mesmo? Qual é a sua expectativa? Compartilhe suas ideias com os colegas e divirta-se.

UNIDADE 1 ▷ Capítulo 3 — 77

O leão, o lobo e a raposa

Um leão muito velho e já caduco andava morre não morre.

Mas, apegado à vida e sempre esperançado, deu ordem aos animais para que o visitassem e lhe ensinassem remédios.

Assim aconteceu. A bicharia inteira desfilou diante dele, cada qual com um remédio ou um conselho.

Mas a raposa? Por que não vinha?

— Eu sei — disse um lobo intrigante, inimigo pessoal da raposa. — Ela é uma **finória**, acha que Vossa Majestade morre logo e é bobagem andar a perder tempo com cacos de vida.

Enfureceu-se o leão e mandou buscar a raposa debaixo de vara.

— Então é assim que me trata, ó **vilíssimo** animal? Esquece que eu sou o rei da floresta?

A raposa interrompeu-o:

— Perdão, Majestade! Se não vim até agora é que andava em peregrinação pelos oráculos, consultando-os a respeito da doença que abate o ânimo do meu querido rei. E não perdi a viagem, visto como trago a única receita capaz de produzir melhoras na real saúde de Vossa Majestade.

— Diga lá o que é — ordenou o leão, já calmo.

— É combater a frialdade que entorpece os vossos membros com um "**capote** de lobo".

— Que é isso?

— Capote de lobo é uma pele ainda quente de lobo escorchado na horinha. E como está aqui mestre lobo, súdito fiel de Vossa Majestade, vai ele sentir um prazer imenso em emprestar a pele ao seu real senhor.

O leão gostou da receita, escorchou o lobo, embrulhou-se na pele **fumegante** e ainda por cima lhe comeu a carne.

A raposa, vingada, retirou-se, murmurando:

— Toma! Para intrigante, intrigante e meio...

— Bem feito! — exclamou Emília. — Essa raposa merece um doce. E com certeza o tal lobo era aquele que comeu a avó de Capinha Vermelha.

— Boba! Aquele foi morto a machadadas pelo lenhador — disse Narizinho.

— Eu sei — tornou Emília —, mas nas histórias a matança nunca é completa. Nunca o morto fica bem matado — e volta a si outra vez. Você bem viu no caso do Capitão Gancho. Quantas vezes Peter Pan deu cabo dele? E o Capitão Gancho continua cada vez mais gordo e ganchudo.

— Por que é, vovó, que em todas as histórias a raposa sai sempre ganhando? — quis saber Pedrinho.

— Porque a raposa é realmente astuta. Sabe defender-se, sabe enganar os inimigos. Por isso, quando um homem quer dizer que o outro é muito hábil em **manhas**, diz: "Fulano de Tal é uma verdadeira raposa!". Aqui nesta fábula você viu com que arte ela virou contra o lobo o perigo que a ameaçava. Ninguém pode com os astutos.

(Monteiro Lobato. O leão, o lobo e a raposa. *In: Fábulas.* 2. ed. São Paulo: Globo, 2011. p. 51-53.)

capote: grande capa ou casaco.

finório: aquele que se faz de inocente para enganar e conseguir o que quer.

fumegante: muito quente.

manha: habilidade de enganar, despistar.

vil: desprezível, baixo.

1 De acordo com a orientação do professor, comente com a turma: A fábula confirmou suas expectativas? Por quê?

2 Compare a organização dos textos. No texto teatral, você notou que há uma história dentro da outra. Na fábula, isso também acontece? Explique.

3 No texto teatral, há a participação de animais que não são mencionados na fábula. Em sua opinião, por que a autora fez essa inserção?

4 Releia o que acontece com o leão no final das duas versões da história: na fábula e no texto teatral. Considerando o fato de o texto teatral ser escrito com orientações para ser encenado, por que você acha que o leão sai de cena e entra de novo no final?

5 No texto teatral, você observou que os personagens do Sítio do Picapau Amarelo emitem opiniões sobre o que acontece na história. Emília, por exemplo, faz esta observação sobre a atitude da raposa:

"[...] essa raposa merece um doce".

Na fábula, Dona Benta comenta o comportamento das raposas em geral. Releia:

"— Por que é, vovó, que em todas as histórias a raposa sai sempre ganhando? — quis saber Pedrinho.
— Porque a raposa é realmente astuta. Sabe defender-se, sabe enganar os inimigos. Por isso, quando um homem quer dizer que o outro é muito hábil em manhas, diz: 'Fulano de Tal é uma verdadeira raposa!'. Aqui nesta fábula você viu com que arte ela virou contra o lobo o perigo que a ameaçava. Ninguém pode com os astutos."

a) Converse com um colega e responda no caderno: Segundo Dona Benta, o que significa ser **astuto**?

b) Em sua opinião, ela elogia a raposa por sua atitude do mesmo modo que Emília? Explique.

6 Releia esta fala do macaco no texto teatral:

"**MACACO:** Já estou indo, vossa majestade, ali está vindo o lobo, pergunte a ele, saberá lhe responder melhor. Tchau, se cuida."

Na fábula, o macaco não aparece. Compare o trecho com o seguinte excerto da fábula:

"Mas a raposa? Por que não vinha?
— Eu sei — disse um lobo intrigante, inimigo pessoal da raposa. — Ela é uma finória, acha que Vossa Majestade morre logo e é bobagem andar a perder tempo com cacos de vida."

a) Que trecho é mais informal: o do texto teatral ou da fábula? Justifique.

b) Por que você acha que o trecho indicado como resposta no item **a** usa uma linguagem mais informal do que o outro?

Trocando ideias

1 O texto que você leu no início do capítulo é chamado de texto dramático ou teatral, pois foi produzido para ser encenado no teatro. Como você acha que seria o resultado da encenação desse texto? Será que o público gostaria da apresentação? Por quê?

2 No final das fábulas, costuma haver uma **moral**, isto é, uma frase que resume a ideia geral da história e transmite um ensinamento. Com suas palavras, procure resumir em uma frase o que ensina a fábula contada por Dona Benta no texto lido e compartilhe com a turma.

3 Ao final do texto, Emília dá a opinião dela sobre o desfecho da fábula. Você concorda com ela? Em sua opinião, o lobo agiu de maneira correta? E a raposa? Justifique.

4 Na fábula, a raposa enfrenta um problema: o lobo fez uma intriga contra ela, e o leão tem poderes para puni-la. Ela, então, inventa uma história e se vinga do lobo. De que maneira ela poderia ter solucionado o problema sem ser vingativa?

De olho na oralidade

Leitura expressiva do texto

Leitura dramática realizada durante o evento Janela de Dramaturgia, em Belo Horizonte (MG), 2014.

Sob a orientação do professor, organize-se com os colegas para fazer a **leitura dramática** do texto teatral "O leão, o lobo e a raposa", de Cristiane F. Arrais. O texto tem onze personagens e cada aluno será responsável pela fala de um deles, por isso é possível que seja necessário fazer mais de uma leitura dramática para que todos os alunos participem.

Observem que, ao fazer a leitura dramática de um texto teatral, as instruções que estão entre parênteses e em negrito não devem ser lidas, porque elas são indicações sobre o modo como as cenas devem ser realizadas.

Sigam estas instruções:

- Dividam-se em grupos de onze estudantes. Cada grupo fará a leitura à frente da sala de aula para os demais alunos, que serão a audiência. Durante a apresentação, os alunos que compõem a audiência deverão permanecer em seus lugares e em silêncio para não prejudicar a leitura dramática.
- Cada aluno deve se preparar lendo várias vezes o texto em silêncio, procurando imaginar as situações em que seu personagem aparece.
- Durante a leitura, os alunos devem adequar o timbre de voz (mais grossa, mais fina, de criança, de idoso, etc.) conforme o personagem. Também devem falar em voz alta, com a entonação adequada.
- Levem em conta a pontuação do texto, fazendo pausas ou lendo mais rápido, mostrando hesitação, insegurança, alegria, expressando humildade, raiva, medo, respeito, etc., conforme a fala dos personagens, a situação e as indicações sobre como as cenas devem ser.
- Os alunos que estão se apresentando devem ficar atentos à sua vez de falar para evitar pausas desnecessárias que possam prejudicar o andamento da leitura.
- Ao final das apresentações, conversem com o professor sobre as diferenças entre as leituras dos grupos. Compartilhem o que acharam interessante e o que modificariam na leitura dos colegas e expliquem por quê. Depois, com a ajuda do professor, registrem as conclusões no caderno.

A LÍNGUA EM FOCO

Figuras de linguagem

Construindo o conceito

Você já observou que a linguagem literária costuma ser bem trabalhada para construir sentidos e prender a atenção dos leitores? Nas atividades a seguir, você vai analisar alguns recursos usados na construção da fábula "O leão, o lobo e a raposa".

1 Releia a primeira frase da fábula:

> "Um leão muito velho e já caduco andava morre não morre."

a) Qual é o sentido da forma verbal **andava** no contexto da frase?

b) Dentre os pares de expressões listados a seguir, copie no caderno aquele que apresenta ideias contrárias colocadas próximas uma da outra no texto.

> I. um leão – andava
> II. muito velho – já caduco
> III. morre – não morre

c) Troque ideias com os colegas e o professor: Que sentido o uso do par indicado por você no item **b** constrói no texto?

2 Releia mais este trecho da fábula.

> "Enfureceu-se o leão e mandou buscar a raposa debaixo de vara."

A expressão "Enfureceu-se o leão" costuma ser organizada em outra ordem no português do Brasil.

a) Que ordem é essa?

b) Nesse trecho da fábula, o que ocorreu em relação a essa ordem?

c) Em qual dos trechos listados a seguir esse mesmo recurso foi utilizado? Justifique sua resposta.

> I. "A raposa interrompeu-o [...]."
> II. "[...] vai ele sentir um prazer imenso [...]."
> III. "O leão gostou da receita [...]."

d) Levante hipóteses: Por que esse recurso foi utilizado em alguns trechos da fábula? Que efeitos de sentido ele cria no texto?

3 Lembrando que as fábulas têm personagens animais que apresentam comportamentos humanos, responda:

a) Que ações típicas dos seres humanos os personagens da fábula "O leão, o lobo e a raposa" realizam?

b) No universo do Sítio do Picapau Amarelo, de Monteiro Lobato, também há personagens não humanos que agem como humanos. Em qual dos trechos a seguir é possível identificar um desses personagens?

> **I.** "(Ao som da música de Emília, a boneca sai de um baú, cheio de panos.)"
>
> **II.** "(Ao som da música de Dona Benta, ela entra e assenta em uma cadeira de balanço.)"
>
> **III.** "(Entram Pedrinho e Narizinho discutindo o que é fábula.)"

c) Você conhece histórias, filmes, desenhos animados, histórias em quadrinhos, *games*, entre outros, que têm seres inanimados que agem como se fossem humanos? Cite alguns exemplos.

d) Que efeito esse recurso cria nessas obras? Explique.

4 Releia o diálogo entre Pedrinho e Dona Benta que acontece no final da fábula:

> "— Por que é, vovó, que em todas as histórias a raposa sai sempre ganhando? — quis saber Pedrinho.
>
> — Porque a raposa é realmente astuta. Sabe defender-se, sabe enganar os inimigos. Por isso, quando um homem quer dizer que o outro é muito hábil em manhas, diz: "Fulano de Tal é uma verdadeira raposa!". Aqui nesta fábula você viu com que arte ela virou contra o lobo o perigo que a ameaçava. Ninguém pode com os astutos."

a) Qual frase Dona Benta usa como exemplo em sua explicação?

b) E qual é, segundo Dona Benta, o sentido dessa frase?

c) Observe os elementos destacados no trecho:

> "**Fulano de Tal** é uma verdadeira **raposa**!"

Troque ideias com os colegas e o professor e conclua: A relação entre os elementos destacados é de oposição ou de semelhança? Justifique sua resposta.

d) No trecho lido no item **c**, a palavra **raposa** é usada com seu sentido mais comum, corriqueiro, ou seja, está designando o animal raposa? Explique.

5 Releia estes excertos da fábula e observe as expressões destacadas:

> • "[...] é bobagem andar a perder tempo com **cacos de vida**."
> • "[...] mandou buscar a raposa **debaixo de vara**."

a) Troque ideias com os colegas e o professor e identifique, nas expressões destacadas, quais palavras foram empregadas com um sentido diferente do usual.

b) Qual é o sentido mais comum, corriqueiro, dessas palavras?

c) Explique qual pode ser, no texto, o sentido que essas palavras assumem.

d) Por qual das definições a seguir a expressão "cacos de vida" poderia ser substituída no texto? Copie a expressão no caderno.

> **I.** cacos de vidro
> **II.** quem está no fim da vida
> **III.** objetos de pouco valor

e) Por qual das definições a seguir a expressão "debaixo de vara" poderia ser substituída no texto? Copie a expressão no caderno.

> **I.** debaixo de chuva
> **II.** com o auxílio de uma vara de pesca
> **III.** sob ordem judicial

f) Em sua opinião, quais expressões tornam o texto mais expressivo ou divertido: as destacadas nos excertos ou aquelas que você anotou nos itens **d** e **e**? Explique.

Conceituando

No estudo dos trechos da fábula realizado na seção anterior, você reconheceu e analisou alguns recursos de expressão da língua utilizados para construir sentidos no texto. Tais recursos são chamados de **figuras de linguagem**.

> **Figuras de linguagem** são recursos linguísticos utilizados com a finalidade de tornar os textos mais expressivos.

Quando um texto apresenta recursos como esses, dizemos que nele foi usada uma **linguagem figurada**. A linguagem figurada é utilizada principalmente em textos literários, mas pode ser encontrada também em outros textos, como anúncios publicitários, tiras, anedotas, provérbios, ou mesmo na linguagem cotidiana das pessoas.

Veja a seguir algumas dessas figuras de linguagem.

Antítese

No começo da fábula "O leão, o lobo e a raposa", há um trecho que diz: "Um leão muito velho e já caduco andava **morre não morre**". A presença de ideias opostas colocadas lado a lado, ou próximas uma da outra, em um texto, tal como ocorre na expressão "morre não morre", é denominada **antítese**.

Inversão ou hipérbato

Nas frases "Enfureceu-se o leão" e "Vai ele sentir um prazer imenso", os termos estão dispostos em uma sequência diferente da que é mais habitual no português do Brasil: "O leão se enfureceu" e "Ele vai sentir um prazer imenso". Quando esse tipo de construção é utilizado, considera-se que há **inversão** ou **hipérbato**.

O poema a seguir, de Mario Quintana, também emprega antítese e inversões.

Inscrição para um portão de cemitério

Na mesma pedra se encontram,
Conforme o povo traduz,
Quando se nasce — uma estrela,
Quando se morre — uma cruz.
Mas quantos que aqui repousam
Hão de emendar-nos assim:
"Ponham-me a cruz
no princípio...
E a luz da estrela
no fim!"

(*Mario Quintana de bolso.*
Porto Alegre: L&PM, 2014, p. 140.)

A contraposição, no poema, dos termos **nasce** e **morre** e **princípio** e **fim** constitui antíteses, pois há o contraste de ideias consideradas opostas. Assim, ao explorar essas oposições, o poema constrói o sentido de que os que repousam em suas lápides, isto é, aqueles que já morreram, possivelmente prefeririam ver em seu fim uma estrela em vez de uma cruz.

Para construir ritmo e rimas, também há no poema frases em ordem invertida, como os quatro primeiros versos, constituindo inversão ou hipérbato.

Personificação ou prosopopeia

Ao analisar a fábula, você viu que as atitudes dos animais são típicas de seres humanos. Quando se atribui linguagem, sentimentos e/ou ações próprios de seres humanos a seres inanimados ou irracionais, considera-se que há **personificação** ou **prosopopeia**. Veja um exemplo nesta tira, de Laerte:

(Disponível em: http://bibliocomics.blogspot.com/2012/10/papel-e-agua.html. Acesso em: 21/2/2022.)

As ações de economizar e gerar são atribuídas, na tira, ao papel e à água, que são seres inanimados. Em todas as frases há **personificação**. Ao utilizar os termos "papel" e "água" em contextos muito diferentes, materializados pelas ilustrações, e compará-los diretamente, a tira quebra a expectativa do leitor e constrói o efeito de humor.

Aliteração e assonância

Aliteração é a figura de linguagem formada pela repetição de um mesmo som consonantal. Há aliteração nos seguintes versos, constituída pela repetição do fonema /r/.

> Então, o rato acudiu
> E começou a roer
> A rede pôs-se a ceder
> E logo o leão fugiu!
>
> (La Fontaine. *In*: *O melhor de La Fontaine — Fábulas*. Tradução de Nilson José Machado. São Paulo: Escrituras, 2012.)

Nos versos a seguir, de José Paulo Paes, há aliteração constituída pela repetição do fonema /s/.

> O sapo saltou na sopa
> de um sujeito que, sem mais papo,
> deu-lhe um sopapo e gritou: — Opa!
> Não tomo sopa de sapo!
>
> (*Uma letra puxa a outra*. São Paulo: Companhia das Letrinhas, 1992.)

No poema a seguir, também de José Paulo Paes, a repetição de um som vocálico, o da vogal /a/, constitui a figura de linguagem denominada **assonância**.

Raridade

A arara

é uma ave rara

pois o homem não para

de ir ao mato caçá-la

para pôr na sala

em cima de um poleiro

onde ela fica o dia inteiro

fazendo escarcéu

porque já não pode voar pelo céu.

E se o homem não para

de caçar arara,

hoje uma ave rara,

ou a arara some

ou então muda seu nome

para arrara.

(*Olha o bicho*. São Paulo: Ática, 1989.)

Metáfora e comparação

Na seção anterior, você analisou a fala de Dona Benta, que explicou que quando uma pessoa quer dizer que outra é "muito hábil em manhas, diz: 'Fulano de Tal é uma verdadeira raposa!'". O exemplo dado por Dona Benta constitui uma **metáfora**.

Constrói-se uma **metáfora** quando se emprega uma palavra com um sentido diferente daquele que lhe é mais comum, sendo o novo sentido resultante de uma relação de semelhança dessa palavra com outra. Assim, no texto "O leão, o lobo e a raposa", construções como "perder tempo com **cacos de vida**" e "buscar a raposa **debaixo de vara**" também são consideradas metáforas.

A **comparação**, como a metáfora, é a aproximação entre dois seres ou elementos em razão de semelhança, atribuindo-se a um características do outro. Na comparação, entretanto, diferentemente da metáfora, sempre aparecem termos comparativos, por exemplo: **como**, **tal qual**, **semelhante a**, **que nem**. A metáfora "Fulano de Tal é uma verdadeira raposa!" se tornaria uma comparação se a construção fosse diferente: "Fulano de Tal é **como** uma raposa" ou "Fulano de Tal é **que nem** uma raposa", por exemplo.

EXERCÍCIOS

A fala final da raposa na fábula estudada — "Para intrigante, intrigante e meio" — funciona como uma **moral**, isto é, um ensinamento que pode ser compreendido por meio daquela história.

Assim como a moral das fábulas, os ditados populares também costumam conter ensinamentos. Ao usarmos esses ditados em nossa fala cotidiana, muitas vezes empregamos figuras de linguagem sem nos darmos conta de que estamos usando esses recursos linguísticos. Leia os ditados populares a seguir e responda às questões 1 a 4.

- Quem avisa amigo é.
- Água mole em pedra dura tanto bate até que fura.
- Há males que vêm para o bem.
- Quem tudo quer nada tem.
- As aparências enganam.
- A ociosidade é a mãe de todos os vícios.

(João José da Costa. *A sabedoria dos ditados populares*. São Paulo: Butterfly, 2009; Mário Prata. *Mas será o Benedito?* São Paulo: Globo, 1996.)

1 Você conhece esses ditados? Discuta com os colegas e o professor o sentido de cada um deles e as situações a que podem se referir.

2 Você conhece outras fábulas que tenham como moral um ensinamento semelhante ao de algum desses ditados? Em caso positivo, conte para os colegas.

3 Entre as figuras de linguagem estudadas neste capítulo, identifique a(s) que se relaciona(m) com os ditados populares citados acima.

4 Que outros ditados você conhece? Identifique neles uma ou mais figuras de linguagem estudadas neste capítulo.

5 Leia as frases seguintes, comuns em conversas cotidianas.

- Pedro é arroz de festa.
- A falta de atenção é o calcanhar de aquiles dele.
- O rapaz é um cara de pau!

a) Qual figura de linguagem está presente nessas frases?

b) Identifique nas frases a expressão popular que elas apresentam. O que cada expressão significa?

88 UNIDADE 1 ▶ Capítulo 3

As figuras de linguagem na construção do texto

Leia o texto a seguir, do poeta e compositor Arnaldo Antunes.

Dinheiro é um pedaço de papel. O céu na foto é um pedaço de papel. Pega fogo fácil. Depois de queimar dinheiro vai pro céu como fumaça. Também é fácil rasgar, como as cartas e fotografias. Aí não se usa mais. Pode até remendar com durex, mas não é todo mundo que aceita. O que não se quer melhor não comprar. O que não se quer mais melhor jogar fora do que guardar em casa. Dinheiro tem valor quando se gasta. Um pedaço de papel é um pedaço de papel. Dinheiro não se leva para o céu.

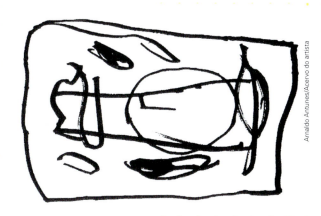

(*As coisas*. 6. ed. São Paulo: Iluminuras, 1998. p. 77.)

1 Qual é o assunto central do texto?

2 Observe as seguintes frases do texto:

- "Dinheiro é um pedaço de papel."
- "dinheiro vai pro céu como fumaça"
- "Também é fácil rasgar, como as cartas e fotografias."

a) A quais elementos o termo **dinheiro** é relacionado?

b) Identifique a figura de linguagem presente em cada frase.

c) Tendo em vista a função de cada figura de linguagem, identifique a relação estabelecida entre o dinheiro e os demais elementos citados no texto.

d) Conclua: Que sentido é acrescentado ao conceito de dinheiro pelo uso das figuras de linguagem e dos elementos que você identificou?

3 Considere a última frase do texto:

"Dinheiro não se leva para o céu."

a) Entre as figuras de linguagem estudadas, qual é possível identificar na frase?

b) Discuta com os colegas e o professor: Qual efeito de sentido o uso dessa figura produz no texto lido?

4 Do ponto de vista formal, o dinheiro é o centro do texto. Contudo, de acordo com o texto, ele deve ser o centro da vida?

Semântica e discurso

Leia o poema a seguir, de José Paulo Paes, e responda às questões 1 a 4.

Sem barra

Enquanto a formiga
carrega comida
para o formigueiro,
a cigarra canta,
canta o dia inteiro.

A formiga é só trabalho.
A cigarra é só cantiga.
Mas sem a cantiga
da cigarra
que distrai da fadiga,
seria uma barra
o trabalho da formiga!

(*Olha o bicho*. São Paulo: Ática, 1989.)

1. O poema lido estabelece um diálogo direto com uma fábula bastante conhecida.

   a) Que fábula é essa?

   b) Você conhece essa fábula? Reconte-a brevemente e, se não a conhecer, peça aos colegas ou ao professor que a contem.

2. Releia estes versos:

"A formiga é só trabalho.
A cigarra é só cantiga."

   a) Há, nos versos, duas das figuras de linguagem estudadas neste capítulo. Identifique-as e explique-as.

   b) O uso das duas figuras de linguagem apontadas no item anterior contribui para a construção de sentidos na história contada. Justifique essa afirmação com base na função das duas figuras.

3. O poema de José Paulo Paes tem um final inesperado quando comparado ao da fábula original.

   a) Justifique essa afirmação.

   b) Identifique no poema os versos que indicam o início da mudança em relação ao final da história original.

4 Releia os últimos versos do poema.

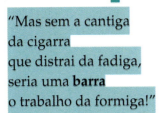

"Mas sem a cantiga
da cigarra
que distrai da fadiga,
seria uma **barra**
o trabalho da formiga!"

a) Observe a palavra em destaque. Qual é o significado dela no contexto do poema?

b) A palavra **barra** também é empregada no título do poema. Você acha que seria possível compreender o título antes de ler todo o poema? Justifique.

c) Na construção dos dois últimos versos foram utilizadas duas figuras de linguagem estudadas neste capítulo. Quais são elas?

d) Discuta com os colegas e o professor: De que forma o uso dessas figuras contribui para a construção de sentidos no poema?

Leia o cartaz a seguir e responda às questões 5 e 6.

5 A propósito do cartaz, responda:

a) Qual é a finalidade dele?

b) Quem o produziu?

c) A quem ele se dirige?

6 Releia este trecho do cartaz:

"Seu velho amigo guardado pode ser a nova alegria de uma criança!"

a) Das figuras de linguagem estudadas neste capítulo, duas estão presentes nesse fragmento. Identifique-as.

b) Discuta com os colegas e o professor: Qual é a contribuição de cada uma dessas figuras para a construção de sentidos do texto do cartaz?

De olho na escrita

Dígrafo e encontro consonantal

Você provavelmente já estudou palavras que têm duas letras representando um único som. Também já deve ter observado casos em que há duas consoantes, uma seguida da outra, em uma mesma palavra. Para retomar esses estudos, releia, a seguir, um trecho da peça teatral estudada no início deste capítulo.

"**VISCONDE:** Olá, garotos! A vovó Benta pode nos contar muitas coisas das fábulas, ou melhor, quem sabe até algumas fábulas.

EMÍLIA: Sentem, todos, estou justamente interessada em escutar a Dona Benta contar suas histórias. Sem falar que, neste mundo mágico em que vivemos, criaturas interessantes nos ensinam a prática do bem conviver o tempo todo.

(Todos sentam no chão, ao redor da cadeira de balanço de Dona Benta.)

D. BENTA: Crianças, vamos fazer uma linda viagem pelo mundo encantado das fábulas. Vou mostrar para vocês que lá os animais têm um jeito todo especial de fazer as coisas acontecerem."

Observe estas palavras do texto:

| melhor | quem | interessada |
| criaturas | prática |

a) No caderno, faça a separação das sílabas dessas palavras e indique quantas sílabas tem cada uma delas.

b) Quantas vogais há em cada sílaba? Todas as sílabas têm a mesma quantidade de letras? Explique.

c) Observe as sílabas que contêm estas sequências de letras: **lh**, **qu**, **ss**, **cr** e **pr**. Fale em voz alta essas sílabas. Depois, troque ideias com os colegas e o professor e conclua:

○ Em quais sequências as duas letras, quando pronunciadas, mantêm o som individual de cada uma?

○ E em quais sequências as duas letras, quando pronunciadas, correspondem a um único som?

d) Agora, observe a primeira sílaba da palavra **interessada**. Leia-a em voz alta, troque ideias com os colegas e o professor e conclua: A vogal **i** seguida de **n** representa o mesmo som da vogal **i** sozinha ou um som diferente?

Observando os conjuntos de palavras **criaturas – prática** e **melhor – quem – interessada**, verificamos que:

○ em cada uma das palavras do par **criaturas – prática** há uma sequência de consoantes (**cr** e **pr**) que representam sons diferentes, ou seja, quando uma pessoa pronuncia essas palavras, emite o som de cada consoante da sequência; são casos de **encontro consonantal**;

○ em cada uma das palavras do conjunto **melhor – quem – interessada**, há uma sequência de letras que, quando pronunciada, corresponde a um único som: as letras **l** e **h**, juntas, representam o som que se lê na sílaba **lhe** da palavra **aco<u>lhe</u>dor**; ao passo que as letras **q** e **u**, juntas, representam o som que se lê na sílaba **que** da palavra **es<u>que</u>cido**; a letra **s**, por sua vez, quando duplicada, representa o som que se lê em **pê<u>ss</u>ego**, mas também em **<u>s</u>elo**, palavra escrita com apenas um **s**; por fim, as letras **i** e **n**, juntas, representam uma alteração no som da vogal, que passa a ser nasalizada. Nesses casos, ocorre **dígrafo**.

Encontro consonantal é a sequência de consoantes em uma mesma palavra.

Dígrafo é a combinação de duas letras que representam um único som.

UNIDADE 1 ▶ Capítulo 3 **93**

EXERCÍCIOS

1 Leia em voz alta as palavras a seguir:

| bossa | malha | chinelo | desça |
| sangue | descer | carro | exceto |

a) Copie-as no caderno, circulando os dígrafos de cada uma delas.

b) Observe os dígrafos do item **a** que você circulou no caderno e conclua: Quais deles representam o mesmo som quando lidos em voz alta?

2 Agora, leia em voz alta estes pares de palavras:

| samba – manteiga | tempo – pente | imposto – incolor |
| som – geringonça | umbu – mundo | |

a) Em todas as palavras há vogais nasalizadas. Copie as palavras no caderno e circule essas vogais em cada uma delas.

b) Observe as vogais que você circulou no item **a** e conclua: Quais letras são usadas na escrita para representar a nasalização dessas vogais?

Leia esta tira e responda às questões 3 e 4.

(Fernando Gonsales. Níquel Náusea. *Folha de S.Paulo*, 30 jun. 2002. Disponível em: https://www1.folha.uol.com.br/fsp/quadrin/f33006200202.htm. Acesso em: 7/12/2021.)

3 A tira faz referência à fábula "A cigarra e a formiga", que você já estudou ao ler o poema de José Paulo Paes neste capítulo.

a) Qual dos trechos a seguir, extraídos do poema, é representado na tira? Copie-o no caderno.

  I. "Enquanto a formiga / carrega comida"
  II. "A formiga é só trabalho. / A cigarra é só cantiga."
  III. "[...] a cantiga / da cigarra / que distrai da fadiga"

b) Segundo a tira, por que a cigarra canta? Ela parece feliz em cantar? Justifique sua resposta com base no texto.

c) O que seria "um troco" a que se refere a cigarra no segundo quadrinho?

d) Considerando suas respostas anteriores, explique como o diálogo com a fábula contribui para a construção do humor na tira.

4 Várias palavras empregadas na tira contêm dígrafos e encontros consonantais.

a) Copie no caderno as palavras que têm dígrafos, circulando-os em cada uma delas.

b) Copie no caderno as palavras que têm encontros consonantais, circulando-os em cada uma delas.

PRODUÇÃO DE TEXTO

Texto teatral: construção e recursos expressivos

No início do capítulo, você leu uma adaptação da fábula "O leão, o lobo e a raposa", contada por Monteiro Lobato, para a linguagem do teatro feita por Cristiane F. Arrais. Agora, vamos estudar mais a fundo como é o texto teatral, também conhecido como texto dramático. Releia o texto e responda às questões a seguir.

Cena do espetáculo infantil *Sítio do Picapau Amarelo*, encenado pela Companhia Pinheiro Produções Artísticas, Teatro Goiânia, em Goiânia (GO), 2019.

1 O texto teatral serve de base para os profissionais do teatro (atores, diretores — quem orienta a encenação —, cenógrafos, figurinistas, iluminadores, entre outros) realizarem a peça no palco. Nos textos teatrais, existem as **rubricas**, que são indicações de como devem ser o cenário, a iluminação, a música, os ruídos, a movimentação e a interpretação dos atores no palco, os gestos, etc.

a) No texto teatral que você leu, de que forma são inseridas as rubricas (com que tipo de pontuação e/ou recursos gráficos)?

b) Que tipo de informação as rubricas utilizadas adicionam ao texto lido?

UNIDADE 1 ▶ Capítulo 3   95

2 Nos textos teatrais, é necessário indicar qual é o personagem que está falando. No texto lido, como é feita essa indicação? Que recursos gráficos foram utilizados?

3 Em textos teatrais, as características dos personagens vão sendo percebidas por meio dos diálogos e das ações deles.

a) Como você imagina que seja Dona Benta, pelo que ela fala e pelo modo como fala?

b) E o leão?

c) E a raposa?

4 Da mesma forma que outros textos narrativos ficcionais, como o conto maravilhoso e a fábula, o texto teatral apresenta uma história com personagens e fatos que acontecem em um tempo e em um lugar. No texto teatral lido:

a) Há elementos que sugerem onde ocorrem os fatos vividos pelos personagens do Sítio do Picapau Amarelo? E onde ocorrem os fatos da fábula contada por Dona Benta? Explique.

b) Há indicações no texto de quando aconteceram os fatos narrados?

5 Em textos narrativos ficcionais, em geral são narrados fatos que já aconteceram. Por isso, é comum o narrador empregar verbos no passado, como **disse**, **falou**, **vivia**, etc. Observe os verbos empregados nas rubricas do texto teatral lido.

a) Que tempo verbal é usado nas rubricas?

b) Converse com os colegas e o professor e conclua: Por que há o predomínio desse tempo verbal nas rubricas?

6 O texto teatral costuma ser organizado em **atos** e **cenas**. Ato é cada uma das partes em que se divide uma peça de teatro, uma ópera, um balé, etc. É comum que espetáculos de curta duração tenham um único ato. Cada ato se divide em cenas, que são as unidades de ação da peça, organizadas pela entrada e saída de atores no palco ou pela mudança de cenário, por exemplo.

a) Em quantos atos se organiza o texto teatral lido?

b) E quantas cenas estruturam esse texto?

c) Nas mudanças de cenas, há alterações de cenário? Que elementos indicam a mudança do espaço cênico?

d) Que recurso cênico é indicado nas rubricas para marcar a transição entre uma cena e outra? Por que você acha que esse recurso é utilizado?

7 Observe a linguagem dos personagens do texto teatral lido. Como ela se caracteriza? Ela é adequada ao perfil dos personagens? Há variação no grau de formalidade dependendo do contexto das cenas? Justifique com exemplos do texto.

96 UNIDADE **1** ▶ Capítulo **3**

8 Com a orientação do professor, junte-se a alguns colegas para resumir as características básicas do texto teatral. Para isso, copiem o quadro a seguir no caderno e completem as lacunas de acordo com o que aprenderam sobre textos teatrais.

Texto teatral: construção e recursos expressivos	
Quem são os interlocutores do texto teatral?	
Qual é o objetivo desses textos?	
Onde circulam?	
Como o texto teatral se estrutura?	
Quais são as partes do enredo?	
Como é a linguagem do texto teatral?	
Como são indicados no texto detalhes relacionados ao espaço, ao tempo, à iluminação, aos recursos sonoros e à própria encenação?	

Agora é a sua vez

Ao final desta unidade, no capítulo **Intervalo**, você e os colegas vão participar da mostra **Histórias de hoje e de sempre**, na qual vão lançar um livro de contos e peças teatrais e apresentar peças de teatro para a comunidade escolar. Portanto é preciso produzir os textos teatrais que serão apresentados nessa mostra.

Formem grupos e escolham, na biblioteca da escola, fábulas para adaptá-las para a linguagem teatral. Para isso, leiam várias fábulas até chegarem a uma conclusão sobre qual é mais adequada para o seu grupo fazer essa adaptação. A seguir, há uma pequena lista de fábulas conhecidas, mas, se preferirem, escolham outras.

- A tartaruga e a lebre
- A cigarra e a formiga
- O sapo e o boi
- O ratinho da cidade e o ratinho do campo
- A raposa e as uvas

Planejamento do texto

- Lembrem-se de que o texto teatral é produzido para ser encenado. Por isso, escolhida a fábula, pensem na quantidade de cenas necessárias para contar toda a história. Em peças de curta duração, o texto deve ser organizado em ato único.

DSilustras/Arquivo da editora

- O texto teatral é basicamente feito de diálogos e não tem narrador, por isso verifiquem as adaptações que devem ser feitas no enredo da fábula original: acrescentem ações, incluam personagens ou eliminem alguns, escrevam novos diálogos, etc.
- Considerem a sequência dos acontecimentos da história, imaginando a situação inicial, o conflito, o clímax e o desfecho.

Escrita

- Adotem uma única forma para indicar quem fala; por exemplo, o nome do personagem em letras maiúsculas e/ou em negrito, isolado da fala por travessão ou dois-pontos.
- Elaborem rubricas que indiquem a movimentação, os gestos e a expressão facial e corporal dos atores, o cenário, a iluminação, os efeitos sonoros, etc.
- Organizem a história de modo dinâmico, com diálogos criativos e atraentes, que prendam a atenção dos espectadores.
- Lembrem-se de que se trata de um texto para ser falado. Então, a linguagem pode ser mais parecida com a das conversas reais, de acordo com a situação e o perfil dos personagens.
- Escolham um título para o texto que dê alguma pista sobre o enredo e que desperte o interesse do leitor e do público.

Revisão e reescrita

Troquem a primeira versão do texto teatral do seu grupo com a de outro grupo, para que possam observar os seguintes aspectos:

- As falas estão bem delimitadas, com a indicação do nome dos personagens em letras maiúsculas e/ou em negrito, isolados por travessão ou dois-pontos?
- As rubricas indicam com clareza o cenário, a iluminação, a movimentação dos atores, os efeitos sonoros, etc.? E elas se distinguem graficamente do restante do texto?
- A sequência dos acontecimentos está coerente? Há um encadeamento entre os fatos ocorridos?
- Os diálogos estão bem construídos, adequados a cada personagem e soando de forma natural e dinâmica?
- O enredo básico da fábula original foi mantido?
- O texto foi escrito com correção gramatical e ortográfica?
- O título da peça desperta o interesse do leitor e do público?

Com base nas observações e sugestões dos colegas, façam as correções necessárias e passem o texto a limpo. Guardem a versão final para publicá-la no livro **Histórias de hoje e de sempre**, que será produzido pela turma no capítulo **Intervalo**.

Leitura dramática

Antes de a turma decidir quais peças serão encenadas, todos os grupos devem fazer a **leitura expressiva** do texto que criaram, como fizeram na seção **De olho na oralidade**. Para isso, sigam as mesmas orientações sugeridas naquela seção (página 81), com especial atenção às seguintes etapas:

1. Leiam, individualmente, todo o texto a ser representado.

2. Reunidos, leiam texto teatral em voz alta, cada um dizendo as falas do personagem que irá representar.

3. Façam uma terceira leitura dramatizando, isto é, elaborando a voz ideal para o personagem, criando um jeito próprio de falar. Busquem falar com altura e ênfase adequadas, dependendo das situações apresentadas pelo texto. Durante esse processo, imaginem-se no palco, falando diante da plateia.

Essas instruções vão ajudar vocês a encenar a peça de acordo com as orientações dadas no capítulo **Intervalo**.

DIVIRTA-SE

O que o rei foi fazer na cozinha?

Como é que as bruxas voam na chuva?

PASSANDO A LIMPO

1 Leia esta tira, de Laerte:

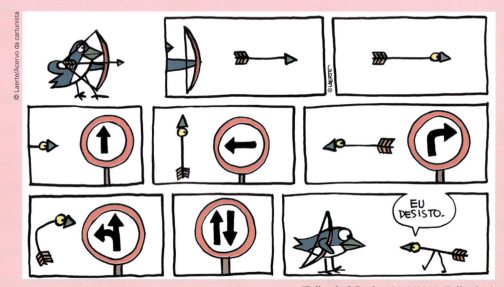

(*Folha de S.Paulo*, 13/10/2012. Folhinha.)

A flecha lançada pelo personagem procura seguir os sentidos indicados pelas placas de trânsito. A desistência da flecha, anunciada no último quadrinho, se deve:

a) à pouca força de vontade que ela tem.

b) à incompreensão do significado dos sinais.

c) às alterações constantes de sentido indicadas nas placas e, portanto, da mensagem.

d) à impossibilidade de seguir, ao mesmo tempo, os dois sentidos indicados na placa do antepenúltimo e do penúltimo quadrinho.

O texto a seguir é o início de um conto. Leia-o e responda às questões 2 a 4.

Lépida

Tudo lento, parado, paralisado.

— Maldição! — dizia um homem que tinha sido o melhor corredor daquele lugar.

— Que tristeza a minha — lamentava uma pequena bailarina, olhando para as suas sapatilhas cor-de-rosa.

Assim estava Lépida, uma cidade muito alegre que no passado fora reconhecida pela leveza e agilidade de seus habitantes.

Todos muito fortes, andavam, corriam e nadavam pelos seus limpos canais.

Até que chegou um terrível pirata à procura da riqueza do lugar. Para dominar Lépida, roubou de um mago um elixir paralisante e despejou no principal rio. Após beberem a água, os habitantes ficaram muito lentos, tão lentos que não conseguiram impedir a maldade do terrível pirata. Seu povo nunca mais foi o mesmo. Lépida foi roubada em seu maior tesouro e permaneceu estagnada por muitos anos.

Um dia nasceu um menino, que foi chamado de Zim. [...]

(Carla Caruso. *Lépida: aquela cidade ágil e leve*. Disponível em: https://novaescola.org.br/conteudo/3195/lepida. Acesso em: 14/2/2022.)

2 O nome da cidade, Lépida, tem relação com o antigo modo de ser de seus habitantes, caracterizado por:

a) alegria, leveza e agilidade.
b) lentidão e paralisia.
c) tristeza e lentidão.
d) força e estagnação.

3 Os habitantes da cidade não conseguiram impedir a maldade do pirata, porque:

a) beberam água do rio.
b) tomaram água do rio e sofreram o efeito do elixir paralisante despejado nele.
c) de repente, ficaram muito lentos.
d) nunca mais foram os mesmos.

4 A frase final do texto sugere que:

a) a situação dos habitantes da cidade não se modificará.
b) o menino que nasceu terá o mesmo destino que os demais habitantes da cidade.
c) o menino que nasceu provavelmente libertará os habitantes da cidade do efeito do elixir.
d) o menino que nasceu será muito veloz, conforme é sugerido por seu nome, Zim.

5 Leia o cartum:

(Folha de S.Paulo, 17/11/2013.)

O humor do cartum está no fato de que a situação, como um todo, é:

a) adequada para o elogio que Hagar faz à capacidade de iniciativa do responsável pela ponte.

b) confortável para Hagar, desde que ele faça o pagamento exigido para a utilização da ponte.

c) mal compreendida por Hagar.

d) imprópria para uma reflexão sobre a capacidade de iniciativa do responsável pela ponte.

6 Leia o texto ao lado, parte de uma campanha do Ministério Público que circulou nas redes sociais. Depois, assinale a afirmativa que faz uma análise correta da linguagem do texto em relação à variação linguística.

a) Os termos "pra" e "pro" utilizados no texto não poderiam ser substituídos, respectivamente, por "para a" e "para o".

b) O emprego dos termos "pra" e "pro" contraria as regras da norma-padrão e, portanto, faz com que o responsável perca a credibilidade perante os leitores.

c) Com o emprego dos termos "pra" e "pro", o texto utiliza uma variante próxima à fala de grande parte dos brasileiros e, com isso, aproxima-se dos leitores.

d) Pelo fato de ter circulado em redes sociais, o uso de uma variante menos ou mais próxima da fala brasileira ou da norma-padrão é indiferente.

(Disponível em: https://www.acmp.org.br/noticias/conheca-a-campanha-rministerio-publico-forte-pra-mim-pra-voce-pro-brasilr.html. Acesso em: 24/2/2022.)

7 Leia, a seguir, as conclusões de uma pesquisa sobre o uso de uma linguagem própria do mundo virtual por estudantes.

[...]

Já os educandos garantem que o miguxês (linguagem entre amigos) das salas de bate-papo é uma atividade escrita, prazerosa, e revelam suas opiniões:

— que os alunos devem utilizar tais recursos para agilizar a conversa;

— [...] não prejudica o aprendizado da língua culta, pois [os alunos] devem distinguir que a linguagem usada na escola é diferente da [linguagem da] internet;

— destacam que os professores não aceitam abreviações nas provas, trabalhos e redações, portanto é bom evitá-las;

— [...] devem se qualificar utilizando as formas padrão da escrita, para não se saírem mal nas provas;

— devem saber que cada variante linguística e de comunicação tem seu espaço para se manifestar — quando estão em lugares mais requintados não falam da mesma forma de quando estão com os amigos;

— que é difícil escrever com letra cursiva, abreviando as palavras — o mais fácil é escrever corretamente.

[...]

(Jussara de Barros. Escrita de Internet — uma nova visão. *Brasil Escola*. Disponível em: https://brasilescola.uol.com.br/educacao/escrita-internetuma-nova-visao.htm. Acesso em: 24/2/2022.)

De acordo com essas conclusões, pode-se afirmar que os jovens:

a) usam a escrita da linguagem da internet em qualquer situação.

b) sabem que os diferentes usos da linguagem devem se adequar às diferentes situações.

c) preferem, na escola, usar sempre a linguagem da internet, pelo fato de ela ser mais prática e prazerosa.

d) consideram que o uso contínuo da linguagem da internet tem lhes trazido prejuízo no aprendizado da norma-padrão.

Leia o anúncio para responder às questões 8 e 9:

8 O anúncio emprega figuras de linguagem em sua construção. Entre elas:

a) inversão, pois mostra como os valores estão invertidos na sociedade atual.

b) antítese, pois coloca em contraposição os termos "menos presentes" e "mais presença".

c) personificação, porque atribui linguagem a desenhos.

d) comparação, pois compara as flores aos presentes.

9 A finalidade principal do anúncio é:

a) convencer os pais a sair para passear com os filhos em vez de comprar presentes no Dia das Crianças.

b) divulgar o evento organizado pelo anunciante em homenagem ao Dia das Crianças e contra o consumismo infantil.

c) alertar os pais para o problema das propagandas de brinquedos no Dia das Crianças, que incentivam o consumo.

d) alertar os pais para o fato de que a participação deles na vida dos filhos é mais importante do que a compra de presentes.

(Disponível em: https://milc.net.br/presskit/imagens/tire-o-foco-do-consumismo/. Acesso em: 24/2/2022.)

INTERVALO

Mostra: Histórias de hoje e de sempre

Nesta unidade, você produziu conto, paródia de conto e texto dramático baseado em fábulas. Agora, você e os colegas vão organizar a mostra para divulgar os trabalhos que vocês fizeram.

Veja, a seguir, orientações para a elaboração de um convite para o evento, a montagem de um livro com as histórias criadas, a realização de uma exposição de textos, a produção de cartazes e a encenação com base nos textos teatrais produzidos pela turma.

MOSTRA HISTÓRIAS DE HOJE E DE SEMPRE
- Lançamento de livro de contos
- Exposição de contos e fábulas
- Encenação de peças teatrais

Sábado, dia 21, às 10h

PREPARANDO O CONVITE PARA A MOSTRA

Elaborem coletivamente um convite para amigos e familiares, informando o dia, o local e o horário das apresentações. Para torná-lo mais atraente, desenhem uma pequena ilustração que tenha relação com teatro, depois façam cópias e distribuam aos convidados. Se quiserem, criem convites digitais e enviem por *e-mail*, por aplicativo de mensagem ou publiquem-nos nas redes sociais da escola. Divulguem também as apresentações por meio de cartazes na escola e convidem colegas de outras turmas, professores e funcionários para a mostra.

MONTANDO O LIVRO COM AS HISTÓRIAS

Biry Sarkis/Arquivo da editora

Para publicar as histórias produzidas em um livro da turma, sigam estas instruções:

1. Decidam, com o professor, os critérios para a seleção dos textos. Depois, de acordo com esses critérios, escolham, entre os contos e textos dramáticos produzidos nesta unidade, quais farão parte do livro.

2. Decidam como será produzido o livro: se no computador — peçam a ajuda do professor de Robótica ou Informática, se necessário — ou se ele será manuscrito, em folhas de papel sulfite. Depois, elejam um colega para ser o responsável pela parte técnica da produção. Ele definirá um padrão comum para todos os textos. Se optarem por textos digitados no computador, é recomendável que eles apresentem uma formatação padrão, como mesmo tipo de letra, tamanho de corpo da letra, espaço entre as linhas, etc.

3. Cada aluno ou grupo ficará responsável pela redação e revisão final dos próprios textos, redigidos à mão ou digitados.

4. Reservem espaços em algumas páginas para incluir ilustrações e fotos ou colar imagens.

5. Seguindo a orientação do professor, façam uma votação para definir o título do livro. Depois, escolham um colega para produzir a capa, à mão ou no computador, com o título do livro, a identificação dos autores e, se quiserem, uma ilustração ou foto.

6. Combinem uma data para a entrega dos textos e escolham um colega para cuidar da montagem. Ele ficará responsável por reunir as produções e providenciar a colocação de espiral ou de grampo no livro.

7. Se quiserem ter um exemplar do livro, providenciem fotocópias.

Exponham o exemplar da turma na mostra **Histórias de hoje e sempre** e, depois de toda a turma "curtir" o livro bastante, doem-no à biblioteca da escola ou presenteiem um familiar ou um(a) amigo(a).

Se acharem pertinente, publiquem também o livro de vocês em versão digital, no *site* da escola ou no *blog* da turma, por exemplo. Se precisarem, peçam a ajuda do professor de Informática ou de Robótica para realizar essa tarefa.

PREPARANDO E MONTANDO A EXPOSIÇÃO

Reúnam tudo o que for possível encontrar sobre contos maravilhosos, fábulas e teatro: livros novos e antigos, ilustrações, versões pouco conhecidas, sátiras, histórias em quadrinhos baseadas nesses gêneros textuais, fantoches, discos, CDs com histórias gravadas, DVDs, cartazes de cinema, etc.

Com a orientação do professor, escolham um local na escola para montar a exposição. Distribuam sobre as mesas, as paredes, os murais ou varais o material produzido e pesquisado, isso facilitará a leitura e apreciação dos convidados.

Se possível, instalem, em um dos cantos do local, um computador ou aparelhos de televisão e DVD para apresentar filmes baseados em contos maravilhosos e fábulas.

ENCENANDO O TEXTO DRAMÁTICO

No capítulo anterior, você e os colegas fizeram uma leitura dramática do texto teatral que vocês criaram. Agora, sigam estes passos para encená-lo:

1. Planejem o cenário desenhando-o em um papel. Lembrem-se de que ele pode ser bem simples: uma cadeira e uma mesa ou um desenho em folhas de papel pardo.

2. Definam como vocês se movimentarão no palco. Estejam atentos para o fato de que a plateia deve ter boa visão da cena e ouvir com clareza o que vocês vão dizer. Ensaiem bastante antes da apresentação.

3. Se quiserem usar músicas de fundo, ensaiem com elas e definam bem o momento em que cada uma deve começar.

4. Se optarem por utilizar efeitos sonoros, um ou mais integrantes do grupo devem ficar responsáveis por eles. Usem cascas de coco para sugerir o barulho de cascos de cavalo no chão, arroz caindo em uma panela de alumínio para sugerir chuva, papel-celofane amassado para sugerir fogo, etc.

5. Para iluminar os atores e os objetos em cena, usem lanternas, por exemplo.

6. Quanto aos figurinos, usem roupas, sapatos e acessórios que tenham em casa ou retalhos, papel crepom e outros materiais. Não há necessidade de figurinos muito elaborados. No dia do evento, se quiserem, poderão receber os convidados já com a roupa que vão usar na peça teatral.

7. Façam ensaios completos, isto é, com música, efeitos sonoros, cenário e figurinos quantas vezes forem necessárias.

8. Peçam a um colega de outra turma ou grupo, professor ou a um familiar que filme a apresentação. Assim, vocês terão uma boa recordação do evento no futuro.

Divirtam-se e preparem-se para os aplausos!

UNIDADE 1 ▶ Intervalo

Image Source/Getty Images

UNIDADE 2
Crianças

"Brincar é essencial, um direito garantido por lei e preconizado pela ONU desde 1959. A Declaração Universal dos Direitos da Criança, aprovada na Assembleia Geral das Nações Unidas em 1959 e fortalecida pela Convenção dos Direitos da Criança de 1989, enfatiza: 'Toda criança terá direito a brincar e a divertir-se, cabendo à sociedade e às autoridades públicas garantirem a ela o exercício pleno desse direito.'"

(Agência Senado. Disponível em: https://www12.senado.leg.br/noticias/especiais/especial-cidadania/criancas-que-brincam-sao-mais-saudaveis-garantem-especialistas/brincar-e-um-direito-garantido-pela-onu-e-pela-constituicao brasileira. Acesso em: 25/2/2022.)

FIQUE LIGADO! PESQUISE!

Os meninos da rua Paulo, de Ferenc Molnár (Saraiva).

O livro *Os meninos da rua Paulo* conta a história de um grupo de garotos que disputam o "grund", um espaço para brincar na rua Paulo. Ainda que tenha sido escrita há mais de um século, crianças de todas as épocas são capazes de se reconhecer nas histórias de aventura, lealdade, heroísmo e amizade vividas pelos personagens.

Leia também: *As crônicas de Spiderwick*, de Tony DiTerlizzi e Holly Black (Martins Fontes); *O jardim secreto*, de Frances Hodgson Burnett (Companhia das Letras); *O Pequeno Príncipe*, de Antoine de Saint-Exupéry, tradução de Ferreira Gullar (Agir); *Meu pé de laranja lima*, de José Mauro de Vasconcelos (Melhoramentos); *A cidade das feras*, *O reino do dragão de ouro* e *A floresta dos pigmeus*, de Isabel Allende (Bertrand); *Como fazer histórias em quadrinhos*, de Juan Acevedo (Global); *Persépolis* e *Frango com ameixas*, de Marjane Satrapi (Quadrinhos na Cia).

A jornada de Vivo, de Kirk DeMicco.

O filme *A jornada de Vivo*, de Kirk DeMicco, conta uma grande aventura vivida por Gabi, uma menina muito animada, e o macaco jupará Vivo, que juntos têm o objetivo de realizar um desejo do antigo dono do macaco, o músico Andres, tio da garota.

Veja também: *A bailarina*, de Eric Summer e Éric Warin; *Meu pé de laranja lima*, de Marcos Bernstein; *O menino e o mundo*, de Alê Abreu.

Conheça o *site* do programa "Criança e natureza", do Instituto Alana, que desenvolve projetos para proporcionar às crianças brincadeiras e vivências em contato mais direto com a natureza: https://criancaenatureza.org.br/.

Acesse também:
- ww.mundogaturro.com.br/inicio/eligiendo-nombre.htm
- https://turmadamonica.uol.com.br/home/
- https://clubedamafalda.blogspot.com/
- www.bn.gov.br/tags/quadrinhos
- http://www.niquel.com.br/
- https://devir.com.br/
- www.ziraldo.com
- www.marvel.com

Visite bibliotecas, livrarias ou bancas de jornais especializadas em quadrinhos na cidade onde você mora. Veja alguns endereços:
- Em São Paulo (SP): Gibiteca Henfil, no Centro Cultural São Paulo — rua Vergueiro, 1000, tel.: (0xx11) 3062-3822.
- Em Curitiba (PR): Gibiteca de Curitiba — rua Presidente Carlos Cavalcanti, 553, tel.: (0xx41) 3321-3250.
- Em Brasília (DF): Gibiteca de Brasília — avenida W3 Sul, quadra 508, loja 72.
- Na cidade do Rio de Janeiro (RJ): Gibiteca e Biblioteca Popular Olaria e Ramos — rua Uranos, 1230, tel.: (0xx21) 2590-2641.
- Em Belo Horizonte (MG): Gibiteca de Belo Horizonte — rua Carangola, 228, tel.: (0xx31) 3277-8658.
- Em Aracaju (SE): Gibiteca da Biblioteca Pública Infantil Aglaé Fontes de Alencar — rua Dr. Leonardo Leite, s.n.

Intervalo

Mostra de quadrinhos

No final desta unidade, você vai organizar com os colegas uma mostra sobre quadrinhos. A turma vai expor as histórias em quadrinhos que foram criadas, o material pesquisado ao longo dos capítulos e as resenhas produzidas em vídeo.

DE OLHO NA IMAGEM

Observe esta fotografia de William Vanderson:

1 A fotografia retrata uma cena que se passa em Londres, no verão de 1936.

a) Quem aparece em destaque na imagem?

b) Em que local da cidade se passa essa cena?

2 Observe a menina e as coisas que estão à sua volta.

a) Que objetos ela leva consigo?

b) Considerando o local em que ela está, deduza: O que ela pretende fazer?

c) Para onde ela possivelmente planeja ir com seus pertences? O que ela pretende fazer com eles lá?

d) Como devia estar a temperatura em Londres no momento em que a fotografia foi tirada? Justifique sua resposta com elementos da imagem.

3 Observe a menina.

a) Que idade ela deve ter, aproximadamente?

b) Ela parece estar acompanhada por adultos? Por quê?

c) Imagine: Por que ela estaria sozinha?

d) Com essa idade, a menina poderia viajar desacompanhada?

4 Observe a expressão da menina e a do homem que conversa com ela.

a) Como você imagina o diálogo entre eles?

b) O que demonstra o sorriso do homem?

5 O que será que ocorreu depois que essa fotografia foi tirada? Coloque-se na posição do homem e imagine:

a) O que você faria se fosse ele?

b) Como você acha que a menina deve ter reagido às providências dele?

c) Qual deve ter sido a reação da família ao rever a menina?

6 Alguma vez você fez ou pensou em fazer algo parecido com o que a menina fez? Conte para os colegas.

William Vanderson/Fox Photos/Getty Images

UNIDADE 2 ▷ De olho na imagem 111

CAPÍTULO 1

A princesa do pé quebrado

Quando a gente começa a crescer, passa a achar tudo muito chato. Coisas que antes nós amávamos, como brinquedos, roupas e até livros, podem, de repente, não despertar mais o nosso interesse. O que será que está por trás disso?

Leia esta história em quadrinhos, de Ziraldo:

(*Almanaque do Maluquinho*. São Paulo: Globo, 2009. p. 31-36.)

ESTUDO DO TEXTO

Compreensão e interpretação

1. O que Carolina e Lúcio vão fazer na casa do Bocão?

2. Muitos textos trabalham com **implícitos**, isto é, informações subentendidas. Com base no 1º e no 2º quadrinhos, responda:

    a) Lúcio e Carolina já sabiam que Nina, a irmã de Bocão, tinha se machucado? Justifique sua resposta com elementos do texto.

    b) As frases "Precisou **até** colocar gesso!" e "Acabou quebrando **só** o pé!" indicam que Bocão considera que o acidente de Nina foi grave? Por quê?

    c) Qual foi o motivo de Nina ter se machucado? Em sua opinião, o acidente foi tão grave assim?

3. Nina é a irmã menor de Bocão. Que palavras do texto permitem chegar a essa conclusão?

4. No 5º quadrinho, Carolina diz "Como vai a princesinha do pé quebrado?".

    a) Bocão, fazendo uma brincadeira, associa o gesso de Nina a um "sapato de cristal", que é um objeto importante de um conto maravilhoso. Que conto é esse?

    b) Por que Bocão fez essa associação?

5. Nas histórias em quadrinhos, é comum o emprego de **onomatopeias**, isto é, palavras e expressões que imitam sons.

    a) Identifique uma onomatopeia empregada na história em quadrinhos.

    b) Essa onomatopeia imita o som do quê?

6. A mãe de Lúcio envia livros de presente a Nina.

    a) Por que a mãe de Lúcio achou que esse tipo de presente agradaria à menina?

    b) Por que a menina reage mal ao presente?

7. Na história, Nina critica três contos maravilhosos. Quais são eles e o que ela critica em cada um?

8. Nina sempre gostou de histórias, mas ela afirma que agora não gosta mais.

    a) Desde quando isso começou a acontecer?

    b) Qual é a explicação que a mãe de Nina dá para essa mudança?

QUEM É ZIRALDO

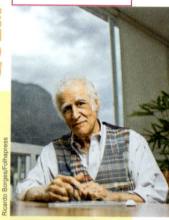

Ziraldo

O escritor e cartunista Ziraldo nasceu em 1932, na cidade de Caratinga (MG), e aos 16 anos se mudou para o Rio de Janeiro (RJ). Trabalhou em uma agência de publicidade, foi jornalista e autor de livros infantis antes de se tornar autor de histórias em quadrinhos.

Em 1960, Ziraldo lançou uma revista mensal chamada *Pererê*. Também criou as revistas *O Menino Maluquinho* e *Julieta, a menina maluquinha*. O autor inventou personagens que ficaram famosos com as publicações *The Supermãe*, *Os Zeróis*, *O Canguru* e *Jeremias, o bom*. Entre seus livros para crianças estão: *O Menino Maluquinho*, *O planeta lilás*, *Flicts*, *Uma professora bem maluquinha*, *Outro como eu só daqui a mil anos*, *Vovó Delícia*, *O menino marrom*, *Menina Nina*, *Os meninos morenos*.

9 A mãe de Nina desenvolve um plano com os meninos para "amolecer" a filha. Por que esse plano faz com que a mentira da menina ficasse evidente?

10 No final da história, Lúcio diz:

> "Qual criança que não curte esse chameguinho?".

a) Qual é o sentido da palavra **chameguinho** nessa frase?

b) Na última cena, é possível deduzir que a leitura é um "chameguinho" apenas para as crianças? Por quê?

A linguagem do texto

1 Nas histórias em quadrinhos, a linguagem oral dos personagens é representada por meio de balões. Observe algumas das falas dos personagens da história lida:

> • "Essa aqui, ó, é a maior de todas as bobas!"
> • "Você não acha esses personagens umas gracinhas?"
> • "Qual criança que não curte um chameguinho?"
> • "A minha mãe me disse pra trazer isto pra você!"

Quais palavras ou expressões dessas frases são mais comuns na linguagem oral do português brasileiro?

2 Depois de abrir os presentes, Nina diz: "— Valeu!". Essa palavra foi empregada com um sentido diferente do que geralmente tem o verbo **valer** (equivalente a preço, merecer, ter validade, etc.). Qual é o sentido dessa palavra no contexto?

3 No quadrinho abaixo:

a) O que significa a expressão "blá, blá, blá...", dita por Chapeuzinho Vermelho?

b) O que o gesto do lobo expressa?

Trocando ideias

1. Na história em quadrinhos, Nina diz que os personagens dos contos maravilhosos são "gente boba" e cita alguns. O que você acha disso? Você concorda com Nina? Se sim, justifique por quê, dando exemplos de contos maravilhosos.

2. Para Lúcio, ler histórias para uma criança é uma espécie de "chameguinho". Você gostava de ouvir histórias quando era menor? Para você, contar histórias para uma criança é uma forma de dar carinho? Por quê?

A LÍNGUA EM FOCO

Texto, discurso, gêneros do discurso

Construindo o conceito

Releia a parte final da história em quadrinhos que você leu no início deste capítulo:

(*Almanaque do Maluquinho*. São Paulo: Globo, 2009. p. 31-36.)

1 No 1º quadrinho, a mãe de Nina comenta que, depois que a filha aprendeu a ler, ela tem sentido falta da atenção que os adultos davam a ela.

a) Entre os termos listados a seguir, copie no caderno aqueles que são utilizados nos quadrinhos para fazer referência ao ato de ler para o outro.

atenção   danada   culpa
chameguinho   besteira   crianças

b) Troque ideias com os colegas e o professor e levante hipóteses: Por que Lúcio chama os interlocutores dele de "crianças"?

2 A história em quadrinhos termina quando Lúcio começa a ler um livro.

a) Deduza: Qual é o conteúdo desse livro?

b) Justifique sua resposta ao item **a** com base no texto.

Conceituando

Na história em quadrinhos "Conta mais?", os personagens travam muitos diálogos, produzindo **enunciados** a cada fala.

Quando Lúcio chama seus interlocutores de "crianças" no último quadrinho, o termo **crianças**, no contexto, não indica que ele se dirige apenas a um público infantil, mas que ele pretende construir um sentido, dando um tom humorístico para sua fala.

Também é possível entender que toda a história em quadrinhos, sendo um texto criado pelo autor Ziraldo, é também um enunciado produzido para os leitores.

 Enunciado é tudo o que o locutor enuncia, isto é, tudo o que ele diz ao locutário em determinada situação.

O conjunto de enunciados produzidos em uma situação comunicativa constitui o **texto**.

 Texto é um enunciado ou um conjunto de enunciados, verbais ou não verbais, que apresenta unidade de sentido.

Nos diálogos dos personagens da história em quadrinhos lida, é possível perceber que, quando falamos, levamos em conta um conjunto de elementos que fazem parte da situação de comunicação: quem fala, o que fala, com quem fala, com que finalidade, qual é o momento, que imagem o locutor tem do locutário e vice-versa, as intenções implícitas, etc. Nesse caso, quando consideramos não apenas o que é dito, mas também a situação ou o contexto, temos o **discurso**.

 Discurso é o processo comunicativo capaz de construir sentido. Além dos enunciados, envolve também os elementos da situação (quem são os interlocutores, que imagem um tem do outro, em que momento e lugar ocorre a interação, com que finalidade, etc.).

UNIDADE **2** ▶ Capítulo 1   **121**

A intencionalidade discursiva

Releia a seguir mais alguns quadrinhos da história de Ziraldo que você leu no início deste capítulo e responda às questões 1 e 2.

1. Observe a expressão facial de Lúcio no segundo quadrinho. O que ela indica?

2. No último quadrinho, Lúcio sugere ir para a sala e Bocão concorda.

    a) Que palavra dita por Bocão indica essa concordância?

    b) Considerando o contexto da história, conclua: Qual era a intenção de Lúcio e Bocão com essas falas?

As falas de Lúcio e Bocão nesse trecho são um exemplo de como os interlocutores, quando interagem por meio da linguagem, têm intenções comunicativas bem-definidas: no contexto da história, a intenção dos dois era "amolecer" Nina, conforme sugestão dada pela mãe da garota, e não exatamente fazer o que eles propuseram, ou seja, contar histórias na sala para não incomodá-la. Dessa forma, a intenção deles era diferente da expressa na fala de Lúcio. Por isso, as frases ditas pelos personagens, se analisadas isoladamente, fora do contexto, podem ser compreendidas com outros sentidos.

Como se nota, todo discurso tem uma **intencionalidade**. Nem sempre é fácil compreender essa intencionalidade, uma vez que os sentidos são construídos no momento da interação e tal construção depende de muitos fatores. Entretanto, há mais chances de captar as intenções envolvidas na situação comunicativa, ou seja, a **intencionalidade discursiva**, quando observamos não apenas o que é dito, mas também o conjunto de elementos ali presentes: quem diz, o que diz, para quem, com que intenção, os papéis sociais dos interlocutores, o momento e o lugar, etc.

 Intencionalidade discursiva são as intenções, implícitas ou explícitas, existentes no discurso.

Os textos e os gêneros do discurso

Ao analisar o final da história em quadrinhos "Conta mais?", você deduziu, pela fala de Lúcio, o tipo de livro que ele estava lendo. Agora, observe a seguir algumas fotografias de livros abertos:

I.

II.

III.

IV.

V.

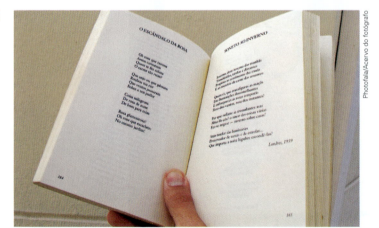

UNIDADE 2 Capítulo 1

1 Troque ideias com os colegas e o professor e levante hipóteses:

a) Que tipo de livro aparece em cada foto?

b) Qual é a finalidade de cada um?

2 Justifique suas respostas à questão 1 com base nos elementos verbais e não verbais das páginas de livro que aparecem em cada imagem.

3 Você já leu ou manuseou um ou mais livros parecidos com os dessas fotografias? Em qual ou quais situações? Comente com os colegas e o professor.

4 Considerando suas respostas anteriores, conclua: Por que é possível formular hipóteses sobre o conteúdo dos livros apenas por meio da análise dessas imagens?

Observando brevemente algumas páginas de livros, você foi capaz de reconhecer a função de diferentes textos, entre eles: receita, mapa, verbete, poema, porque conhece características que são comuns a esses textos, como a distribuição do texto na página, e a relação entre as partes verbal e não verbal.

Sabemos, por exemplo, que algumas características são obrigatoriamente comuns a toda receita (como ingredientes, quantidades, modo de fazer, etc.), porém outras (tempo de preparo, rendimento, presença de imagens, etc.) podem variar conforme os objetivos do texto, a situação de produção, os interlocutores envolvidos, entre outros fatores.

No final da história em quadrinhos que lemos no início deste capítulo, quando Lúcio fala a expressão "Era uma vez...", ainda que não haja uma continuação, supomos que ele vai contar uma história infantil clássica, pois sabemos que geralmente tais histórias começam assim.

A receita, o conto maravilhoso, o verbete, o poema, a carta pessoal, a notícia, a entrevista, o debate, o seminário, etc. são **gêneros do discurso**.

Gêneros do discurso são modelos de textos que, com algumas variações, apresentam tema, estrutura e linguagem semelhantes.

A intencionalidade discursiva na construção do texto

Leia este anúncio:

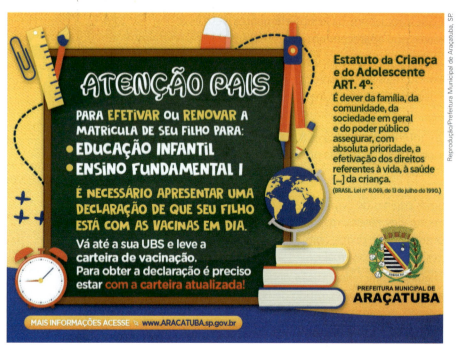

(Disponível em: https://aracatuba.sp.gov.br/programa-saude-na-escola-busca-ampliar-vacinacao-em-criancas/. Acesso em: 25/2/2022.)

1 Troque ideias com os colegas e o professor:

a) Qual é a finalidade do anúncio lido?

b) Quem é o anunciante e a quem o anúncio se destina?

2 Observe a parte não verbal do anúncio.

a) A moldura em que o texto verbal central foi escrito simula um objeto. Que objeto é esse?

b) A qual ambiente o objeto identificado por você no item **a** e os demais desenhos que ilustram o anúncio fazem referência? Justifique sua resposta.

c) O que sugere o despertador que integra a parte não verbal do anúncio?

d) Deduza: Qual é a relação entre o conteúdo do anúncio e o ambiente a que ele se refere?

3 Releia o texto verbal que aparece do lado direito do anúncio.

a) De que outro texto ele faz parte?

b) Troque ideias com os colegas e o professor e deduza: Qual é o significado de [...] no contexto?

c) Uma das funções de um anúncio é persuadir seu público-alvo, isto é, convencer seus destinatários a aderir a uma ideia. Explique de que forma a presença desse texto contribui para esse objetivo.

4 Leia as afirmações a seguir sobre o anúncio em estudo e indique, no caderno, quais são verdadeiras e quais são falsas.

a) O texto na lateral direita do anúncio indica uma proibição imposta às crianças e adolescentes.

b) O texto na lateral direita do anúncio salienta um direito das crianças e dos adolescentes.

c) O texto na lateral direita do anúncio salienta um direito da família, da comunidade e da sociedade em geral, marcado pelo uso da expressão "É dever".

d) O texto na lateral direita do anúncio salienta uma obrigação da família, da comunidade e da sociedade em geral, marcada pelo uso da expressão "É dever".

Semântica e discurso

As duas imagens a seguir compõem a cartilha *Viva a infância*, publicada pela Secretaria da Justiça, Família e Trabalho do Governo do Estado do Paraná. Leia-as.

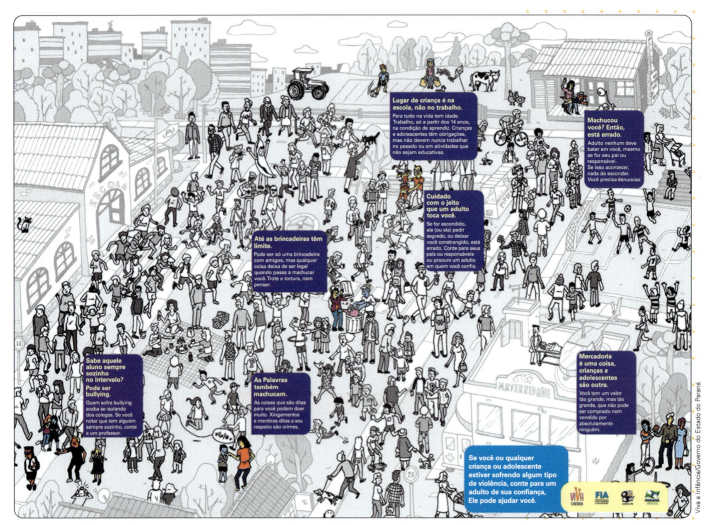

(Disponível em: https://www.justica.pr.gov.br/Pagina/Publicacoes-e-Campanhas-Crianca-e-Adolescente. Acesso em: 25/2/2022.)

1. Cartilha é um gênero textual que tem a finalidade de ensinar algo. Na cartilha lida, o locutor é um órgão público do Estado do Paraná.

   a) Quem é o locutário? Justifique sua resposta com base em elementos presentes no texto.

   b) O que essa cartilha ensina?

2. A cartilha é constituída por duas partes, ou páginas. Sobre a primeira página, responda:

   a) Qual gênero textual ela faz lembrar?

   b) É fácil responder à pergunta "Quantas crianças correndo perigo você consegue encontrar aqui?". Justifique sua resposta.

   c) Discuta com os colegas e o professor e conclua: De que forma a utilização da estrutura de outro gênero contribui para a construção de sentidos na cartilha?

   d) Você acha que o recurso de utilizar uma estrutura própria de outro gênero nessa imagem provoca impacto sobre o público-alvo da cartilha? Por quê?

3 Sobre a segunda página da cartilha, responda:

a) Qual é a diferença visual entre ela e a primeira página?

b) O que os quadros próximos das imagens destacadas em cores procuram informar?

De olho na escrita

Encontros vocálicos

Leia este poema, de Paulo Netho:

Descoberta

A Bia
dizia coisas
e ria,
só alegria.

Só que ela
não sabia
o que era
que dizia.

Mas, um dia,
descobriu
que tudo o que não sabia
mas dizia
era aquilo que se chama
Poesia.

(*Poesia Futebol Clube e outros poemas*. São Paulo: Formato, 2007. p. 35.)

1 Que tipo de coisas você imagina que a Bia dizia?

2 Nas palavras **Bia** e **coisas**, empregadas no poema, a letra **i** é pronunciada de maneiras diferentes. Compare essas duas pronúncias:

a) Em qual das palavras a letra **i** é pronunciada de maneira mais forte?

b) E de maneira mais fraca?

3 Agora, observe os seguintes pares de palavras:

aí — ai   país — pais   saúde — saudade

Em todas essas palavras, o **i** e o **u** são escritos ao lado da vogal **a**. Leia-as em voz alta e conclua:

a) Em quais delas o **i** e o **u** são pronunciados de forma mais forte do que o **a**?

b) E em quais dessas palavras o **i** e o **u** são pronunciados de forma mais fraca do que o **a**?

Ao resolver as questões anteriores, você percebeu que as letras **i** e **u** podem ser pronunciadas de formas diferentes, mais forte ou mais fraca, dependendo da palavra em que são empregadas. Trata-se, portanto, de sons diferentes: no primeiro caso, **i** e **u** são **vogais**; no segundo caso, **i** e **u** são **semivogais**.

Vogal é o som forte de uma sílaba. Cada vogal corresponde a uma sílaba.

Semivogal é o som de **i** ou **u** quando pronunciados de forma fraca. Uma semivogal aparece em uma sílaba sempre acompanhada de uma vogal.

Veja:

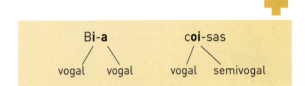

Nas duas palavras, ocorre **encontro vocálico**.

Encontro vocálico é a sequência de fonemas vocálicos — vogal e semivogal — em uma mesma sílaba ou em sílabas diferentes.

Existem três tipos de encontro vocálico: **hiato**, **ditongo** e **tritongo**.

Hiato

É o encontro de duas vogais. Como em uma mesma sílaba só há uma vogal, as vogais do hiato ficam sempre em sílabas diferentes. Veja:

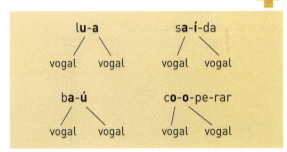

Ditongo

É o encontro de uma vogal e uma semivogal. Como uma semivogal precisa do apoio de uma vogal para formar sílaba, o ditongo não pode ser dividido silabicamente. Veja:

Tritongo

É o encontro de uma semivogal, uma vogal e uma semivogal, sempre nessa ordem. Por conter uma única vogal, o tritongo é indivisível silabicamente. Veja:

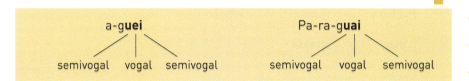

EXERCÍCIOS

Leia este texto:

Bússola

Se hoje tem gente que não consegue se achar sem um GPS, imagine séculos atrás, atravessando mares revoltos e territórios inóspitos, tendo como guia praticamente só as estrelas. Assim, é fácil compreender a verdadeira comoção que a bússola causou aos inquietos viajantes dos tempos antigos. A primeira versão foi inventada pelos chineses no século 4 a.C., após a descoberta do efeito direcional da magnetita, ou pedra-ímã. Uma das pontas da magnetita sempre aponta para o Norte, atraída pelo campo magnético natural da Terra, que emana dos polos. As bússolas rústicas eram apenas um naco de madeira preso à pedra-ímã e colocado para flutuar na água. Apenas mil anos depois da invenção é que o instrumento passou a orientar navegadores. A bússola teve papel fundamental no comércio marítimo, pois tornou as viagens mais precisas.

(As 101 maiores invenções da humanidade. *Superinteressante*, abril 2013. p. 55.)

1. Nas seguintes palavras do texto, identifique as sílabas em que há encontros vocálicos. Depois, classifique os encontros vocálicos em ditongo crescente, ditongo decrescente ou hiato.

   a) guia

   b) comoção

   c) água

   d) territórios

   e) viajantes

   f) causou

2. Das palavras a seguir, copie no caderno aquelas que apresentam hiatos.

versão	efeito	madeira	flutuar	invenção
pois	viagens	mais	atraída	

3. Converse com os colegas sobre o modo de funcionamento e sobre a utilidade da bússola. Em que situações, ainda hoje, ela é útil?

PRODUÇÃO DE TEXTO

História em quadrinhos (I): construção e recursos expressivos

No início deste capítulo, você leu uma história em quadrinhos, de Ziraldo, e viu que esse gênero é organizado em quadros, nos quais há desenhos e balões com as falas dos personagens. Vamos conhecer mais um pouco sobre esse gênero textual?

1. Releia este quadrinho, da história "Conta mais?":

   Vimos anteriormente que o sentido da palavra **valeu**, nesse quadrinho, é "obrigada".

   a) Observe o gesto que Nina faz enquanto diz essa palavra. Ela realmente está satisfeita e feliz com os presentes que recebeu? Por quê?

   b) Na linguagem das histórias em quadrinhos, se eliminarmos a parte verbal ou tirarmos os desenhos, o conteúdo da história se mantém?

2. Geralmente, em outros gêneros narrativos, como o conto maravilhoso ou a fábula, há um narrador que conta a história.

   a) Nas histórias em quadrinhos, como a história geralmente é narrada?

132 UNIDADE 2 Capítulo 1

b) Às vezes, as histórias em quadrinhos apresentam legenda no alto do quadrinho. Veja:

Qual é o papel da legenda nesse quadrinho?

Que nome têm os QUADRINHOS EM OUTROS PAÍSES?

Os quadrinhos têm nomes diferentes em diversos países. Nos Estados Unidos, eles são chamados de *comic strips* (tiras cômicas); na França, *bandes dessinées* (bandas ou tiras desenhadas); na Itália, *fumetti*, nome relacionado a fumaça e que faz referência aos balõezinhos de fala que saem da boca dos personagens; na América hispânica, *historieta*; no Japão, *mangá*; em Portugal, *história aos quadradinhos*; na Espanha, *tebeo*.

No Brasil, também chamamos revistas de histórias em quadrinhos de gibi. O nome pegou porque, em 1938, no Rio de Janeiro, foi lançada uma revista de quadrinhos que tinha esse nome e fez o maior sucesso entre crianças e adolescentes. A palavra **gibi** caiu na boca do povo e virou sinônimo de revista de história em quadrinhos. O significado mais antigo de gibi é "moleque".

3 Assim como outros gêneros narrativos, a história em quadrinhos também é uma história que envolve fatos, personagens, tempo e espaço. E os fatos se organizam em uma relação de causa e efeito, quase sempre desenvolvendo um **conflito**, isto é, um problema que os personagens precisam resolver. Na história lida:

a) Onde ocorrem os fatos?

b) Quanto tempo dura a visita de Lúcio e Carolina?

UNIDADE 2 ▶ Capítulo 1 — 133

c) Como é representada a movimentação ou as ações dos personagens?

d) Qual é o conflito?

e) O que acontece depois que Nina afirma que não gosta mais de histórias infantis?

f) Como termina a história? O conflito foi resolvido?

4 O **balão** é um elemento característico dos quadrinhos. Consiste em um espaço contornado por um traço, que parte da boca dos personagens e no qual estão a fala ou o pensamento deles.

a) Como é, em geral, a letra usada nos balões?

b) Na maioria das vezes, a linha do balão é um traço contínuo, mas dependendo do contexto ela pode variar. Troque ideias com os colegas e responda: Por que os balões abaixo apresentam formatos diferentes?

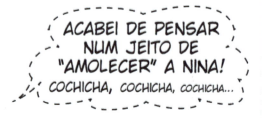

5 Na história em quadrinhos lida, vimos que a **onomatopeia RASG! RASG! RASG!** imita o som de presente sendo aberto. Além desse recurso, nas histórias em quadrinhos, também são muito usadas as **interjeições**. Leia o boxe **Interjeições** e responda:

a) Indique quais onomatopeias costumam ser empregadas nas histórias em quadrinhos para designar:
- batida ou pancada
- barulho de motor
- batida na porta

b) Identifique outras duas interjeições da história em quadrinhos "Conta mais?" e indique o que elas expressam.

6 Os personagens das histórias em quadrinhos costumam usar uma linguagem simples e informal, parecida com a que empregamos no dia a dia entre amigos e familiares.

a) Identifique na história lida palavras ou expressões próprias da linguagem informal.

b) Considerando o perfil dos personagens e a situação de comunicação em que eles estão, responda: O uso dessa variedade linguística é adequado? Por quê?

Interjeições

As interjeições são palavras que expressam sentimentos, sensações e estados emocionais dos personagens. Elas costumam ser acompanhadas de ponto de exclamação.

Na história em quadrinhos lida, por exemplo, a expressão **Oba!** é uma interjeição que indica alegria.

134 UNIDADE 2 Capítulo 1

7 Com a orientação do professor, junte-se a alguns colegas para resumir as características básicas das histórias em quadrinhos. Para isso, copiem o quadro a seguir no caderno e completem as lacunas de acordo com o que aprenderam sobre a história em quadrinhos lida ou sobre outras que já tenham lido.

História em quadrinhos: construção e recursos expressivos	
Quem são os leitores das histórias em quadrinhos?	
Qual é o objetivo desses textos?	
Onde eles circulam?	
Como é a linguagem das histórias em quadrinhos?	
Que variedade linguística predomina nas histórias em quadrinhos?	
Como são os personagens?	
Como são representados a fala e o pensamento dos personagens?	
A história em quadrinhos apresenta os elementos essenciais das narrativas ficcionais, ou seja, situação inicial, conflito, clímax e desfecho?	
Como são apresentadas as mudanças de espaço e de tempo?	

Agora é a sua vez

Ao final desta unidade, você e os colegas vão participar da **Mostra de quadrinhos**. Para isso, a turma vai produzir algumas histórias em quadrinhos e resenhas que serão apresentadas ao público nessa mostra.

Desenvolva as duas propostas a seguir, ou uma delas, conforme a orientação do professor.

1 Leia com atenção esta piadinha:

O bebezinho da casa do Juquinha chorava o dia inteiro. Um dia, não aguentando mais aquele berreiro, o amigo de Juquinha disse-lhe:
— Seu irmão é chato, hein? O menino é chorão!
— Pois eu acho que ele tá certo.
— Certo como?
— Queria ver o que você faria se não soubesse falar, fosse banguela, careca e não conseguisse ficar de pé!

(Donaldo Buchweitz (org.). *Piadas para você morrer de rir*. Belo Horizonte: Leitura, 2001. p. 10.)

UNIDADE 2 ▶ Capítulo 1 — 135

Transforme a piadinha em uma história em quadrinhos. Siga as instruções:

a) Em uma folha de papel sulfite, faça cinco quadrinhos.

b) Desenhe em cada um deles uma parte da piadinha:

- No 1º quadrinho, desenhe um bebê chorando desesperadamente; use os recursos gráficos que você já estudou.

- No 2º quadrinho, desenhe o bebê chorando, dois garotos olhando para ele e um balão com a primeira fala do texto saindo da boca de um dos garotos.

- No 3º quadrinho, desenhe somente os dois garotos. Faça um balão para a resposta do irmão do bebê.

- No 4º quadrinho, desenhe o outro garoto fazendo a pergunta com expressão de espanto.

- No 5º quadrinho, desenhe o irmão do bebê concluindo seu pensamento.

Procure mostrar, por meio dos desenhos, o comportamento dos personagens: gestos e expressão do rosto.

c) Dê um título à história, incorporando-o ao 1º quadrinho. Pinte os desenhos.

d) Ao terminar, peça a um colega que leia sua história em quadrinhos e leia a dele, depois troquem ideias sobre a produção de vocês. Revise seu texto e, se necessário, corrija-o.

e) Exponha a história em quadrinhos finalizada no mural da classe.

2 Crie uma tira, isto é, uma história contendo três ou quatro quadrinhos, com personagens imaginados por você. Para isso, risque os quadrinhos em uma folha de papel sulfite e desenhe os elementos da história, entre eles os balõezinhos com as falas dos personagens. Dê um título à história, incorporando-o ao primeiro quadrinho, e pinte os desenhos. Terminando, troque sua tira com a de um colega, para um avaliar a produção do outro, ou exponha-a no mural da sala de aula.

Planejamento do texto

○ Organize sua história em partes, de modo que cada quadrinho represente uma das partes.

○ Associe linguagem verbal e linguagem não verbal, lembrando que uma deve complementar a outra.

○ Indique, por meio de imagens, o tempo (o momento do dia) e o lugar onde acontecem as ações.

○ Estabeleça um encadeamento entre um quadrinho e outro, baseado em uma relação de causa e efeito entre os fatos.

- Crie textos verbais curtos, a fim de deixar nos quadrinhos espaço para as imagens.
- Para criar humor, apresente uma surpresa no(s) último(s) quadrinho(s).
- Escreva as falas dos balões com letra de fôrma maiúscula.
- Procure utilizar interjeições e onomatopeias, empregando-as adequadamente.
- Explore os recursos visuais que os quadrinhos oferecem: formato dos balões (de pensamento, de cochicho, de grito, etc.), legendas, cores e tamanho das letras e dos quadrinhos.
- Utilize linguagem adequada aos personagens e à situação de comunicação em que eles estão.

Revisão e reescrita

Antes de fazer a versão final da sua tira e/ou história em quadrinhos, observe:

- se a linguagem verbal e a linguagem não verbal se complementam;
- se o rabicho dos balões está posicionado corretamente, indicando com clareza o personagem que está falando;
- se a sequência dos quadrinhos se baseia em uma relação de causa e efeito;
- se no(s) último(s) quadrinho(s) ocorre um fato surpreendente, gerando humor;
- se a linguagem dos personagens é coerente com o perfil de cada um;
- se o texto dos balões está legível;
- se o texto está escrito de acordo com as normas ortográficas.

Concluído o trabalho, guarde a versão final para a **Mostra de quadrinhos**, que será produzida no capítulo **Intervalo**.

DIVIRTA-SE

(Disponível em: https://tirasarmandinho.tumblr.com/post/163269252084/tirinha-original. Acesso em: 4/3/2022.)

CAPÍTULO 2

Um crime na garagem

Quando somos crianças, nossa cabeça vive povoada de imaginação e, às vezes, temos dificuldade de distinguir a fantasia da realidade, ou o bem do mal. Será que uma criança inocente pode, de repente, virar um criminoso frio e calculista?

Mau menino

Ignoro se peguei a faca na cozinha e fui até a garagem já com a ideia na cabeça. Talvez, sabe-se lá por quê, estivesse perambulando pela casa com a faca na mão, fui parar na garagem e, por curiosidade — como quem enfia um grampo na tomada ou bolas de gude num escapamento —, resolvi golpear a parede. Sei é que, quando dei por mim, estava ali, admirando o pequeno risco branco, a reentrância de massa corrida recém-surgida na grande tela terracota. Um segundo antes ele não existia, agora parecia brilhar como um único Starfix na imensidão de um quarto escuro.

Senti-me orgulhoso: ao chegar ao mundo, já o havia encontrado pronto, cabia a mim somente descobrir do que era feito e como funcionava, olhando embaixo dos vãos, levantando os tacos, cavoucando a terra entre os paralelepípedos.

138 UNIDADE 2 ▷ Capítulo 2

Desenhos em papéis, colagens de sucata ou as esculturas de argila que fazia na escola não eram uma intervenção no mundo — papéis, sucata e argila não eram o mundo, eram coisas do mundo. Parede era mundo, casa era mundo, e a satisfação por ter impresso nele minha primeira marca foi tanta que não demorei a deixar a segunda, a terceira, a quarta, a décima sétima, a trigésima nona e só quando cheguei esbaforido ao canto da garagem percebi o estrago: uma faixa de três metros de risquinhos brancos, a cinquenta centímetros do chão; uma Via Láctea de destruição percorrendo, de ponta a ponta, a frente da nossa casa. Algo me dizia que, quando minha mãe chegasse do trabalho e o farol da **Brasília** iluminasse aquela lambança, meu **frenesi estético** não seria capaz de **atenuar** sua **ira**: o mundo havia sido violado por mim, era preciso repará-lo.

Corri até meu quarto e peguei o estojo de canetinhas. Tentei pintar as reentrâncias com o vermelho, o marrom, o rosa, mas nenhuma das cores batia. Experimentei tons sobrepostos, vermelho com laranja, amarelo com roxo, rosa com cinza: nada, porém, chegava perto da tal terracota. Pior: se antes o que se via ali era uma Via Láctea, agora contemplava uma **nebulosa**, uma extensa mancha multicolor serpenteando pela parede.

Voltei ao quarto, peguei o tubo de Pritt. Tentei colar de volta as casquinhas de tinta caídas no chão, mas elas se esfarelavam ao toque, a cola lambuzava a parede e, como se não bastasse, as marcas das minhas mãos ficaram impressas junto aos riscos feitos à faca, como uma assinatura. A desgraça era inevitável. Sem opção, enterrei a faca no jardim e parti para a **clandestinidade**.

A clandestinidade era um canto no lavabo, entre a pia e a parede. A porta, quando aberta, projetava uma sombra sobre o vão, deixando-o ainda mais protegido. Já havia recorrido àquele refúgio em vários esconde-escondes e, vez por outra, fugindo do banho: não seria agora, no sufoco, que ele me deixaria na mão.

Apesar do frio e da umidade, estar ali era prazeroso: eu não fazia mais parte do mundo, estava fora dele, observando-o pelas **coxias**, invisível e **onisciente**. Assim permaneci por algumas horas, o tique-taque de uma goteira marcando a passagem do tempo.

Anoiteceu. Ouvi o carro da minha mãe chegando à garagem, o motor sendo desligado, a porta batendo, mas não escutei o som habitual da chave no trinco ou os passos sala adentro. Como eu temia, ela agora devia estar lá fora, agachada diante da parede, aterrorizada com meu ato de vandalismo, meu **crime de lesa-pátria** (lesa-mátria?). Primeiro, gritou meu nome. Depois, chamou a Vanda. "Vou ter que repintar a casa inteira! Vai custar uma fortuna! Onde se enfiou esse menino? Vai ver só!"

---

atenuar: amenizar, diminuir a intensidade.

Brasília: modelo de automóvel.

clandestinidade: situação em que uma pessoa vive oculta ou escondendo sua identidade.

coxia: bastidor; corredor situado lateralmente ao palco e não visível ao público.

crime de lesa-pátria: crime que prejudica os interesses da nação.

estético: relativo à arte; artístico.

frenesi: estado de exaltação violenta.

ira: ódio, rancor, fúria.

nebulosa: nuvem de matéria interestelar.

onisciente: que tem conhecimento completo de tudo.

Starfix: adesivo em formato de lua ou estrela que se costuma afixar no teto e que brilha em ambientes escuros.

Eu ia "ver só", mas só se, antes, elas me vissem — o que nunca aconteceria, pois ao escutar a voz irada da minha mãe, decidi levar a cabo a ideia que vinha ruminando desde que compreendera a dimensão da minha obra na parede: permaneceria escondido para sempre.

O.k., eu sabia que "para sempre" seria impossível, em dois ou três anos eu não caberia mais entre a pia e a parede, mas até lá já haveria encontrado uma forma de reparar meu erro, fugir de casa, ou ao menos, me mudar definitivamente para um **socavão**.

Pensando bem, não era assim tão ruim. Beberia água da pia quando quisesse, me alimentaria das maçãs e bananas roubadas da fruteira da cozinha, de madrugada. (Abrir a geladeira estava fora de cogitação: a porta rangia, as garrafas se chocavam umas contra as outras, eu acabaria acordando alguém.) Se estivesse disposto a correr riscos, mais valia me esgueirar até o quarto e resgatar uns Playmobils para brincar nos 24 ou 36 meses seguintes.

Enquanto **divagava** sobre meu futuro na clandestinidade, as duas seguiam me procurando pela casa, me chamando vez após outra — e foi nas vozes de minhas perseguidoras que, surpreendentemente, vislumbrei uma possível salvação. Cada vez que repetiam meu nome, a braveza ia minguando um pouquinho, dando lugar à preocupação: quem sabe, quando o desespero trouxesse para o seu lado a última gota de raiva, eu poderia surgir em segurança? Não seria a alegria por me verem vivo um **habeas corpus**, capaz de fazê-las esquecer os eventos relativos à garagem? Impossível ter certeza, mas era a única chance: Vanda começou a ligar para os vizinhos, minha mãe foi me procurar na rua e decidi que, quando ela voltasse, faria a dramática aparição.

Minutos mais tarde, minha mãe entrou pela sala quase chorando: "Não tá lá! Ninguém sabe. Ninguém viu. Deus do céu!". Era chegado o momento. Respirei fundo, deixei as pupilas se acostumarem à luz vinda de fora e estava quase saindo do banheiro quando uma palavra pronunciada pela minha mãe me empurrou de volta ao esconderijo: talvez eu tivesse superestimado seu amor por mim, talvez tivesse menosprezado seu **apreço** pela parede da garagem ou, quem sabe, os dois juntos, o fato é que — eu havia ouvido claramente — ela estava prestes a chamar a "polícia".

Eu conhecia a polícia pela TV: eles tinham cachorros treinados, lanternas, óculos para enxergar no escuro, era evidente que me encontrariam ali, depois achariam a faca enterrada no jardim, me poriam algemas e me levariam para a cadeia. Melhor me entregar antes que chegassem. Dizer que estava dormindo no lavabo, isso, que eu adorava dormir naquele cantinho, bem fresco, que não tinha ouvido ninguém me chamar. Quanto à parede da garagem: que que tem? Deixa eu ver... Nossa que que foi isso?! Será que foi um gato, com as unhas? Um gato grande consegue, ué, ou dois gatos, um em cima do outro, sabia que eles fazem isso quando querem arranhar mais alto? Fazem sim, eu juro, eu já vi mil vezes!

— Mãe?

(Antonio Prata. *Nu, de botas*. São Paulo: Companhia das Letras, 2013. p. 23-26.)

apreço: estima, consideração, amor.

divagar: pensar, vaguear, deixar o pensamento solto.

habeas corpus: ação judicial que tem o objetivo de proteger o direito de liberdade de locomoção de uma pessoa que se considera alvo de ato abusivo de autoridade.

socavão: esconderijo, abrigo.

ESTUDO DO TEXTO

Compreensão e interpretação

1 O texto é o relato de uma experiência vivida por uma criança.

   a) Levante hipóteses: No episódio relatado, qual é a idade da criança?

   b) Quem é o narrador da história? Que relação ele tem com essa criança?

   c) Por que o texto recebeu o título "Mau menino"?

2 No 2º parágrafo, o narrador apresenta uma explicação possível para o ato praticado por ele, quando menino, na garagem.

   a) Qual é a explicação?

   b) No trecho "a satisfação por ter impresso nele minha primeira marca foi tanta que não demorei a deixar a segunda, a terceira, a quarta, a décima sétima, a trigésima nona", que efeito de sentido cria o modo como o narrador descreve os ataques à parede?

3 Releia este trecho do final do 2º parágrafo:

> "meu frenesi estético não seria capaz de atenuar sua ira: o mundo havia sido violado por mim, era preciso repará-lo"

   a) De quem é o pensamento expresso no trecho: do menino ou do narrador adulto?

   b) Explique o que o menino resolveu fazer, com base neste pensamento: "o mundo havia sido violado por mim, era preciso repará-lo".

   c) Quais iniciativas o menino teve para consertar a parede? Elas deram certo? Por que as marcas das mãos pioraram ainda mais a situação?

4 Ao ver o fracasso de suas iniciativas, o menino começou a ficar preocupado. Qual foi a principal preocupação dele?

5 Conforme a narração avança, começamos a notar o uso de algumas palavras e expressões que mostram como o menino se sentia. Observe as palavras e expressões destacadas nestes trechos:

- "A **desgraça** era inevitável."
- "**enterrei** a faca no jardim e parti para a **clandestinidade**"
- "aterrorizada com meu **ato de vandalismo**, meu **crime de lesa-pátria**"
- "Não seria a alegria por me verem vivo um **habeas corpus**"
- "Melhor **me entregar** antes que chegassem."

UNIDADE 2 ▶ Capítulo 2

a) De que área profissional são as palavras e expressões destacadas?

b) Conclua: Como o menino via o ato praticado por ele na garagem?

6 No 6º parágrafo do texto, há uma comparação entre o lavabo, a casa e o teatro. Na comparação:

a) A que corresponde a casa?

b) A que corresponde o lavabo, local que é um espaço à parte no mundo da casa?

7 Quando percebeu que a mãe, ao chegar, ficou brava, o menino resolveu levar adiante o plano dele.

a) Qual era o plano?

b) Por que esse plano, na vida real, era impossível de ser realizado?

c) O que esse plano revela sobre o grau de maturidade da criança?

8 O texto capta os pensamentos e as emoções experimentadas pelo menino durante todo o processo e, assim, faz um amplo retrato das **características psicológicas** do garoto.

a) Ao ver o desespero crescente da mãe e da empregada, que nova ideia o menino teve?

b) A nova ideia do menino indica que ele viu uma oportunidade de se aproveitar da condição psicológica da mãe? Explique.

c) O que fez a nova ideia fracassar?

9 O penúltimo parágrafo revela claramente o mundo fantasioso da criança.

a) Em que estava baseada a fantasia do garoto revelada nesse parágrafo? O que o menino imaginou que iria acontecer com ele?

b) O texto descreve uma série de novas ideias e pensamentos do menino. Interprete: O menino estava decidido a assumir seus atos diante da mãe?

c) No contexto, qual é o sentido da frase "— Mãe?", que finaliza o texto?

d) O que você acha que acontece depois com o menino? Por quê?

A linguagem do texto

1. No trecho:

   "Senti-me orgulhoso: ao chegar ao mundo, já **o** havia encontrado pronto"

   a) A que se refere a palavra **o**?

   b) Que palavra poderia substituir os dois-pontos, mantendo o sentido do trecho?

2. Releia este trecho do texto:

   "aterrorizada com meu ato de vandalismo, meu crime de lesa-pátria (lesa-mátria?)"

   Explique o trocadilho, isto é, brincadeira com palavras, que o narrador faz com as expressões **lesa-pátria** e **lesa-mátria**.

3. Releia outro trecho:

   "[...] ao escutar a **voz irada** da minha mãe, decidi **levar a cabo** a ideia que **vinha ruminando** desde que compreendera a dimensão da minha obra na parede"

   Consulte o dicionário, se necessário, e responda:

   a) Qual é o sentido da palavra **irada** nesse contexto? Ele é o mesmo que na frase "Que som irado!"? Justifique sua resposta.

   b) Qual é o sentido da expressão "levar a cabo" nesse trecho?

   c) Qual é o sentido mais comum da palavra **ruminar**? E qual é o sentido, no contexto, da expressão "vinha ruminando"?

Trocando ideias

1. Coloque-se no papel da mãe do menino. O que você teria feito ao descobrir o que o filho fez e perceber que ele estava tentando fugir da verdade?

2. Crianças, às vezes, têm atitudes impensadas e inconsequentes. Você também já fez alguma "arte" ou arquitetou algum plano que não deu certo e acabou sendo descoberto pelos pais ou responsáveis? Se sim, conte para os colegas como foi.

A LÍNGUA EM FOCO

O substantivo

Construindo o conceito

Releia o primeiro parágrafo do texto de Antonio Prata que você leu no início deste capítulo.

> "Ignoro se peguei a faca na cozinha e fui até a garagem já com a ideia na cabeça. Talvez, sabe-se lá por quê, estivesse perambulando pela casa com a faca na mão, fui parar na garagem e, por curiosidade — como quem enfia um grampo na tomada ou bolas de gude num escapamento —, resolvi golpear a parede. Sei é que, quando dei por mim, estava ali, admirando o pequeno risco branco, a reentrância de massa corrida recém-surgida na grande tela terracota. Um segundo antes ele não existia, agora parecia brilhar como um único Starfix na imensidão de um quarto escuro."

1. Ao iniciar a história que vai contar, o narrador apresenta o contexto no qual ela ocorreu. Em que lugar se passa a história contada? Justifique sua resposta com palavras do trecho.

2. O narrador, a todo momento, faz referência a elementos do contexto no qual se passa a história. Considerando esse contexto, identifique no trecho as palavras que são:

    - nomes de objetos ou coisas
    - nomes de lugares ou espaços
    - nomes de partes do corpo humano
    - nomes de sentimentos ou de processos mentais
    - nome de unidade de tempo
    - nome próprio
    - nomes de resultado de ação ou de características

144 UNIDADE 2 ▸ Capítulo 2

3 Releia estas frases do trecho:

• "Ignoro se peguei **a** faca **na** cozinha e fui até **a** garagem já com **a** ideia **na** cabeça."

• "quando dei por mim, estava ali, admirando **o pequeno** risco **branco**, **a** reentrância de massa corrida **recém-surgida na grande** tela **terracota**"

As palavras em destaque nas frases acompanham os nomes que foram dados como respostas na questão anterior.

a) A qual nome cada palavra destacada nas frases faz referência?

b) Levante hipóteses: Qual característica desse tipo de palavra pode ser depreendida desses exemplos?

4 Discuta com os colegas e o professor: Qual é a contribuição dos nomes para a construção de sentidos no texto lido?

Conceituando

Ao responder às questões anteriores, você viu que há palavras que são utilizadas para designar objetos, sentimentos, processos mentais, resultados de ação. Essas palavras são nomes, uma vez que denominam referentes (seres e objetos do mundo), aos quais chamamos **substantivos**.

> **Substantivos** são palavras que nomeiam seres (visíveis ou não, animados ou não), ações, estados, sentimentos, desejos, ideias.

UNIDADE 2 ▶ Capítulo 2 145

EXERCÍCIOS

Em comemoração ao Dia das Crianças, o jornal *Folha de S.Paulo* entrevistou crianças para saber com o que elas gostam de brincar. Veja a seguir as respostas de duas dessas crianças e depois responda às questões.

TAKUA, 3 ANOS

Takua Mirim Yvoty, 3 anos, da aldeia Tekoa Yvy Porã, no Jaraguá (zona norte de SP), tem uma vida diferente da maioria das crianças da cidade. Não existe Dia das Crianças na cultura indígena, mas isso não é um problema. Takua até gosta dos brinquedos "convencionais", mas eles não são sua preferência. A pequena indígena gosta mesmo é de brincar com os cachorros, as galinhas e as plantas da aldeia. "Eu gosto de brincar lá fora com a natureza", diz.

ISADORA, 10 ANOS

Isadora Christina de Souza, da Vila Antonieta (zona leste de SP), sabe que está crescendo. Mas nem por isso ela deixa de aproveitar. As bonecas deram lugar à maquiagem, aos patins, aos jogos com a família e aos seus passarinhos, Zeca e Nino. Agora, Isa pede dinheiro de presente para comprar coisas mais caras. "Sempre vi o Dia das Crianças como um momento que todo mundo diz que gosta de mim", define.

(Disponível em: https://www1.folha.uol.com.br/folhinha/2021/10/folhinha-visita-cinco-criancas-para-saber-como-elas-brincam.shtml. Acesso em: 4/3/2022.)

1 O texto afirma que Takua "tem uma vida diferente da maioria das crianças da cidade".

a) Por que há essa diferença?

b) Com o que Takua mais gosta de brincar?

c) Quando tinha 3 anos, você gostava de brincar com as mesmas coisas que Takua? Comente.

2 Segundo o texto, Isadora "sabe que está crescendo".

a) Explique essa afirmação relacionando-a com as escolhas de Isadora para os presentes de Dia das Crianças.

b) O texto enumera os presentes de Isadora em três momentos da vida dela. Identifique quais são os presentes e a qual momento cada um deles corresponde.

c) Você se identifica com Isadora? Que mudanças consegue perceber em seus brinquedos e presentes ao longo do tempo?

3 As palavras que indicam os nomes de coisas com as quais as duas crianças do texto brincam, brincavam ou gostam de ganhar de presente pertencem à classe dos substantivos.

a) Quais são elas?

b) Troque ideias com os colegas e o professor: O que são brinquedos "convencionais"? Quais das palavras indicadas por você no item **a** são brinquedos convencionais e quais não são? Justifique sua resposta.

4 Há no texto outros substantivos que indicam nomes de pessoas, animais, cidades e bairros.

a) Quais são eles?

b) Compare a grafia dos substantivos listados na sua resposta ao item **a** com os que você indicou na questão 3 e responda: Os dois grupos de palavras foram escritos com que tipo de letra?

5 Agora, troque ideias com os colegas sobre as preferências de vocês.

a) Quais eram seus brinquedos preferidos quando vocês eram menores?

b) Do que vocês ainda gostam de brincar?

6 Escreva no caderno pelo menos três substantivos que nomeiam objetos usados pelos seguintes profissionais:

a) cozinheiro

b) jogador de futebol

c) pedreiro

d) modelo

e) médico

f) bombeiro

g) engenheiro

h) pintor

7 Você já sentiu saudade de alguém ou de algum lugar? Existem muitos sentimentos ou sensações que experimentamos na vida.

a) Faça uma lista de sentimentos e sensações que você já teve.

b) A que classe de palavras pertencem os nomes correspondentes a esses sentimentos e sensações?

Classificação dos substantivos

Os substantivos podem ser classificados de diferentes formas. Há aqueles que nomeiam objetos, outros que nomeiam pessoas ou sentimentos. Alguns são constituídos por uma só palavra, outros por duas ou mais palavras. Em nosso estudo, consideraremos as classificações dadas pela tradição gramatical.

Primitivos e derivados

- **Primitivos** são os substantivos que dão origem a outras palavras.
- **Derivados** são os substantivos que se originam de outras palavras.

A canção "Pomar", do grupo Palavra Cantada, explora essa relação entre nomes primitivos e derivados. Veja a letra da canção:

Pomar

Banana, bananeira
Goiaba, goiabeira
Laranja, laranjeira
Maçã, macieira
Mamão, mamoeiro
Abacate, abacateiro
Limão, limoeiro
Tomate, tomateiro
Caju, cajueiro
Umbu, umbuzeiro
Manga, mangueira
Pera, pereira
Amora, amoreira
Pitanga, pitangueira
Figo, figueira
Mexerica, mexeriqueira
Açaí, açaizeiro
Sapoti, sapotizeiro
Mangaba, mangabeira
Uva, parreira
Coco, coqueiro
Ingá, ingazeiro
Jambo, jambeiro
Jabuticaba, jabuticabeira

(Paulo Tatit e Edith Derdyk. Disponível em: http://palavra-cantada.com.br/musica/pomar/. Acesso em: 15/2/2022.)

Simples e compostos

- **Simples** são os substantivos formados por apenas uma palavra: **luz**, **mesa**, **chocolate**.
- **Compostos** são os substantivos formados por mais de uma palavra: **beija-flor**, **para-raios**, **pontapé**.

Comuns e próprios

- **Comuns** são os substantivos que se referem a todos os elementos de uma classe, sem particularizá-los.
- **Próprios** são os substantivos que identificam um referente único, individual, diferente dos demais da mesma classe; por isso, são grafados com letra inicial maiúscula.

Você percebeu a diferença na grafia de substantivos próprios e comuns quando comparou, no estudo do início desta seção, a escrita de nomes de brinquedos e brincadeiras, como **bonecas**, **patins**, **jogos**, com a escrita de nomes de pessoas, animais, bairros e cidades, por exemplo: **Takua**, **Jaraguá**, **Isadora**, **Zeca**, **São Paulo**.

Concretos e abstratos

- **Concretos** são os substantivos que nomeiam referentes de existência autônoma, isto é, que não dependem de outro para existir, e que podem ser reais ou imaginários: **pescoço**, **criança**, **mesa**, **fada**, **Sol**, **Deus**, **vampiro**.
- **Abstratos** são os substantivos que nomeiam referentes de existência não autônoma, isto é, que dependem de outro para existir. Designam sentimentos, ações e qualidades: **alegria**, **medo**, **esforço**, **orgulho**, **emoção**, **beleza**, **segredo**, **azar**.

A imagem a seguir faz parte de uma campanha contra o trabalho infantil. Nas abas do cata-vento são nomeados alguns dos direitos das crianças. As palavras que nomeiam esses direitos são substantivos abstratos, pois se referem a elementos que não têm existência autônoma.

(Disponível em: www.sinait.org.br/site/noticia-view/?id=14400/trabalho%20. Acesso em: 5/3/2022.)

UNIDADE 2 ▸ Capítulo 2 — 149

No texto que você leu no início desta seção, o substantivo **jogo**, por exemplo, pode ser abstrato se faz referência à atividade ou ação de jogar praticada por uma ou mais pessoas, mas pode ser concreto se faz referência a um objeto composto de um conjunto de peças utilizado para jogar.

Coletivos

São os substantivos que, mesmo estando no singular, transmitem a ideia de agrupamento de vários seres da mesma espécie.

academia: de artistas, de literatos, de cientistas
arquipélago: de ilhas
bando: de aves
cardume: de peixes
colmeia: de abelhas
cordilheira: de montanhas
coro: de cantores
frota: de veículos, de navios
júri: de jurados
manada: de animais de grande porte
matilha: de cães
molho: de chaves
multidão: de pessoas
ninhada: de filhotes
tripulação: de marinheiros, de comissários de bordo
vara: de porcos

+ Importante

Um substantivo pode ter várias classificações. Observe:
- **pescoço:** substantivo primitivo, simples, comum e concreto.
- **Brasil:** substantivo primitivo, simples, próprio e concreto.

150 UNIDADE 2 ▶ Capítulo 2

EXERCÍCIOS

Leia a seguir um texto que circula na internet:

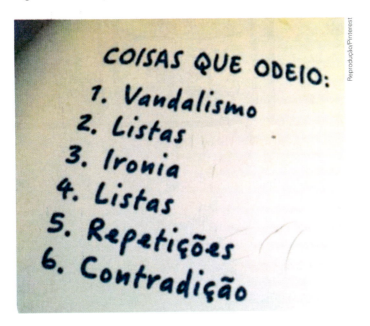

1 No texto da imagem acima, são enumerados alguns itens. A que classe pertencem essas palavras?

2 Troque ideias com os colegas e o professor e estabeleça relação entre cada um dos itens da lista da imagem e os sentidos descritos a seguir. Se julgar conveniente, consulte um dicionário.

- Afirmação por meio da qual se diz o contrário do que se pretende para criar determinados efeitos de sentido.
- Série de nomes de pessoas ou coisas relacionadas por escrito.
- Reprodução de algo por mais de uma vez.
- Falta de coerência, desacordo entre ideias ou atitudes.
- Ação de produzir estrago ou destruição em bens públicos ou particulares.

3 O primeiro item da lista é **vandalismo**. Observe o sentido dessa palavra indicado por você na questão 2 e levante hipóteses:

a) Onde essa lista foi escrita?

b) Explique a relação entre o primeiro item da lista com o local onde ela foi escrita.

4 Considerando suas respostas às questões anteriores:

a) Conclua: A finalidade do texto lido é enumerar itens odiados pelo enunciador?

b) Explique como se dá a construção do efeito de humor desse texto.

Leia a tira a seguir e responda às questões 5 a 7.

(Clara Gomes. *Bichinhos de jardim*. Disponível em: http://bichinhosdejardim.com/page/9/. Acesso em: 5/3/2022.)

5 Quais elementos da parte não verbal da tirinha confirmam as falas da Joaninha nos dois primeiros quadrinhos?

6 Na fala do 2º quadrinho, a Joaninha emprega o substantivo **suporte**.

a) Deduza: Qual é o sentido desse termo no contexto da tira?

b) O que se espera que o suporte faça nesse contexto?

7 Nos dois últimos quadrinhos, é empregado um substantivo que tem papel fundamental na construção de humor da tira.

a) Identifique-o.

b) Troque ideias com os colegas e o professor: O substantivo que você identificou no item **a** é concreto ou abstrato?

c) Considerando suas respostas aos itens anteriores, explique de que forma a classificação desse substantivo e o emprego dele na tira constroem o efeito de humor.

Flexão dos substantivos

Gênero

A noção de gênero na língua portuguesa costuma ser associada ao sexo dos seres. Entretanto, não devemos confundir sexo dos seres com gênero das palavras, pelas seguintes razões:

○ Todos os substantivos do português possuem gênero, tanto os referentes a pessoas e animais quanto os referentes a coisas. Veja os exemplos:

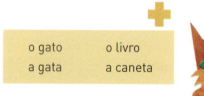

○ Mesmo substantivos que se referem a pessoas ou animais apresentam, muitas vezes, diferenças entre sexo e gênero. Veja:

> a vítima — é sempre feminino
> o fantasma — é sempre masculino

Assim, o gênero (masculino ou feminino) da palavra nem sempre indica o sexo do ser; é apenas um princípio convencional, isto é, combinado, da língua.

O feminino dos substantivos geralmente é formado pela troca de **-o** por **-a** ou pelo acréscimo da vogal **-a** no final da palavra. Veja:

> rato — rata
> leitor — leitora

Observação

Há substantivos que admitem dois gêneros; entretanto, o significado da forma masculina é diferente do significado da forma feminina. Veja alguns exemplos:
- **o cobra:** o mais inteligente
- **a cobra:** réptil
- **o lotação:** veículo usado para transporte coletivo
- **a lotação:** o número máximo de ocupantes de um local.

Número

A maior parte dos substantivos forma o plural com o acréscimo da letra **-s**. Observe:

> telha — telha**s**

Entretanto, o modo de formar o plural pode variar, dependendo da terminação das palavras. Veja:

○ substantivos terminados em **-r**, **-s** ou **-z** → acrescenta-se **-es**:

> radar — radar**es**   gás — gas**es**   noz — noz**es**

○ substantivos terminados em **-l**, precedidos de **a**, **e**, **o**, **u** → substitui-se **-l** por **-is**:

> jornal — jorna**is**   papel — papé**is**
> lençol — lençó**is**   paul — pau**is**

> Atenção: **-il** (oxítonas): can**il** — can**is**; fuz**il** — fuz**is**
> **-il** (paroxítonas): projét**il** — projét**eis**; répt**il** — répt**eis**

○ substantivos terminados em **-ão** → substitui-se **-ão** por **-ãos**, **-ães** ou **-ões**:

> m**ão** — m**ãos**   p**ão** — p**ães**   mam**ão** — mam**ões**

○ substantivos terminados em **-zito**, **-zinho** → pluralizam-se a palavra-base e a terminação:

> anel**zinho** — an**ei**zinho**s**   limão**zinho** — lim**õe**zinho**s**

○ substantivos paroxítonos terminados em **-s** e **-x** → são invariáveis:

> o pires — os pire**s**   o tóra**x** — os tóra**x**

Grau dos substantivos

Os substantivos apresentam dois graus de significação:

- **aumentativo:** meninão
- **diminutivo:** menininho

A gradação dos substantivos se realiza por dois processos:

- **analítico:** consiste em empregar, junto de um substantivo, uma palavra que indique aumento ou diminuição:

> animal **grande**   animal **pequeno**

- **sintético:** consiste em acrescentar ao substantivo uma partícula chamada **sufixo aumentativo** ou **sufixo diminutivo**:

> animal**aço**   animal**zinho**

No uso cotidiano da língua, o aumentativo sintético é feito quase exclusivamente com os sufixos **-ão** ou **-zão**: bur**ação**, pã**ozão**; e o diminutivo sintético, com os sufixos **-inho** ou **-zinho**: buraqu**inho**, pã**ozinho**.

Na norma-padrão, há outros sufixos formadores de aumentativo e diminutivo, como **-aço**, **-ázio**, **-isco**, **-ico**: bal**aço**, cop**ázio**, chuv**isco**, veran**ico**.

Oi, cabeção!

Há situações em que os sufixos aumentativos emprestam aos substantivos uma ideia de desproporção, de brutalidade, de desprezo, isto é, um valor pejorativo e depreciativo: "Ô, pezão, passa a bola!". Os sufixos diminutivos podem acrescentar uma ideia de carinho, ternura, prazer, desejo e também uma ideia negativa de troça, desprezo, ofensa: "Que menininha intrometida!". O sentido dado aos substantivos por esses sufixos depende sempre do contexto.

EXERCÍCIOS

Leia a seguir o trecho de uma notícia.

Em dezembro, tudo ganha um toque natalino

Com a chegada das festas, empreendedores investem em produtos personalizados para se destacar e atrair clientes

[...]

De acordo com as estimativas do Sindicato do Comércio Varejista do DF (Sindivarejista), o Natal e o capital que o 13º salário tende a injetar na economia da capital, provavelmente aumentarão em até 14% as vendas do comércio. [...]

[...] Conforme os representantes do Sindivarejista, Brasília terá o "Natal das lembrancinhas". Isso porque, mesmo com os impactos financeiros advindos da crise causada pela pandemia, o consumo não apresentou estagnação. [...]

Mesmo com as previsões positivas, há quem ainda fique com um pezinho atrás. [...]

Apesar de a comida ser sempre uma boa aposta para atrair clientes, os trabalhadores de outros setores também têm suas ferramentas para essa época do ano. [...]

(Disponível em: https://jornaldebrasilia.com.br/brasilia/em-dezembro-tudo-ganha-um-toque-natalino/. Acesso em: 5/3/2022.)

Monarexx/Shutterstock

1 A notícia trata de uma época específica do ano, o Natal. Segundo o trecho lido:

a) Quais eram as previsões dos varejistas para essa época do ano?

b) As pessoas envolvidas estavam confiantes nessas previsões? Justifique sua resposta com uma frase do texto.

2 Um substantivo foi empregado duas vezes no texto. Em uma delas na forma feminina e, na outra, em sua forma masculina.

a) Que palavra é essa?

b) Qual é o sentido dessa palavra em cada uma das ocorrências?

3 Releia estas frases:

> • "[...] Brasília terá o 'Natal das lembrancinhas'."
>
> • "[...] há quem ainda fique com um pezinho atrás."

a) Sabendo que o substantivo pode ser empregado nos graus diminutivo e aumentativo, deduza: Quais palavras dessas frases foram empregadas em um desses graus?

b) Troque ideias com os colegas e o professor: Que sentido é construído pelo emprego dos substantivos nesse grau nas frases em análise?

4 Agora, leia as frases a seguir, extraídas de outros trechos da mesma notícia:

I. "[...] em dezembro, o ambiente ganha espaço para algumas luzinhas e decorações um pouco mais 'frias'."

II. "Seguindo a linha das comidinhas natalinas está também outro café, com unidades na Asa Sul e Asa Norte."

III. "Acabamos deixando para os clientes escolherem, e ter algo geladinho junto com a rabanada casou muito bem."

a) Identifique um substantivo empregado no grau diminutivo em cada uma dessas frases.

b) Nas frases acima, qual sentido é construído pelo emprego dos substantivos no grau diminutivo?

5 Leia a lista de compras ao lado.

a) Observe que, na lista, há itens no plural e itens no singular. Deduza por que isso ocorre.

b) Antes das palavras **arroz**, **feijão**, **açúcar** e **manteiga**, podem ser inseridos termos indicativos de quantidades. Acrescente a esses itens, conforme for conveniente, os termos **quilo**, **pacote**, **pote**, **caixa**, antecedidos de numerais maiores que 1. Faça a concordância adequada.

UNIDADE 2 ▶ Capítulo 2 — 155

c) Considere estes nomes:

suco	leite
guardanapo	papel higiênico
água	produto de limpeza
verdura	fio dental

Imaginando que você incluiria esses itens em uma lista de compras, quais você escreveria no singular? E quais escreveria no plural? Justifique.

6 Reescreva as frases no caderno, empregando no plural os substantivos em destaque:

a) No interior ainda há casas com **quintal** e **pomar**.

b) Minha mãe prefere que eu coma **mamão**, **melão**, e não apenas **pão** e **pastel**.

c) O **cientista** estuda **tórax** bem desenvolvido.

d) Para entender a **questão**, era preciso ter **noção** de matemática.

7 Reescreva as frases no caderno, empregando no diminutivo e no plural os substantivos em destaque:

a) O **pardal** é um pássaro comum, mas bonitinho.

b) Comprei um **mamão** bem verde.

c) Adoro dormir em **lençol** de algodão.

d) Seu **coração** é muito bondoso.

8 Leia estes substantivos:

fazenda	forno	jogo	barba	rabo
mulher	corpo	porta	barca	fedor

Tente descobrir qual (ou quais) deles:

a) faz(em) o aumentativo com o sufixo **-aço/a**;

b) faz(em) o aumentativo com o sufixo **-ina**;

c) faz(em) o aumentativo com o sufixo **-alha**;

d) faz(em) o diminutivo com o sufixo **-ola**;

e) faz(em) o diminutivo com o sufixo **-icho/a**.

9 Leia esta frase:

Amorzinho, vem no meu colinho, vem!

Cite contextos diferentes em que essa frase pode ocorrer e nos quais o uso do diminutivo indique:

a) afetividade

b) ironia

O substantivo na construção do texto

Leia o texto:

Da paginação

Os livros de poemas devem ter margens largas e muitas páginas em branco e suficientes claros nas páginas impressas, para que as crianças possam enchê-los de desenhos — gatos, homens, aviões, casas, chaminés, árvores, luas, pontes, automóveis, cachorros, cavalos, bois, tranças, estrelas — que passarão também a fazer parte dos poemas...

(Mario Quintana. *Nova antologia poética*. São Paulo: Globo, 2007. p. 170.)

1 Considere o substantivo **paginação**, empregado no título do texto.

a) Qual das seguintes afirmações aplica-se a ele?
- Trata-se do aumentativo do substantivo **página**.
- Trata-se de palavra derivada do verbo **paginar**.
- Trata-se da forma masculina do substantivo **paginaçã**.

b) Deduza: Qual é o significado da palavra **paginação**? Se julgar necessário, consulte um dicionário.

2 O eu lírico do poema tem uma opinião sobre como deve ser a paginação dos livros de poemas.

a) Segundo ele, como devem ser as páginas desses livros?

b) Qual é a finalidade dessa paginação?

3 Releia este trecho:

"Os livros de poemas devem ter [...] suficientes **claros** nas páginas impressas [...]"

a) Qual é o sentido da palavra **claros**, no trecho? Se necessário, consulte o dicionário.

b) No trecho, a palavra **claros** foi empregada como substantivo. Justifique esse emprego.

c) Em que situações você costuma usar essa palavra no seu dia a dia?

4 Observe as palavras utilizadas no texto para nomear os desenhos que as crianças fariam.

a) A que essas palavras se referem?

b) Qual a classificação gramatical dessas palavras?

c) Levante hipóteses: Por que essas palavras estão flexionadas no plural?

5 Levando em consideração o contexto em que as palavras analisadas na questão anterior aparecem no texto, levante hipóteses e discuta com os colegas e o professor: Por que todas têm a mesma classificação gramatical?

6 Que outras coisas as crianças poderiam desenhar em um livro de poemas, além das mencionadas no texto?

UNIDADE 2 ▶ Capítulo 2 — 157

Semântica e discurso

Leia o anúncio:

1. Responda:

    a) Qual é o principal objetivo do anúncio?

    b) Quem é o anunciante?

    c) A quem o anúncio se dirige?

2. Sobre a parte não verbal do anúncio, responda:

    a) O que é retratado na imagem?

    b) Entre todos os itens, um destoa dos demais. Que item é esse e por que ele se destaca nesse contexto?

3. Releia o título da parte verbal:

    "O que é melhor: brincar de pega-pega, cabra-cega ou boia-fria?"

    a) O título contém três substantivos. Identifique-os e classifique-os.

    b) A forma verbal **brincar** está diretamente relacionada a dois desses substantivos. Quais são eles?

    c) Que forma verbal poderia ser relacionada ao substantivo **boia-fria**?

    d) É possível considerar que os dois substantivos apontados no item **b** representam uma mesma categoria e que o terceiro, apontado no item **c**, designa uma categoria diferente. Quais são essas duas categorias, entre as opções a seguir? Escreva-as no caderno.

    - sentimentos
    - brincadeiras
    - produtos
    - profissões
    - comportamentos

4. Releia estes trechos do texto verbal:

    "[...] um milhão de meninos e meninas trocaram os estudos pelo trabalho."

    "O UNICEF ajuda a levar essas crianças e adolescentes de volta às salas de aula."

    a) Levante hipóteses: Por que o texto utiliza os termos **meninos** e **meninas** no primeiro trecho?

    b) Quais termos do segundo trecho retomam **meninos** e **meninas**? Qual é a particularidade de cada um desses termos quanto ao gênero?

De olho na escrita

Divisão silábica

Leia o texto a seguir e responda às questões 1 e 2.

Chamar a atenção de um filho depois que ele fez algo errado é quase uma arte. Você não pode ser estúpida, mas não pode manter o mesmo tom. Papo é papo, bronca é bronca [...].

Mãe quando precisa dar bronca em filho tem que mudar a entonação, colocar acento onde não há, soletrar as palavras e falar por sílabas. Sentia cheiro de batata assando quando minha mãe me chamava de Mi-le-nê, pausadamente, sílaba por sílaba. Até hoje sinto calafrios quando minha mãe coloca a tonicidade na última sílaba do meu nome. E se vinha o nome completo, então… Era uma saraivada na certa!

(Disponível em: https://diiirce.com.br/contar-ate-10/. Acesso em: 6/3/2022.)

1 Segundo o texto, as mães devem utilizar algumas estratégias quanto ao modo de falar quando vão dar bronca nos filhos.

  a) Quais são essas estratégias?
  b) Identifique quais estratégias, entre as apontadas no texto, são usadas em "Mi-le-nê".

2 Levante hipóteses: Por que as palavras **estúpida**, **soletrar**, **calafrios** e **última** estão divididas por hífen?

3 Leia este poema, de Elias José:

Zigue-zague

A palavra ZIGUE-ZAGUE
se estica
  se encolhe,
    se mexe,
      se acerta
        se
          en
            tor
              ta.
E remexe.
E parece que dança pagode
  ou que é mesmo
    uma roqueira.

(*Pequeno dicionário poético-humorístico ilustrado*. São Paulo: Paulinas, 2006. p. 104.)

a) Qual é o tema do poema?

b) O poema explica a palavra **zigue-zague** da mesma maneira que um dicionário?

c) Além de dispor os versos de um modo especial, o poema apresenta a palavra **entorta** separada em sílabas, e cada sílaba forma um verso. O que o poeta quis mostrar com isso?

A separação de sílabas em textos, apesar de ter sido praticamente eliminada na editoração eletrônica, ainda é usual nas publicações impressas. Além disso, quando escrevemos um texto, é comum algumas palavras não caberem inteiras no espaço disponível na largura da folha de papel. Quando isso ocorre, é preciso separar as palavras em sílabas, como acontece no primeiro texto da página anterior.

A divisão de palavras em sílabas, além de ser usada em final de linhas, pode, em alguns contextos, criar efeitos de sentido, como ocorre nos dois textos lidos.

Ao dividir uma palavra em sílabas, devemos nos lembrar de situações em que pode e em que não pode ocorrer separação.

Separam-se:

○ os hiatos:

> re - al - men - te   po - lu - í - do   sa - í - da
> ra - i - nha   per - do - o

○ os dígrafos **rr**, **ss**, **sc**, **sç**, **xc** e os encontros consonantais **cc** e **cç**:

> ar - ra - sar   pas - sa - do   flo - res - cer   des - ça
> ex - ce - ção   oc - ci - pi - tal   suc - ção

○ as consoantes não seguidas de vogal:

> pac - to   af - ta

Nunca se separam:

○ os ditongos e os tritongos:

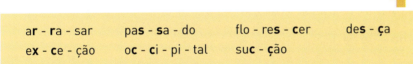

> re - fú - gio   mui - to   Pa - ra - guai

○ os dígrafos **lh**, **nh**, **ch**, **qu**, **gu**:

> pa - lha - ço   ri - so - nho   chu - va
> co - que - lu - che   gue - to

○ os encontros consonantais constituídos de consoante + **r** e consoante + **l**:

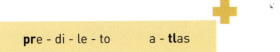

> pre - di - le - to   a - tlas

UNIDADE 2 ▶ Capítulo 2

EXERCÍCIOS

1 Leia esta tira, de Fernando Gonsales:

(*Folha de S.Paulo*, 1/6/2013.)

a) No 1º quadrinho da tira, a palavra **incríveis** aparece dividida em sílabas. Que efeito essa divisão da palavra cria no texto?

b) Pelo contexto do 1º quadrinho, o leitor é levado a supor que o personagem tem qual profissão? Essa hipótese se confirma no 2º quadrinho?

2 Em cada grupo de palavras a seguir, há uma que apresenta separação silábica inadequada. Indique essa palavra e refaça sua separação silábica.

a) tá-bua — lo-u-sa — pá-tio — sé-rie

b) sa-í-da — sa-ú-de — voo — le-em

c) ap-to — psi-có-lo-go — im-pa-cto — ab-dô-men

d) sub-li-nhar — acla-rar — a-tro-pe-lar — flau-ta

e) car-re-ta — ex-ces-so — de-scer — te-lha-do

Para escrever com adequação

O diálogo

Leia a fábula a seguir, observando o modo como o texto está organizado na página.

Os animais e a peste

Em certo ano terrível de peste entre os animais, o leão, mais **apreensivo**, consultou um **mono** de barbas brancas.

— Esta peste é um castigo do céu — respondeu o mono — e o remédio é **aplacarmos** a cólera divina sacrificando aos deuses um de nós.

— Qual? — perguntou o leão.

— O mais carregado de crimes.

O leão fechou os olhos, concentrou-se e, depois duma pausa, disse aos súditos reunidos em redor:

— Amigos! É fora de dúvida que quem deve sacrificar-se sou eu. Cometi grandes crimes, matei centenas de veados, devorei inúmeras ovelhas e até vários pastores. Ofereço-me, pois, para o sacrifício necessário ao bem comum.

A raposa adiantou-se e disse:

— Acho conveniente ouvir a confissão das outras feras. Porque, para mim, nada do que Vossa Majestade **alegou** constitui crime. Matar veados — desprezíveis criaturas; devorar ovelhas — mesquinhos bichos de nenhuma importância; trucidar pastores — raça vil merecedora de extermínio! Nada disso é crime. São coisas até que muito honram o nosso virtuosíssimo rei leão.

Grandes aplausos abafaram as últimas palavras da **bajuladora**, e o leão foi posto de lado como impróprio para o sacrifício.

Apresenta-se em seguida o tigre e repete-se a cena. Acusa-se ele de mil crimes, mas a raposa prova que também o tigre era um anjo de inocência.

E o mesmo aconteceu com todas as outras feras.

Nisto chega a vez do burro. Adianta-se o pobre animal e diz:

— A consciência só me acusa de haver comido uma folha de couve da horta do senhor vigário.

Os animais entreolhavam-se. Era muito sério aquilo. A raposa toma a palavra:

— Eis, amigos, o grande criminoso! Tão horrível o que ele nos conta, que é inútil prosseguirmos na investigação. A vítima a sacrificar-se aos deuses não pode ser outra, porque não pode haver crime maior do que furtar a sacratíssima couve do senhor vigário.

Toda a bicharada concordou e o triste burro foi unanimemente eleito para o sacrifício.

Aos poderosos, tudo se desculpa; aos miseráveis, nada se perdoa.

(Monteiro Lobato. *Fábulas*. São Paulo: Brasiliense, 1962. p. 91.)

---

alegar: justificar, argumentar.
aplacar: enfraquecer, abrandar.
apreensivo: preocupado, receoso.
bajulador: aquele que enaltece alguém para obter vantagens; adulador.
mono: designação dada aos macacos em geral.

1 A fábula está organizada em parágrafos. Quantos parágrafos há nela?

2 Nos textos narrativos, há geralmente várias vozes. Uma é a do narrador, que conta a história, e as outras são dos personagens, que conversam entre si. Identifique de quem é a voz nos seguintes trechos:

a) "— A consciência só me acusa de haver comido uma folha de couve da horta do senhor vigário."

b) "— Acho conveniente ouvir a confissão das outras feras."

c) "Toda a bicharada concordou e o triste burro foi unanimemente eleito para o sacrifício."

3 Observe, na fábula, o diálogo entre os animais.

a) Que sinal de pontuação indica o início da fala de cada personagem?

b) Para indicar quem está falando, o narrador emprega alguns verbos, como **dizer**, presente neste trecho: "A raposa adiantou-se e **disse**". Identifique no texto outros verbos que marcam a fala dos personagens.

Você observou na fábula lida que, quando se reproduz um diálogo entre personagens, usa-se o **travessão** para indicar a fala de cada um deles.

Para marcar a fala dos personagens, empregam-se verbos como **falar**, **dizer**, **responder**, **retrucar**, **exclamar**, **interrogar**, **indagar**, entre outros.

Esses verbos podem aparecer:

- **antes** da fala do personagem:

"A raposa adiantou-se e **disse**:
— Acho conveniente ouvir a confissão das outras feras. [...]"

Nesse caso, depois do verbo são empregados **dois-pontos** (:) e a fala do personagem aparece na linha seguinte, iniciada por travessão.

- no **meio** da fala do personagem:

"— Esta peste é um castigo do céu — **respondeu** o mono — e o remédio é aplacarmos a cólera divina sacrificando aos deuses um de nós."

Nesse caso, o trecho que contém o verbo aparece separado da fala por dois travessões.

- **depois** da fala do personagem:

"— Qual? — **perguntou** o leão."

Nesse caso, o trecho que contém o verbo aparece separado da fala por um travessão.

Costuma-se empregar travessões também com a finalidade de destacar conclusões. Na fábula lida, esse emprego aparece na fala da raposa, no trecho "Matar veados — desprezíveis criaturas; devorar ovelhas — mesquinhos bichos de nenhuma importância; trucidar pastores — raça vil merecedora de extermínio!".

EXERCÍCIO

Leia esta história em quadrinhos, de Ziraldo:

(*As melhores tiradas do Menino Maluquinho*. São Paulo: Melhoramentos, 2000. p. 92.)

○ No caderno, reproduza em forma de diálogo a fala dos personagens da história. Para isso, empregue travessões e verbos como **dizer**, **perguntar**, **indagar**, **responder**. Escreva um parágrafo inicial contando brevemente como os personagens se encontraram, em que lugar estão, etc. E escreva outros para explicar o que ocorre no decorrer da história.

PRODUÇÃO DE TEXTO

História em quadrinhos (II): construção e recursos expressivos

Nas histórias em quadrinhos, conforme já vimos, geralmente as linguagens verbal e visual estão associadas. A linguagem verbal costuma aparecer nos balões, nas legendas (ou letreiros), nas onomatopeias e nas interjeições.

Leia esta tira:

(Lucas Lima. *Nicolau — Primeiras histórias*. Araraquara, SP: Junqueira&Marin, 2007. p. 40.)

1. Observe o 1º quadrinho.
   a) O que representa o desenho que aparece no balão de fala do personagem? O que esse desenho indica no quadrinho?
   b) Pelo comportamento do menino, o que podemos deduzir: ele domina a prática do *skate* ou ainda está aprendendo a praticar esse esporte? Justifique sua resposta.

2. No 2º quadrinho, o menino vê um vaso com um cacto e grita "AH!".
   a) Essa palavra é uma interjeição ou uma onomatopeia?
   b) De acordo com o contexto, o que ela exprime?

3. No 3º quadrinho, aparecem as seguintes palavras: POU!, CRÁS! e BLOFT!.
   a) O que cada uma delas exprime?
   b) Qual é o nome desse tipo de palavra?

4. No último quadrinho:
   a) O balão contém a fala ou o pensamento do personagem?
   b) Que relação há entre a acupuntura e o que aconteceu com o personagem?

Os balões

O balão é um elemento característico dos quadrinhos. Ele contém texto ou imagens, sinais de pontuação ou símbolos e muda de formato dependendo do que se deseja expressar: as falas, os pensamentos ou as emoções (surpresa, alegria, raiva, medo, cansaço, etc.) dos personagens.

Há vários formatos de balão. Os mais comuns são o balão-fala, que apresenta todo o contorno em linha contínua, e o balão-pensamento, que apresenta o rabicho em forma de pequenas bolhas. Mas existem outros tipos, como o balão-cochicho, feito com linhas pontilhadas ou tracejadas, que transmite a ideia de que o personagem está falando baixinho, e o balão-grito, que geralmente tem o contorno tremido e traduz irritação, espanto, horror.

Veja os exemplos:

○ balão-fala

○ balão-grito

○ balão-pensamento

○ balão-pensamento/balão-imagem

(Caulos. *Só dói quando eu respiro*. Porto Alegre: L&PM, 2001. p. 16.)

- balão-uníssono

(Disponível em: www1.folha.uol.com.br/folhinha/quadri/qa07020401.htm. Acesso em: 6/3/2022.)

- balão-transmissão

(Disponível em: www1.folha.uol.com.br/ilustrada/cartum/cartunsdiarios/#19/8/2013. Acesso em: 20/10/2017.)

- balão-cochicho

(Mauricio de Sousa. *Cascão*, n. 27, p. 44.)

No texto dos balões, usa-se em geral letra de fôrma maiúscula, que aparenta ser desenhada à mão. Seu tamanho e sua cor ou forma podem variar, como recurso usado pelo desenhista para traduzir situações ou expressões que fogem do comum, como um tom de voz mais alto ou mais baixo, irritação e choro. Veja os exemplos:

(Mauricio de Sousa. *Almanacão de férias*, n. 23, p. 50.)

(*Idem*, p. 153.)

EXERCÍCIOS

1 Observe o cenário, a expressão do rosto e os movimentos do corpo da personagem dos quadrinhos a seguir. Depois, no caderno, crie balões para cada quadrinho. Procure fazer balões de diferentes tipos e usar letras maiúsculas de formato variado. Lembre-se de que a linguagem empregada nos quadrinhos é informal, semelhante à que usamos no dia a dia, e que as frases costumam ser curtas. Se quiser, crie onomatopeias também. Quando terminar, compare seus balões com os dos colegas.

(Disponível em: www1.folha.uol.com.br/ilustrada/cartum/cartunsdiarios/#19/8/2013. Acesso em: 20/10/2017.)

2 Nos quadrinhos a seguir, os balões estão vazios. No caderno, crie o diálogo entre os personagens, de acordo com a sequência dos desenhos, observando, antes, a expressão do rosto e os movimentos deles.

Quando terminar, compare o diálogo que você criou com os diálogos criados pelos colegas.

Tempo e lugar

Nas histórias em quadrinhos, o tempo e o lugar costumam ser indicados pela própria imagem. Na tira a seguir, por exemplo, as diferentes cores de fundo indicam a passagem do dia para a noite.

(Mauricio de Sousa. *Chico Bento*, n. 40, p. 82.)

A legenda

Algumas histórias apresentam quadrinhos com legenda. Trata-se de um pequeno texto que descreve algum fato ou apresenta alguma informação, geralmente relacionada com o início da história ou com a ligação entre um quadrinho e outro. Na tira abaixo, há legenda no 1º quadrinho. Observe que a legenda apresenta a personagem e indica o que ela está fazendo.

(Fernando Gonsales. *Níquel Náusea*. Disponível em: www2.uol.com.br/niquel/. Acesso em: 20/10/2017.)

A legenda pode também caracterizar um personagem, indicar tempo, lugar e outras informações sobre a história. A legenda do quadrinho abaixo, por exemplo, caracteriza o personagem Hércules, grande herói da mitologia grega.

(Denise Ortega. *Os doze trabalhos de Hércules em quadrinhos*. 2. ed. Adaptado da obra de Monteiro Lobato. Ilustrações de Luiz Padovin. São Paulo: Globo, 2012. p. 5.)

As onomatopeias e as interjeições

As onomatopeias, nas histórias em quadrinhos, acrescentam sonoridade às imagens. É comum a utilização de diferentes onomatopeias para expressar o ruído de um mesmo fenômeno (**Pou!**, **Bonc!**, **Tum!**, **Tóim!**, para socos, batidas) ou uma única para expressar o som de várias coisas (**Trimmm**, para toque de telefone, de despertador ou de campainha).

As interjeições também aparecem em grande número nas histórias em quadrinhos. Têm o papel de expressar emoções, por exemplo: Viva! (felicitação); **Ai!**, **Ui!** (dor); **Coragem!**, **Eia!** (animação); **Arre!**, **Irra!** (impaciência); **Ó!**, **Olá!**, **Alô!**, **Psiu!**, **Psit!** (apelo ou chamamento).

Tanto as onomatopeias quanto as interjeições costumam vir acompanhadas de ponto de exclamação.

(Ziraldo. *Todo Pererê*. São Paulo: Moderna, 2003. v. 2, p. 62.)

✚ Heróis dos quadrinhos NO CINEMA

Muitos personagens saíram dos quadrinhos e foram para as telas de cinema. Esse é o caso, por exemplo, de Batman, Super-Homem, Flash Gordon, Dick Tracy, Capitão América, Fantasma, Homem-Aranha. Outros nasceram no cinema e passaram posteriormente para os quadrinhos, onde vivem novas aventuras. Entre esses estão Tarzan, Rafles, os *cowboys* Tom Mix e Roy Rogers. A mudança de uma linguagem para outra — dos quadrinhos para filmes e desenhos animados, e vice-versa — é muito comum, e esses personagens têm conquistado um público cada vez maior.

EXERCÍCIOS

1 Há, a seguir, algumas frases, onomatopeias e interjeições. Imagine situações em que elas podem ser empregadas e, no caderno, desenhe as cenas e os personagens que você imaginou. Lembre-se de contorná-las por balões, quando for o caso, e de fazer letras de diferentes formas e tamanhos.

a) Oba!!! Consegui!!!

b) Puff! Puff! Puff!!... Não aguento mais!

c) Tchibum!!

d) Toc! Toc! Toc!

e) Oh! Não! Você de novo?!

f) Blim! Blom!

2. Em grupo, escolham uma das seguintes atividades de produção de cartazes. Para desenvolvê-la, tenham em mãos um bom número de gibis velhos, tesoura, cola, cartolina, canetas pretas e coloridas.

a) Recortem quadrinhos com onomatopeias e interjeições. Colem os quadrinhos em uma cartolina e, ao lado ou embaixo deles, identifiquem o som ou ruído expressos pelas onomatopeias e os estados emocionais revelados pelas interjeições.

b) Recortem quadrinhos com balões de formatos variados. Colem-nos em uma cartolina indicando o nome de cada um: balão-fala, balão-pensamento, balão-uníssono, balão-grito, balão-sussurro, etc.

c) Recortem um bom número de personagens, ou os personagens preferidos do grupo, e colem-nos em uma cartolina. Ao lado ou embaixo de cada personagem, escrevam um pequeno texto sobre ele, informando o nome, a revista à qual pertence, as características mais marcantes, quem são os amigos dele, qual é seu bicho de estimação inseparável, quais são seus poderes, etc.

Depois de prontos, deem títulos aos cartazes de acordo com o tema trabalhado e guardem-nos para a mostra **Quadrinhos: eu também faço!**, que será realizada no capítulo **Intervalo** desta unidade.

Agora é a sua vez

Ao final desta unidade, você participará da **Mostra de quadrinhos** que vai apresentar ao público a produção de histórias em quadrinhos e de resenhas da turma. Para isso, é necessário produzir mais histórias em quadrinhos.

Sob a orientação do professor, formem grupos e desenvolvam uma ou mais histórias em quadrinhos de acordo com as propostas a seguir:

1. Releiam o texto "Mau menino", de Antonio Prata, do início deste capítulo, selecionem as passagens mais importantes e criem uma história em quadrinhos a partir delas.

2. Criem uma história em quadrinhos sobre o tema que quiserem, empregando os recursos que aprenderam neste capítulo.

3 A história em quadrinhos a seguir, de Mauricio de Sousa, foi criada sem diálogos. Recriem a história, inserindo balões de pensamento ou de fala. Se quiserem, modifiquem alguma situação ou acrescentem situações novas.

(*Cascão*, n. 90, Editora Globo.)

Planejamento do texto

- Planejem as situações que vocês pretendem desenvolver na história. O número de quadrinhos deve ser igual ao das situações.
- Imaginem os personagens que farão parte da história: crianças, adolescentes, adultos.
- Criem a história: Como ela vai se iniciar? Haverá um conflito? Que situações serão mostradas?
- No caderno ou em uma folha de papel sulfite, desenhem os quadrinhos e as cenas da história.
- Empreguem recursos variados: diferentes tipos de balão, letras de tamanhos e/ou tipos diferentes, cores, onomatopeias e interjeições.
- Criem legendas, se necessário.
- Os desenhos e os diálogos devem se completar, formando um todo significativo.
- Deem um título à história e o coloquem no 1º quadrinho, indicando o nome do grupo ou dos autores.
- Utilizem nas falas e/ou pensamentos uma linguagem menos ou mais formal, de acordo com o perfil dos personagens e a situação.

Revisão e reescrita

○ Antes de finalizar a produção da história em quadrinhos, façam a revisão e a reescrita do texto, seguindo as orientações que estão na página 137, no capítulo anterior.

○ Combinem com o professor o suporte que será utilizado: cartolina ou folhas de papel sulfite, por exemplo, ou outro tipo de papel. Refaçam os desenhos, os balões e as falas, incluindo as onomatopeias, e pintem os quadrinhos.

Finalizado o trabalho, guardem a história em quadrinhos para expor na mostra **Quadrinhos: eu também faço!**, que será montada no capítulo **Intervalo**.

DIVIRTA-SE

(Disponível em: https://m.facebook.com/Ascronicasdewesley/photos/a.1406330552936646/2855858254650528/?type=3&p=30. Acesso em: 5/3/2022.)

CAPÍTULO 3

Meus palpites

Quando somos pequenos, ninguém nos pergunta o que pensamos disso ou daquilo. Mas, à medida que vamos crescendo, vamos tendo nossas próprias opiniões acerca de tudo: dos livros que lemos, dos filmes e das animações a que assistimos, dos comportamentos de nossos amigos, das comidas que provamos, etc. E as pessoas que querem saber o que pensamos pedem até a nossa opinião. Será que crescer é isso?

Leia o texto a seguir.

Resenha Crítica — *Turma da Mônica: Laços*

Maio 5, 2019 por Valdir

O *Floquinho* desapareceu. Para encontrar seu cachorro de estimação, *Cebolinha* conta com a ajuda dos amigos **Cascão**, **Mônica** e **Magali** e, claro, um plano infalível. *Laços* é a primeira parceria entre os irmãos **Vitor** e **Lu Cafaggi** com a *Mauricio de Sousa Produções*.

graphic novel: romance gráfico, ou seja, história longa e elaborada — semelhante aos romances literários — produzida em quadrinhos. As narrativas são mais densas e complexas que as histórias em quadrinhos tradicionais.

Nessa *graphic novel* os irmãos Cafaggi reimaginam os personagens da **Turma da Mônica** com seus próprios traços, e nos levam junto em uma aventura cheia de emoção, lembranças e perigos. É uma ótima história capaz de fisgar o mais saudosista dos fãs da turminha, ao mesmo tempo em que consegue criar uma conexão com o leitor novato e não familiarizado com as histórias de **Mauricio de Sousa**.

Arte

A arte é realmente algo que salta aos olhos nessa HQ. Nada é por acaso, cada quadro, cada cor, cada expressão é intencional e serve para intensificar as emoções presentes na história.

Existem momentos inclusive em que as palavras se mostram desnecessárias, como é o caso da cena de abertura, onde vemos o pai de Cebolinha chegar em casa com uma caixa misteriosa. Todas as emoções necessárias estão presentes, o aconchego do lar da família Cebola, o momento instigante da chegada do novo integrante da família e o emocionante encontro entre o menino e seu futuro melhor amigo.

As cores são um espetáculo à parte, saltam aos olhos. Casam muito bem com os traços, ora delicados ora divertidos, e aumentam a tensão e as encrencas, bem como criam um ar mais intimista nos momentos necessários.

História

O roteiro não possui nenhum *plot twist* elaborado, é bem simples na verdade, mas é nessa simplicidade que se propõe que a história brilha. Logo no começo sentimos aquele ar de familiaridade com os personagens, com a ambientação, e todo o universo da história. Vemos mais um plano infalível do Cebolinha ir por água abaixo e eles devem correr de uma Mônica furiosa, mais um dia comum no Bairro do Limoeiro.

No decorrer da história temos relances e participações especiais de personagens clássicos dos gibis, como Titi, Xaveco e Maria Cascuda. O que corrobora com o ar familiar da trama. Referências à cultura nacional, como o pôster do Roberto Carlos, e à própria mitologia das histórias da Turma da Mônica estão presentes — como quando as crianças fogem dos valentões e caem do morro e todos, exceto Cebolinha, perdem os calçados, uma clara alusão ao fato de nos quadrinhos de Mauricio de Sousa ninguém usar sapatos, a não ser o menino.

Porém, com certeza, é nos detalhes e momentos mais íntimos que a *graphic novel* se sai melhor. Conseguindo passar a escala emocional e fortalecer o laço entre os personagens e entre o leitor e os personagens.

A Turma

Apesar de ser uma releitura dos personagens clássicos, a essência de cada um deles é mantida e muito bem trabalhada. Servindo, inclusive, de motor para o enredo em determinados momentos.

O Cebolinha é o menino dos planos, Cascão não gosta de tomar banho, Magali é esfomeada, e Mônica é irritadiça, mas tem um coração enorme. Todos são exatamente os mesmos de que nos lembramos e, mais, são uma turma unida; isso faz toda a diferença, pois quando o cão do menino some, é a turma quem dá o suporte para que ele não fique triste demais, e é a turma que se une para, juntos, encontrarem o cachorro.

Floquinho aqui não é só o *plot* do enredo, ele é o que une essas quatro crianças tão diferentes e os faz serem amigos em primeiro lugar.

Veredito

É uma história emocional e divertida. Que em breve vai ser adaptada para as telonas, e eu mal posso esperar para ver o resultado. E o nome cabe bem à obra, pois tudo se resume aos laços, criados e muito bem explorados.

Laços entre um menino e seu cachorro. Laços entre quatro amigos. Laços entre um leitor e personagens que fizeram parte de sua infância. Laços que vão durar para sempre.

(Disponível em: https://indutalks.com.br/resenha-critica-turma-da-monica-lacos/. Acesso em: 3/12/2021.)

plot: do inglês, o mesmo que enredo ou a parte principal do enredo.

plot twist: expressão usada na linguagem cinematográfica que significa uma reviravolta inesperada no enredo de um filme ou série, algo que muda completamente o final esperado da história.

ESTUDO DO TEXTO

Compreensão e interpretação

1. O texto lido é uma resenha crítica.
   a) Converse com os colegas e o professor e responda: O que é uma resenha crítica?
   b) Que objeto cultural é resenhado no texto lido?

2. O texto está organizado em uma introdução seguida de quatro partes.
   a) Que parágrafos formam a introdução?
   b) Quais são essas quatro partes? O que é abordado em cada uma delas?
   c) Em sua opinião, por que o texto foi organizado dessa forma?

3. Releia este trecho:

   "É uma ótima história capaz de fisgar o mais saudosista dos fãs da turminha, ao mesmo tempo em que consegue criar uma conexão com o leitor novato e não familiarizado com as histórias de **Mauricio de Sousa**."

   Considerando que a revista da Turma da Mônica foi criada em 1970, responda:
   a) Quem pode ser o "saudosista" a que o texto se refere?
   b) E quem é o leitor "não familiarizado"?
   c) Por que, segundo o texto, o livro deve interessar tanto aos saudosistas quanto aos não familiarizados?

4. Ao abordar os recursos artísticos da obra resenhada — quadros, expressões, cores —, o autor afirma que eles resultam em um efeito importante para o livro. Que efeito é esse?

5. Ao comentar a história, ou seja, o enredo, o autor destaca a simplicidade dele.
   a) De que forma o autor ilustra a simplicidade do enredo?
   b) Em que situações, segundo o autor, a obra alcança seus melhores momentos?

6. Na resenha, o autor afirma que a obra é uma releitura dos personagens clássicos de Mauricio de Sousa.
   a) Qual é o sentido da palavra **releitura** no contexto?
   b) Que aspecto o autor destaca nessa releitura?
   c) Por que esse aspecto é importante para a construção da história?

Releituras de MAURICIO DE SOUSA

Da mesma forma que os irmãos Cafaggi fizeram uma releitura dos personagens da Turma da Mônica, Mauricio de Sousa também fez várias releituras de pinturas importantes de todo o mundo. Essas releituras foram publicadas na obra *História em quadrões*, em dois volumes, e chegaram a ser expostas em museu. Entre elas, a releitura de *Mona Lisa*, de Leonardo da Vinci.

Mônica Lisa, de Mauricio de Sousa.

Mona Lisa, de Leonardo da Vinci.

7 A última parte do texto se chama *Veredito*, que é um termo usado frequentemente no meio jurídico.

a) O que é o veredito em um julgamento, no tribunal?

b) E o que é o veredito de uma resenha crítica?

c) O veredito atribuído pelo autor da resenha à obra analisada é positivo ou negativo? Justifique sua resposta com elementos do texto.

d) Depois de ler a resenha, você ficou interessado em ler a obra resenhada? Por quê? Que parte da resenha chamou mais a sua atenção?

A linguagem do texto

1 Na frase "A arte é realmente algo que salta aos olhos nessa HQ", qual é o sentido da expressão "salta aos olhos"?

2 No trecho:

"Apesar de ser uma releitura dos personagens clássicos, a essência de cada um deles é mantida e muito bem trabalhada. Servindo, inclusive, de motor para o enredo em determinados momentos."

Qual é o sentido da expressão "motor para o enredo"?

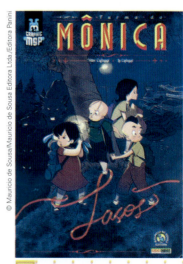

Capa do livro *Laços*.

Cruzando linguagens

Assista ao filme *Turma da Mônica — Lições*, baseado nas histórias da Turma da Mônica, de Mauricio de Sousa, e dirigido por Daniel Rezende.

1 Como nas histórias em quadrinhos, os roteiros de cinema também fazem uso da estrutura clássica das narrativas: apresentação inicial, surgimento e desenvolvimento de um conflito, clímax e desfecho.

a) O que os personagens da Turma da Mônica estão fazendo nas cenas iniciais, ou seja, na apresentação da narrativa?

b) Como os personagens se saem em suas ações? Quais são as razões?

2 Em poucos minutos de filme, surge o **conflito**, que vai gerar dificuldades e desafios para os personagens, principalmente para a Mônica. Qual é o conflito?

3 Os pais da Mônica decidem matricular a filha em outra escola. Mudança de escola e afastamento do grupo de amigos são sempre desafios para qualquer criança.

a) Como Mônica se sente na escola nova? Por quê?

b) Durante esse afastamento, os personagens da Turma conseguem fazer novos amigos? Justifique sua resposta.

c) E você, já passou pela experiência de mudar de escola? Como se sentiu? Quais foram as principais dificuldades? Compartilhe com os colegas.

4 O filme abre discussão sobre os **desafios** que precisamos superar para crescer. Durante as atividades à tarde, os personagens começam a se transformar.

a) O que Cebolinha precisava superar? O que ele passou a fazer?

b) E Cascão, o que ele precisava superar? O que ele passou a fazer?

c) E Magali, o que ela precisava superar? Qual é a nova atividade dela?

d) E Mônica, o que ela precisava superar?

5 O filme retrata cenas de prática de *bullying* nas duas escolas que aparecem na história.

a) O que os praticantes de *bullying* tinham em comum?

b) Você acha que os praticantes de *bullying* tinham problemas de inclusão? Se sim, por que você acha que isso acontecia?

c) Você já sofreu *bullying* ou já testemunhou a prática de *bullying* contra alguém? Compartilhe essa experiência com os colegas.

6 Os personagens da Turma da Mônica estão vivendo uma fase de transição entre a infância e a adolescência.

  a) Que idade você imagina que eles tenham no filme?

  b) Qual é a visão da mãe da Mônica sobre essa fase?

  c) Qual é a visão da personagem Tina sobre crescer?

7 O filme também aborda a questão do **ciúme** entre amigos.

  a) Ao mudar de escola, Mônica sente ciúme dos amigos? Justifique sua resposta.

  b) O que os personagens Tina e Rolo ensinam a Mônica a respeito do ciúme?

8 Com o acidente da Mônica e as acusações mútuas, os pais da menina e do Cebolinha acabam se desentendendo. Assim, a Turma abandona os ensaios da peça *Romeu e Julieta*.

  a) Que iniciativa Mônica toma ao ouvir os conselhos de Tina?

  b) Que surpresa os pais dos personagens da Turma têm no Festival do Limoeiro?

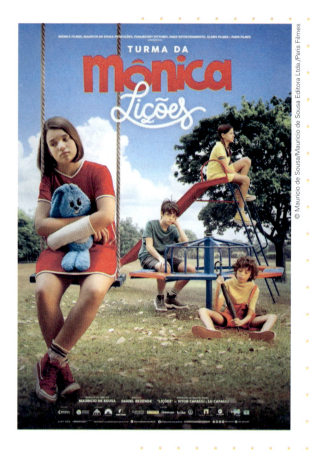

9 Durante a encenação da peça, os pais percebem algumas mudanças em seus filhos.

  a) Que mudanças Mônica apresentou?

  b) E Cebolinha?

  c) E Magali?

  d) E Cascão?

  e) Troque ideias com os colegas e o professor: Essas mudanças podem ser vistas como sinais de crescimento e maturidade dos personagens?

10 No final do filme, ficam algumas questões para todos os espectadores refletirem. Troque ideias com os colegas:

  a) Que importância tem a amizade para você?

  b) Qual é a importância da inclusão de pessoas novas e diferentes em um grupo?

  c) Você acredita que é possível a gente crescer e manter nosso lado criança? Como você imagina que seja isso na fase adulta?

11 No final da história, os pais das crianças também mudam. Na última cena da festa, eles deixam o lado criança deles vir à tona? Explique.

12 Qual é a conclusão do filme sobre ser criança e ser adulto?

13 Compare o texto de abertura deste capítulo, a resenha crítica da *graphic novel Turma da Mônica — Laços*, e o filme *Lições*.

a) O que os dois têm em comum?

b) O que eles têm de diferente?

Trocando ideias

1 O nome da obra resenhada é *Turma da Mônica — Laços*.

a) O que são **laços**, no sentido figurado?

b) Com quais pessoas você criou ou tem criado laços fortes?

2 No final da resenha lida, lemos:

"E o nome cabe bem à obra, pois tudo se resume aos laços, criados e muito bem explorados.

Laços entre um menino e seu cachorro. Laços entre quatro amigos. Laços entre um leitor e personagens que fizeram parte de sua infância. Laços que vão durar para sempre."

a) É possível criar laços com um animal de estimação? Dê exemplos.

b) E com personagens de histórias em quadrinhos, de livros e de filmes, também podemos estabelecer laços? Se sim, com qual personagem você mantém laços? Conte para os colegas.

3 O nome do filme a que vocês assistiram é *Turma da Mônica — Lições*.

a) Os personagens do filme tiveram algum tipo de lição? Explique.

b) Cite um dos adultos que aprendeu uma lição. Justifique sua resposta.

A LÍNGUA EM FOCO

Análise linguística: intertextualidade

Você viu, nos capítulos anteriores, que é comum textos dialogarem com outros. Assim, um conto da atualidade, como "Felizes quase sempre", pode apresentar personagens de contos clássicos, como princesas e heroínas; um poema, como "Sem barra", pode brincar com a história de uma fábula; uma história em quadrinhos, como "Lúcio em: Conta mais?", de Ziraldo, pode fazer referência direta a contos clássicos; e um filme pode recontar, com outra linguagem, a história de uma *graphic novel* como *Turma da Mônica — Laços*.

Leia agora o seguinte texto, de Antonio Prata:

Poesia, atualizações

[...]
No meio do caminho tinha um post
tinha um post no meio do caminho
tinha um post
no meio do caminho tinha um post

Nunca me esquecerei desse acontecimento
na vida de minhas retinas tão fatigadas
Nunca me esquecerei que no meio do caminho tinha um post
tinha um post no meio do caminho
no meio do caminho tinha um post.

Lutar com comments
é a luta mais vã
Entanto lutamos
mal rompe a manhã.
[...]

(Disponível em: www1.folha.uol.com.br/colunas/antonioprata/2017/05/1881773-poesia-atualizacoes.shtml. Acesso em: 13/05/2022.)

1 A imagem que acompanha o texto retrata o poeta Carlos Drummond de Andrade, um dos nomes mais conhecidos da poesia brasileira. A propósito dessa imagem, responda:

a) O que ela representa? Qual sentido é construído por meio da foto do poeta nesse contexto?

b) Observe a foto menor, acima, à esquerda, e a foto maior, central. Qual é a diferença entre elas? O que essa diferença representa?

2 Levante hipóteses: Qual é a relação entre a imagem e o título do texto?

Leia, a seguir, o poema "No meio do caminho", de Carlos Drummond de Andrade, e alguns versos do poema "O lutador", também desse poeta.

No meio do caminho

No meio do caminho tinha uma pedra
tinha uma pedra no meio do caminho
tinha uma pedra
no meio do caminho tinha uma pedra.

Nunca me esquecerei desse acontecimento
na vida de minhas retinas tão fatigadas.
Nunca me esquecerei que no meio do caminho
tinha uma pedra
tinha uma pedra no meio do caminho
no meio do caminho tinha uma pedra

O lutador

Lutar com palavras
É a luta mais vã.
Entanto lutamos
Mal rompe a manhã.
[...]

(*Antologia poética*. Edição organizada pelo autor. Rio de Janeiro: Record, 2000.)

3 Levante hipóteses e discuta com os colegas e o professor:

a) O que pode significar, na vida de uma pessoa, "uma pedra no meio do caminho"?

b) O que pode significar, na vida de um poeta, "lutar com palavras"?

c) As duas expressões referidas nos itens anteriores constituem uma figura de linguagem que você já estudou. Que figura é essa? Em que ela consiste, nas expressões?

4 Leia as seguintes afirmações a propósito das construções "No meio do caminho tinha uma pedra" e "No meio do caminho havia uma pedra". Depois, discuta com os colegas e o professor: Quais são verdadeiras? Quais são falsas? No caso das falsas, identifique em que consiste o erro que as afirmações apresentam.

- A construção "tinha uma pedra", em vez de "havia uma pedra", é um erro grave no português brasileiro e só é encontrada na fala de pessoas sem prestígio social.

- Tanto "tinha uma pedra" como "havia uma pedra" são construções do português do Brasil, e a primeira vem sendo cada vez mais utilizada pelos falantes brasileiros.

Caricatura de Carlos Drummond de Andrade.

- A ocorrência das duas construções no falar brasileiro ilustra o fenômeno da variação linguística e comprova que as línguas em uso não seguem regras imutáveis e inflexíveis; pelo contrário, elas estão em constante mudança e evolução.

- A existência das duas construções para dizer a mesma coisa acaba por confundir os falantes quanto ao próprio idioma, aumentando as dificuldades das pessoas em aprender o português correto.

5 Observe os substantivos **acontecimento** e **luta**, empregados, respectivamente, no primeiro e no segundo poemas.

a) Troque ideias com os colegas e o professor e deduza: Como se dá o processo de formação deles?

b) Como se classifica cada substantivo?

c) Forme substantivos a partir dos verbos **esquecer**, empregado no primeiro poema, e **romper**, empregado no segundo poema.

6 Compare o texto de Antonio Prata com os poemas de Drummond.

a) Quais substituições nos poemas de Drummond foram feitas por Antonio Prata?

b) De que idioma foram tomadas de empréstimo as palavras que Antonio Prata utilizou nas substituições? Quais são as palavras do português equivalentes a elas?

c) Esse uso de palavras estrangeiras faz parte de um fenômeno que é muito comum em todas as línguas. Que fenômeno é esse? Em que ele consiste?

d) Levante hipóteses e discuta com os colegas e o professor: Qual sentido as substituições feitas por Antonio Prata deu aos poemas de Drummond? Por que ele optou pelo uso de termos emprestados de outro idioma?

e) Conclua: Qual é a relação entre a imagem, o título do texto de Antonio Prata e as mudanças feitas nos versos de Drummond?

7 Conforme você verificou, o texto de Antonio Prata dialoga com dois poemas de Carlos Drummond de Andrade.

a) O que torna mais clara essa relação?

b) Você conhecia esses poemas de Drummond?

c) Discuta com os colegas e o professor e conclua: O texto de Antonio Prata tem o mesmo sentido para quem conhece e para quem não conhece os poemas de Drummond? Justifique sua resposta.

Sempre que produzimos um texto, temos em mente outros textos com os quais já tivemos contato, e eles podem nos influenciar, direta ou indiretamente. Ao diálogo resultante da influência, menos ou mais explícita, de um texto sobre outro, ou entre dois ou mais textos, chamamos **intertextualidade**.

EXERCÍCIOS

1 Releia a seguir o trecho inicial da resenha que você leu no início deste capítulo:

"O *Floquinho* desapareceu. Para encontrar seu cachorro de estimação, *Cebolinha* conta com a ajuda dos amigos *Cascão*, *Mônica* e *Magali* e, claro, um plano infalível. *Laços* é a primeira parceria entre os irmãos **Vitor** e **Lu Cafaggi** com a *Mauricio de Sousa Produções*.

Nessa *graphic novel* os irmãos Cafaggi reimaginam os personagens da **Turma da Mônica** com seus próprios traços, e nos levam junto em uma aventura cheia de emoção, lembranças e perigos. É uma ótima história capaz de fisgar o mais saudosista dos fãs da turminha, ao mesmo tempo que consegue criar uma conexão com o leitor novato e não familiarizado com as histórias de **Mauricio de Sousa**."

Na resenha em estudo são citados textos, autores e personagens de histórias.

a) Quais são eles?

b) Quais recursos gráficos são utilizados no texto para marcar essas referências?

Agora, compare o trecho lido com esta parte da quarta capa da *graphic novel Turma da Mônica — Laços*. Depois, responda às questões 2 e 3.

O Floquinho desapareceu. Para encontrar seu cachorro de estimação, Cebolinha conta com os amigos Cascão, Mônica e Magali e, claro, um plano "infalível". Em Laços, os irmãos Vitor e Lu Cafaggi levam os clássicos personagens de Mauricio de Sousa a uma aventura repleta de emoção, lembranças e perigos.

2 Que semelhança há entre a escrita dos dois trechos?

3 Observe como a palavra **infalível** foi escrita na resenha e na quarta capa e troque ideias com os colegas e o professor:

a) Qual a diferença entre as duas ocorrências?

b) Explique o efeito de sentido construído por essas duas formas em cada um dos textos.

c) Quem não conhece o texto da quarta capa é capaz de identificar que a parte inicial da resenha é uma citação? Que recurso o autor da resenha poderia ter utilizado para deixar mais clara essa referência?

Como você viu, a resenha crítica estudada explicita a relação intertextual que estabelece, utilizando termos em negrito e em itálico e mencionando os títulos e os nomes dos autores dos textos aos quais faz referência. A quarta capa, por sua vez, utiliza aspas para marcar que a palavra **infalível** remete a uma fala conhecida do personagem Cebolinha. Esses recursos podem ser adotados quando não se sabe se o interlocutor conhece a autoria do texto original. Também podem ser utilizados para reforçar o que é dito, pois, ao mencionar diretamente a voz de quem fez a afirmação, pode-se conferir mais credibilidade às ideias de um texto argumentativo, por exemplo.

Leia um trecho da crônica "Carta pro Daniel", de Antonio Prata.

> "[...] nós ficamos perdidos nisso pelo que me pareceram horas: eu aparecia numa ponta do túnel, você engatinhava até lá, eu corria pra outra, você vinha de novo.
>
> Quando me dei conta — não vou dizer que meus problemas tivessem sumido, que a tristeza houvesse passado, mas... —, eu estava, como diria o poeta, comovido como o diabo."

(Disponível em: www1.folha.uol.com.br/colunas/antonioprata/2016/04/1759346-carta-pro-daniel.shtml?loggedpaywall#_=_. Acesso em: 9/12/2021.)

4 Identifique a expressão que introduz a voz de outra pessoa no trecho lido.

5 Troque ideias com os colegas e o professor, faça uma breve pesquisa e conclua: Quem é essa outra pessoa e a qual texto o autor faz referência?

A **intertextualidade explícita** ocorre quando o texto no qual o novo texto se baseia é claramente mencionado, tal como é feito em citações, resumos, resenhas. A **intertextualidade implícita**, por sua vez, ocorre sem a citação expressa do texto no qual o novo texto se baseia. Esse é o caso, por exemplo, das paródias e alusões, nas quais cabe ao leitor identificar as fontes necessárias à construção de sentidos.

No texto "Poesia, atualizações", de Antonio Prata, a relação intertextual com os poemas de Carlos Drummond de Andrade é implícita, embora ela seja explicitada pela imagem que os acompanha. Já no trecho estudado da crônica "Carta pro Daniel", embora o autor explicite que faz uma citação, por meio do uso da expressão "como diria", ele não cita nominalmente Drummond, ele faz uma alusão, ou seja, uma menção vaga, inespecífica ao poeta; desse modo, quem não conhece o poema original perde a referência intertextual.

Na crônica, Antonio Prata faz referência implícita a Drummond citando o trecho "comovido como o diabo", que pertence a um verso do "Poema de sete faces", um dos textos mais conhecidos do poeta. O verso de Drummond encontra-se nesta estrofe do poema: "Eu não devia te dizer / mas essa lua / mas esse conhaque / botam a gente comovido como o diabo".

Observe a capa de revista a seguir.

(Disponível em: https://quartaparedepop.com.br/2019/07/11/turma-da-monica-lacos-filme-ja-foi-visto-por-mais-de-um-milhao-de-espectadores/. Acesso em: 22/3/2022.)

6 Troque ideias com os colegas e o professor e deduza:

　a) Qual é o título da revista e que tipo de conteúdo ela veicula?

　b) Há relação intertextual entre a revista e outros textos que você estudou neste capítulo. Identifique-os.

7 A capa da revista retrata muitos personagens.

　a) Quais deles você conhece?

　b) O que cada personagem retratado está fazendo?

　c) A que outra obra a capa explicitamente faz referência? Justifique sua resposta com elementos da imagem.

Compare as duas frases a seguir para responder às questões 8 e 9:

> "Como se faz um filme"
>
> "Celebrando o filme *Turma da Mônica — Laços*"

UNIDADE 2 ▷ Capítulo 3　189

8 Uma dessas frases contém um substantivo próprio.

   a) Identifique-o.
   b) O que ele nomeia?

9 As duas frases contêm um substantivo comum.

   a) Identifique-o.
   b) Compare as palavras que antecedem esse substantivo nas duas frases, troque ideias com os colegas e o professor e conclua: Qual é a diferença de sentido dessas duas palavras?

10 Leia as seguintes capas de livro e deduza: Com quais histórias os livros estabelecem relações intertextuais?

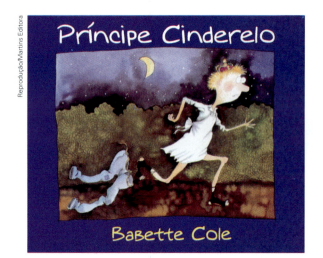
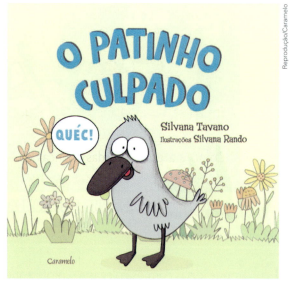
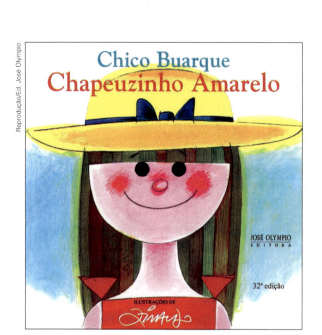
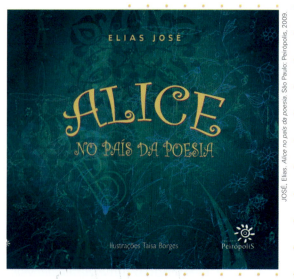

Leia o cartum a seguir e responda às questões 11 a 13.

(Fernando Gonsales. *Níquel Náusea*. Disponível em: http://www.niquel.com.br/cinema.shtml. Acesso em: 14/2/2022.)

11 A propósito do cartum, responda:

a) Em que lugar as crianças estão? Que evento está acontecendo nesse lugar? Justifique sua resposta.

b) Como é a expressão das crianças da esquerda? E da direita? Levante hipóteses: Por que as crianças estão assim?

c) Como é a expressão da criança do centro?

d) Que característica física da criança do centro faz com que ela destoe das demais?

12 Leia o boxe "Wolverine". Depois, responda:

a) Qual das crianças do cartum é Wolverine? Justifique sua resposta.

b) Nos filmes, Wolverine luta ao lado do bem ou do mal? No cartum, Wolverine é do bem ou do mal? Justifique sua resposta.

c) Explique como se dá a construção do humor no cartum.

13 Deduza: Considerando o aspecto intertextual do cartum, em qual dos itens abaixo ele seria catalogado em um *site*, por exemplo? Justifique sua escolha.

- tiras seletas
- tiras do baú
- cinema
- bagulhos

QUEM É WOLVERINE

O ator Hugh Jackman no papel de Wolverine, no cinema.

Wolverine é um personagem fictício dos quadrinhos dos anos 1970. Também conhecido como Logan, nas últimas décadas ganhou as telas de cinema. Aparece em quase todos os filmes da série *X-Men* e, embora tenha personalidade forte e estourada, integra a equipe de mutantes do bem. A principal particularidade do personagem é ser um mutante com grande poder de cura e regeneração. Seus ossos são constituídos por uma liga metálica e ele tem garras indestrutíveis, que saem de suas mãos.

PRODUÇÃO DE TEXTO

Resenha crítica: construção e recursos expressivos

No início deste capítulo, você leu uma **resenha crítica**, gênero textual também conhecido simplesmente como **crítica**. Agora, vamos conhecer mais a fundo esse gênero textual. Responda às questões a seguir:

1. A resenha lida no início deste capítulo foi publicada em um *site*.

    a) Além de *sites* e *blogs*, em que outros suportes e veículos a resenha crítica costuma ser veiculada?

    b) Quem são os produtores de resenhas críticas?

    c) Quem é o público consumidor?

2. Geralmente, as resenhas começam apresentando uma novidade, o lançamento do produto resenhado e a descrição de suas características. Na resenha lida, entretanto, o autor inicia de forma diferente, ele apresenta o **conflito** da narrativa de *Turma da Mônica — Laços*.

    a) Qual é o conflito dessa narrativa?

    b) Que efeito tem, para o leitor, transmitir essa informação logo no início do texto?

3. A resenha geralmente apresenta uma ficha técnica do produto analisado: informações sobre o autor, o fabricante ou produtor/editor e, eventualmente, enredo, atores, recursos, funções, etc. Na resenha lida, foram apresentadas algumas informações.

    a) Quem criou a obra que foi resenhada?

    b) Quem produziu a obra?

    c) Qual é o gênero da obra?

4 A resenha crítica tem uma estrutura relativamente livre, que pode variar muito. Apesar disso, geralmente ela apresenta **sequências descritivas**, que comentam como é o produto, e **sequências avaliativas**, nas quais o autor expressa seu julgamento ou sua avaliação sobre o produto, podendo ser negativa ou positiva.

Há, a seguir, um conjunto de trechos do texto. No caderno, marque **SD** quando o trecho for descritivo e **SA** quando ele for avaliativo.

- "A arte é realmente algo que salta aos olhos nessa HQ."
- "Para encontrar seu cachorro de estimação, Cebolinha conta com a ajuda dos amigos [...]."
- "É uma ótima história capaz de fisgar o mais saudosista dos fãs da turminha, ao mesmo tempo que consegue criar conexão com o leitor novato [...]."
- "Vemos mais um plano infalível do Cebolinha ir por água abaixo e eles devem correr de uma Mônica furiosa [...]."
- "No decorrer da história temos relances e participações especiais de personagens clássicos dos gibis [...]."
- "O roteiro [...] é bem simples na verdade, mas é nessa simplicidade que se propõe que a história brilha."

5 Nas resenhas, é comum o autor destacar o que ele considera ser as qualidades do objeto cultural em análise e também apresentar possíveis defeitos. Na resenha lida:

a) Foram apresentados defeitos da obra analisada?

b) Que aspectos foram destacados positivamente?

6 A resenha lida reproduz alguns trechos da obra resenhada. Qual é a função dessa reprodução?

7 Observe a linguagem utilizada na resenha estudada.

a) Ela está de acordo com a norma-padrão?

b) Em que tempo estão as formas verbais, predominantemente: no passado, no presente ou no futuro?

c) No texto, há termos técnicos relacionados ao objeto resenhado? Quais?

8 A resenha sempre expressa a opinião do crítico que avalia o objeto cultural. Nesse sentido, ela pode apresentar-se menos ou mais pessoal. É mais pessoal quando o autor se coloca no texto de forma explícita, empregando expressões como "A meu ver", **"**Eu acho que", "Eu penso que", **"**Para mim", etc.

a) Com base nesses dados, pode-se dizer que na resenha lida predomina a pessoalidade ou a impessoalidade na linguagem?

b) Que trecho do texto, entretanto, rompe com esse padrão?

UNIDADE **2** ▶ Capítulo 3

9 Com a orientação do professor, junte-se a alguns colegas e resumam as características básicas da resenha. Para isso, copiem o quadro a seguir no caderno e completem as lacunas de acordo com o que aprenderam sobre a resenha lida ou outras com as quais já tiveram contato.

Resenha: construção e recursos expressivos	
Quem são os leitores das resenhas?	
Qual é o objetivo desses textos?	
Onde eles circulam?	
Como é a linguagem da resenha?	
Como é a sua estrutura?	

A resenha nas mídias digitais

Você já assistiu a vídeos de pessoas que fazem resenhas? Na internet, os especialistas em resenhar livros são chamados de *booktubers*. Também há vídeos com resenhas sobre outros objetos culturais, como discos, filmes, quadrinhos, exposições, jogos, etc.

A fim de se prepararem para a produção de uma resenha em vídeo, formem grupos de trabalho e pesquisem na internet canais de resenhas de objetos culturais. Escolham um vídeo e façam uma análise. Orientem-se pelas perguntas a seguir. Anotem as respostas no caderno.

○ No início e no fim do vídeo, há uma vinheta, isto é, uma música que é a marca daquele canal?

○ Como o vídeo começa? O apresentador saúda o público?

- Como é o cenário do vídeo? Ele tem relação com o objeto cultural apresentado? Por exemplo, se o vídeo apresenta a resenha de um livro, no cenário há algo que faça menção a livros, como uma biblioteca ou pôsteres de escritores?
- A linguagem do apresentador é mais formal ou mais informal? Ela contém gírias? A linguagem que ele usa é clara, fácil de entender? Está de acordo com o perfil do público-alvo?
- Como é o tom do apresentador? Um tom mais cômico e engraçado, ou mais sério, ou irônico, ou sarcástico?
- O apresentador fala rápido ou de forma pausada? Sua fala contém variações na voz que tornam o vídeo mais atraente ou é monótona?
- De que forma ele apresenta o objeto cultural? Ele inicia falando do lançamento da obra ou procura chamar a atenção do espectador de outra forma?
- Aparecem imagens durante a apresentação? Elas cumprem um papel importante?
- O apresentador aponta aspectos negativos e positivos do objeto resenhado por meio de sequências descritivas e avaliativas? Ele fundamenta o ponto de vista dele com exemplos ilustrativos?
- De que forma o vídeo é finalizado? O apresentador se despede do público?

Agora é a sua vez

Ao final desta unidade, vocês vão participar da **Mostra de quadrinhos**, que vai apresentar ao público histórias em quadrinhos e resenhas produzidas pela turma. Para isso, vocês precisam produzir uma resenha em vídeo neste capítulo.

Planejamento do texto

- Selecionem um objeto cultural relacionado com o universo dos quadrinhos para fazer uma resenha que possa interessar a você, aos colegas e ao público da mostra. Pode ser uma *graphic novel*, uma revista em quadrinhos ou um mangá, por exemplo.
- Preparem um roteiro para o vídeo. Antes de iniciar, procurem conhecer melhor o objeto cultural que será resenhado. Para isso, leiam o material com atenção e pesquisem mais a respeito. Pesquisem também sobre o autor dessa obra.
- Façam anotações que possam ajudar na descrição do objeto resenhado, por exemplo: anotem trechos interessantes, pensando na possibilidade de citá-los; ou anotem a fala de um personagem.
- Pensem no público para o qual vão produzir o vídeo, ou seja, colegas da escola, professores, familiares, etc.

Filipe Rocha/Arquivo da editora

- Planejem como vão saudar os espectadores, como serão apresentados os dados técnicos (título, autor, data da publicação, editora, etc.) e que elementos do objeto cultural serão mostrados ao público (apenas a capa da obra ou também partes internas dela).

- Se quiserem, escolham uma música que sirva de vinheta, para iniciar e finalizar o vídeo.

Escrita

- Procurem ajustar a linguagem do texto ao perfil dos interlocutores.

- Não deixem de apontar os aspectos positivos e negativos do objeto resenhado por meio de sequências descritivas e avaliativas e fundamentem o ponto de vista de vocês com exemplos.

- Enriqueçam a resenha com aspectos da trajetória de vida do autor do objeto, como suas produções anteriores, seus trabalhos de destaque, eventuais mudanças de rumo na carreira, projetos que vem desenvolvendo com outras pessoas, etc.

- Não deem *spoiler*! Ou seja, não contem ao público todo o conteúdo do objeto selecionado. Procurem se esforçar para criar suspense, a fim de aumentar o interesse do público em conferir o objeto na íntegra.

Revisão e reescrita

Antes de finalizar a resenha e iniciar a filmagem, releiam o texto, observando se ele:

- apresenta uma descrição eficaz do objeto cultural analisado e se destaca pontos positivos e/ou negativos;

- contém imagens que auxiliam a descrever a obra;

- estimula o leitor a conhecer ou a consumir o objeto analisado;

- apresenta e destaca aspectos da trajetória profissional do autor;

- contém dados técnicos que identificam a obra;

- emprega os verbos predominantemente no presente do indicativo;

- utiliza linguagem adequada ao gênero, ao veículo e ao público-alvo.

Filmando e editando

- Preparem o cenário da gravação.

- Realizem a filmagem do vídeo. Um ou dois alunos poderão apresentar a resenha, enquanto os outros ficam responsáveis pela parte técnica, como gravação, cenário, recursos sonoros, iluminação, etc.

- Ao concluírem a filmagem, façam a edição do vídeo. Na internet, existem muitos programas de edição de vídeo gratuitos. Peçam a ajuda do professor de Informática ou de Robótica da escola, se necessário. Durante a edição, insiram a música que escolheram para a vinheta.

- Assistam ao vídeo finalizado e avaliem se ele cumpre plenamente os objetivos propostos. Se precisar, refaçam o trabalho ou parte dele até que fique bom.

Concluído o vídeo, guardem-no para apresentá-lo na **Mostra de quadrinhos**, a ser desenvolvida no capítulo **Intervalo**.

196 UNIDADE 2 ▶ Capítulo 3

DIVIRTA-SE

A montagem a seguir mescla quatro telas mundialmente conhecidas, cujos títulos e autores estão listados abaixo. Você é capaz de identificá-las? Descubra também os elementos que foram inseridos pelo autor da montagem.

(Disponível em: https://m.facebook.com/ArteEArtistas/photos/a.578587102165800/3502658073092007/?type=3. Acesso em: 9/3/2022.)

1. *A noite estrelada*, de Vincent van Gogh.
2. *O grito*, de Edvard Munch.
3. *Moça com brinco de pérola*, de Johannes Vermeer.
4. *Mona Lisa*, de Leonardo da Vinci.

1. A imagem de fundo, atrás da cerca de madeira;
2. O personagem mais ao fundo, com as mãos na altura das orelhas e a boca aberta, bem como o cenário onde ele está, que retrata uma ponte;
3. A personagem ao centro, com a faixa azul na cabeça e o brinco de pérola na orelha;
4. A personagem que está à frente. Os elementos inseridos pelo autor da montagem foram o braço com a mão fazendo símbolo de V ao centro e a mão segurando o celular, em primeiro plano.

PASSANDO A LIMPO

1 Leia esta tira:

(Disponível em: http://calango74.blogspot.com.br/2016/09/. Acesso em: 14/2/2022.)

Pode-se afirmar que, para apreender o humor e construir o sentido da tira, é necessário:

a) saber detalhes do período da adolescência, quando é comum o aparecimento de espinhas no rosto dos jovens.

b) recuperar a relação intertextual com a história de Pinóquio, considerando que ele é uma criança, e não um adolescente.

c) recuperar a relação intertextual com a história de Pinóquio, considerando que ele é um boneco de madeira.

d) conhecer a relação problemática entre Pinóquio e seu pai, Gepetto, na história original.

Leia o poema a seguir, de Elias José, e responda às questões 2 e 3.

Morada do inventor

A professora pedia e a gente levava,
achando loucura ou monte de lixo:

latas vazias de bebidas, caixas de fósforo,
pedaços de papel de embrulho, fitas,
brinquedos quebrados, xícaras sem asa,
recortes e bichos, pessoas, luas e estrelas,
revistas e jornais lidos, retalhos de tecido,
rendas, linhas, penas de aves, cascas de ovo,
pedaços de madeira, de ferro ou de plástico.

Um dia, a professora deu a partida
e transformamos, colamos e colorimos.
E surgiram bonecos esquisitos,
bichos de outros planetas, bruxas
e coisas malucas que Deus não inventou.

Tudo o que nascia ganhava nome, pais,
casa, amigos, parentes e país.
E nasceram histórias de rir ou de arrepiar!…
E a escola virou morada de inventor!

(Disponível em: https://novaescola.org.br/conteudo/7434/morada-do-inventor. Acesso em: 14/2/2022.)

2 O poema sugere que, pela imaginação, é possível:

a) transformar e dar significado a coisas aparentemente sem sentido.

b) combinar elementos e formar um mundo sem criatividade.

c) criar um mundo já existente no mundo real.

d) transformar lixo em coisas inúteis.

3 A enumeração de palavras, predominante no poema, tem uma finalidade. Qual?

a) Resumir tudo o que compõe o "monte de lixo" mencionado na segunda estrofe.

b) Comprovar que, de fato, aquilo tudo era maluquice.

c) Indicar a qualidade do material que os alunos tinham levado para a escola.

d) Relacionar as coisas reais e comuns que os alunos recolheram (2ª estrofe) e aquelas que eles criaram (3ª estrofe).

Leia a tira abaixo e responda às questões 4 e 5.

(Ruis. *Diário da Corte — Central de tiras*. São Paulo: Via Lettera, 2003. p. 17.)

4 Na tira, há uma crítica à construção da imagem pública dos poderosos, representados pelo personagem Elmo. De acordo com a tira, essa construção de imagem se baseia no fato de que os poderosos:

UNIDADE 2 ▷ Passando a limpo 199

a) têm seus feitos exagerados por seus servidores, que assim procedem para impressionar o povo.

b) pouco fazem pelo povo, criando uma falsa imagem de si mesmos.

c) são enganados por seus servidores.

d) seguem líderes da devoção popular.

5 Em relação à linguagem empregada no diálogo entre o governante e seu serviçal, na tira, considere as seguintes afirmações.

I. Nas palavras **zóio** e **fióte** ocorre mudança semelhante à observada em **teiado** ("telhado") e **foia** ("folha"), comum na variante popular.

II. O termo **lagartixazita** tem, ao mesmo tempo, os sentidos de diminutivo e de menosprezo.

III. A palavra tá é redução da forma verbal **está**.

IV. A expressão **cumé** é resultado da junção de **como é**.

Estão corretas:

a) I e II.

b) I, II e III.

c) todas.

d) Nenhuma delas.

Leia a tira a seguir para responder às questões 6 e 7.

(Disponível em: http://bichinhosdejardim.com/zero-palavras/. Acesso em: 9/3/2022.)

6 A respeito dos quadrinhos, é **incorreta** a afirmação:

a) A expressão facial da joaninha segue um ritmo crescente nos três primeiros quadrinhos e retrocede no último.

b) O traçado desenhado acima da Joaninha no último quadrinho indica um sentimento de fadiga, desistência.

c) A expressão "estourou o limite do seu plano" remete ao contexto das contas de telefonia e é fundamental para a construção do humor na tira.

d) A ausência de linguagem verbal no 2º e no 3º quadrinhos impossibilita a compreensão da tira.

7 O formato dos balões tem significado em alguns quadrinhos. Na tira lida:

a) O traçado regular dos balões do segundo e do último quadrinhos sugerem fala triste.

b) O traçado irregular do balão do terceiro quadrinho indica pensamento.

c) O traçado irregular do balão do terceiro quadrinho sugere fala agitada ou em voz alta.

d) O traçado regular dos balões do segundo e do último quadrinhos sugere fala agitada ou em voz alta.

8. O cartum ao lado intitula-se "Não destrua o verde", e a figura maior que aparece nele é uma representação de Hulk, personagem dos quadrinhos que ficou muito famoso no cinema. Leia-o.

Em relação aos elementos apresentados no cartum, é **incorreta** a afirmação:

a) A palavra **verde**, no título "Não destrua o verde", é empregada como substantivo, sendo sinônimo de **natureza**.

b) O personagem Hulk, no cartum, participa da luta contra o desmatamento.

c) A presença do personagem Hulk no cartum tem relação com o fato de ele ficar verde quando se transforma.

d) O personagem Hulk simboliza no cartum a força destruidora do homem.

Leia o texto a seguir e responda às questões 9 e 10.

9. O anúncio é composto de duas partes. Identifique a afirmação **incorreta** sobre essas partes.

a) As cores apagadas e sóbrias da primeira parte reforçam a realidade cruel e injusta das crianças que trabalham.

b) As cores vivas e alegres da segunda parte contribuem para retratar a vida ideal que se imagina para as crianças.

c) A contraposição das ações realizadas pelas crianças nas duas partes causa impacto e chama a atenção do leitor.

d) As crianças desenhadas nas duas partes têm aparências, posturas e roupas muito diferentes, o que impossibilita a comparação.

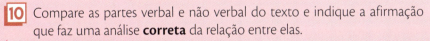

(Disponível em: http://www.blogdoleosantos.com.br/2020/06/09/prefeitura-lanca-campanha-contra-o-trabalho-infantil-quem-esta-em-idade-de-brincar-nao-pode-trabalhar/. Acesso em: 13/4/2022.)

10. Compare as partes verbal e não verbal do texto e indique a afirmação que faz uma análise **correta** da relação entre elas.

a) A primeira linha do texto verbal central refere-se à imagem da parte inferior do anúncio e a segunda linha do texto central refere-se à imagem da parte superior.

b) A palavra **quem** se refere às crianças em geral, retratadas pelas personagens ilustradas.

c) A expressão **trabalho infantil** faz referência às ações das crianças ilustradas na parte inferior do anúncio.

d) A palavra **crime** diz respeito às ações das crianças ilustradas na parte superior do anúncio, em que elas são retratadas como menores infratores.

INTERVALO

Mostra de quadrinhos

Participe com os colegas da realização de uma mostra sobre histórias em quadrinhos. Além das HQs que a turma produziu nesta unidade, a mostra apresentará o material pesquisado ao longo dos capítulos e as resenhas que vocês fizeram em formato de vídeo.

PREPARANDO A MOSTRA

Reúnam as histórias em quadrinhos criadas nos dois primeiros capítulos da unidade. Com a orientação do professor, escolham a melhor forma de apresentá-las aos visitantes da mostra. Vocês poderão organizá-las, por exemplo, conforme a sequência em que elas foram feitas, mostrando, assim, a evolução e o aprimoramento do trabalho da turma. Outra forma de apresentá-las é por meio de uma revistinha, montada com todas as histórias produzidas. Com papel colorido ou cartolina, façam uma capa, ilustrando-a com um desenho grande, como o de um personagem. Escrevam, no alto, com letras grandes e coloridas, o nome desse personagem e, embaixo, o nome de vocês. Juntem tudo e grampeiem. Verifiquem se é possível digitalizar as histórias em quadrinhos que vocês criaram para a produção de uma versão digital da revista.

Providenciem equipamentos, como computadores, *tablets* ou celulares para apresentar ao público as resenhas em vídeo que vocês fizeram.

Divulguem a mostra, convidando professores, colegas de outras turmas, pais, familiares e amigos. Se quiserem, confeccionem convites e distribuam-nos para a comunidade ou criem convites virtuais. Com a orientação do professor e a ajuda do professor de Informática ou de Robótica, enviem os convites virtuais por *e-mail* ou usem as redes sociais oficiais da escola para fazer a divulgação.

QUADRINHOS ONTEM E HOJE

Em grupo, visitem, se possível, bibliotecas, bancas de jornais e sebos especializados em quadrinhos. Pesquisem mangás, *graphic novels* e histórias em quadrinhos na internet e reúnam todo o material que encontrarem: revistas novas e antigas, ilustrações, cartazes, adesivos, versões de uma mesma história, DVDs com heróis de quadrinhos, objetos relacionados a personagens de quadrinhos, livros sobre o assunto, tiras de jornais e revistas, etc.

Se quiserem, façam cartazes com textos curtos sobre o tema, reproduzindo citações de desenhistas famosos ou falando das revistas mais conhecidas. Ilustrem os cartazes com recortes ou façam desenhos.

UNIDADE 2 — Intervalo

MONTANDO A MOSTRA

Com a orientação do professor, escolham um local na escola para montar a mostra. Afixem os cartazes produzidos e distribuam o material pesquisado em mesas, paredes, murais ou varais para a facilitar o manuseio e a leitura dos convidados.

Montem um cantinho de leitura e exponham ali as histórias em quadrinhos produzidas pela turma. Façam cópias para que várias pessoas possam apreciá-las ao mesmo tempo.

Em outro canto do local escolhido para a mostra, disponibilizem ou instalem os dispositivos que farão a reprodução das resenhas em vídeo e os filmes de heróis indicados na seção **Fique ligado! Pesquise!** ou outros que preferirem.

Se quiserem, fantasiem-se como personagens de quadrinhos e, durante a mostra, orientem os convidados, fazendo comentários sobre o material exposto.

204 UNIDADE 2 Intervalo

DEPOIS DA MOSTRA

Se acharem interessante, vocês podem fundar um clube de admiradores de histórias em quadrinhos. O clube poderá ter como sócios colecionadores de gibis, desenhistas, cartunistas, fãs e criadores de fanzines e mangás e, naturalmente, muitos leitores de histórias em quadrinhos. Ah! Não se esqueçam: Um clube de fãs de quadrinhos não pode deixar de ter uma biblioteca com livros e revistas especializadas.

UNIDADE 3

Eu no mundo

Observe esta foto:

Retrato antigo

Quem é essa
que me olha
de tão longe,
com olhos que foram meus?

(Helena Kolody. Disponível em: http://www.portugues.seed.pr.gov.br/arquivos/File/obras_paranenses/HelenaKolody2.pdf. Acesso em: 14/3/2022.)

FIQUE LIGADO! PESQUISE!

Livro *Cartas para a minha mãe*, de Teresa Cárdenas (Pallas).

A história da personagem protagonista é contada por meio de cartas que ela escreve para a mãe, que já morreu. A menina se vê obrigada a lidar com familiares pouco amáveis e a disfarçar a cor negra de sua pele. Contudo, para além dos problemas familiares, ela faz amigos que a ajudam a lidar com suas dores e se fortalece, descobrindo o poder do amor e do respeito a si e ao outro.

Leia também: *A cor do preconceito*, de Carmen Lucia Campos, Sueli Carneiro e Vera Vilhena (Ática); *O cometa é um sol que não deu certo*, de Tadeu Sarmento (SM); *O menino do dedo verde*, de Maurice Druon (José Olympio); *Os meninos morenos*, de Ziraldo (Melhoramentos); *Nas ruas do Brás*, de Drauzio Varella (Companhia das Letrinhas); e *Bisa Bia, Bisa Bel*, de Ana Maria Machado (Salamandra).

Cartaz do filme *Luca*, de Enrico Casarosa (Disney).

O filme *Luca*, de Enrico Casarosa, conta a história de um garoto monstro marinho que vive no fundo do mar com sua família e é proibido pelos pais de frequentar a cidade, pois eles acreditam que os humanos não aceitariam a convivência com seres de outra espécie. Ao conhecer Alberto, outro garoto monstro marinho que vive na cidade disfarçado de humano, Luca descobre uma grande amizade, e nessa jornada os dois precisarão aprender a lidar com as diferenças e com a autoaceitação.

Veja também: *Zootopia*, de Byron Howard e Rich Moore; *Divertida Mente*, de Pete Docter; *Mogli, o menino lobo*, de Jonathan Kolia Favreau; e a série de vídeos que compõem a campanha "Eu no mundo", da associação cultural e social Lona na Lua, disponível em: https://www.lonanalua.org.br/eu-no-mundo.

Visite o *site* do Museu da Imigração do Estado de São Paulo e conheça a história de diversos povos imigrantes que vieram reconstruir suas vidas no Brasil em diferentes épocas:
- http://museudaimigracao.org.br/

Para saber mais sobre diversidade, visite também os *sites*:
- Observatório da diversidade cultural: https://observatoriodadiversidade.org.br/
- Movimento Negro Unificado: https://mnu.org.br/

Nesta unidade, você vai escrever sobre si mesmo. Então, peça a seus pais, tios, avós, irmãos ou responsáveis que relatem histórias a seu respeito: as gracinhas que você fazia quando era bebê, as birras e as manias, como você falava, como escolheram seu nome, quem eram seus amigos, em que cidades ou bairros morou, as travessuras que você fez, passeios ou viagens que você fez com a família, em que escolas estudou, aventuras que viveu, etc.

Intervalo

Campanha "Preconceito: Tô fora!"

No final desta unidade, você vai organizar com os colegas uma campanha usando os textos elaborados por vocês ao longo dos capítulos, entre eles páginas de diários e anúncios publicitários.

DE OLHO NA IMAGEM

Observe esta foto:

Foto de Javier Senosiain Jimeno, 2012.

1. Sobre a fotografia, responda:
   a) O que o menino retratado está fazendo?
   b) Onde ele está?
   c) Em que o menino se baseia para fazer o desenho?
   d) Que idade você imagina que o menino tenha? Ele é uma criança ou um adolescente? Troque ideias com a turma.

2. Observe os objetos que estão à volta do menino. Levante hipóteses:
   a) O que o cesto de lixo cheio de papéis amassados sugere?
   b) E o livro que está sobre uma pequena mesa, na frente do menino, o que ele sugere?
   c) O que a presença de pincéis no ambiente sugere sobre o trabalho a ser concluído?

3. O espelho é uma superfície plana, de vidro, que reflete a imagem da pessoa na frente dele. No plano figurado, metafórico, o que o espelho pode representar?

4. Observe as mãos do menino.
   a) O que ele tem na mão esquerda? Quem geralmente aprecia esse tipo de alimento?
   b) O que ele desenha com a mão direita?
   c) Considerando o que o menino tem na mão esquerda, algo que representa o mundo da infância, responda: A ação de pintar o próprio rosto pode representar o que para o menino?
   d) A quantidade de rascunhos amassados sugere que a transição para a nova etapa da vida é fácil ou difícil para o menino?

5. A transição vivida pelo menino é comum a todas as pessoas dessa idade.
   a) Você sente que está passando por esse processo?
   b) Percebe grandes diferenças entre você e os colegas nessa fase?
   c) Troque ideias com os colegas e o professor: Quais relações podem ser estabelecidas entre o autoconhecimento e o respeito ao outro?

6. Geralmente as palavras **assunto** e **tema** são empregadas como sinônimas, mas há diferenças de sentido entre elas. **Assunto** é o motivo ou os motivos que estão na superfície de um texto, verbal ou não verbal. Já **tema** é o conteúdo mais profundo de um texto, nem sempre perceptível à primeira vista. Com base nessa distinção, responda:
   a) Qual é o assunto da fotografia?
   b) Troque ideias com os colegas e o professor: Qual é o tema da fotografia?

7. A fotografia de Javier Senosiain Jimeno estabelece relação intertextual com a tela ao lado, do pintor norte-americano Norman Rockwell. Observe a tela e compare-a com a fotografia.
   a) Que semelhanças você identifica entre as duas obras?
   b) Que diferenças você identifica entre as duas obras?

Outros INTERTEXTOS

O autorretrato de Norman Rockwell tornou-se referência para muitos artistas, que recriam a tela introduzindo elementos novos. Nas recriações abaixo, a figura do pintor foi substituída por personagens de histórias em quadrinhos.

Autorretrato, de Norman Rockwell (1960).

UNIDADE 3 ▶ De olho na imagem 209

CAPÍTULO 1

No meio do fogo

Você já imaginou acordar e saber que em seu país começou uma guerra civil, ou seja, uma guerra entre os próprios habitantes? O que aconteceria com os direitos das pessoas? A vida seria a mesma? Já imaginou como ficariam o trabalho, a escola, a circulação pelas cidades, o abastecimento de alimentos?

O diário de Myriam

Alepo, 20 de setembro de 2012

Ontem à noite, mamãe recebeu uma ligação no celular, pois ela ainda tinha um pouco de bateria. Não entendi de cara que era da escola, mas, quando ouvi mamãe gritar de alegria, entendi.

Na semana que vem, vou poder voltar. Por outro lado, sem ônibus escolar. O ônibus escolar. O ônibus não vem até a nossa casa porque o motorista disse que era perigoso demais e que ele não queria arriscar a vida vindo até Jabal Sayid.

UNIDADE 3 ▶ Capítulo 1

Alepo, 27 de setembro de 2012

Era o dia de volta às aulas. Papai veio comigo no táxi que mamãe conseguiu encontrar para ir me buscar. Ontem ela me disse que eu não iria para a escola Wouroud, a minha, mas para uma nova: a escola Inayê, bem perto da igreja São Jorge, no bairro de Sulaymaniyah, no centro da cidade. Ela fica a dois quilômetros. A pé, segundo papai, a gente gastaria uma meia hora.

O motorista do táxi era um moço da idade de papai, com bigodes grandes. Ele tinha pendurado um rosário no retrovisor e um versículo do Alcorão. Ele sabia que era meu primeiro dia de aula, então me perguntou se eu estava contente. Respondi que sim e ele abriu um grande sorriso.

Passamos pelas barreiras dos curdos para sair. Eles tinham bloqueado as ruas com carros, grandes sacos cheios de pedras, e até mesmo móveis. Eles carregavam armas. Papai abaixou o vidro da janela e um dos homens apertou a mão dele. Um pouco mais adiante, tinha outra barreira, mas depois nós chegamos.

Assim que vi Judi, com seus cabelos longos, corri tão rápido quanto pude até ela e a abracei. Todas as crianças estavam alegres.

Na sala de aula, reencontrei quase todo mundo. Ainda assim faltavam cinco alunos, que os pais não puderam trazer, pois era perigoso demais.

A dona Josefina nos mandou para nossos lugares. Ela fez a chamada. Em seguida, ela disse: "Os acontecimentos estão longe, eles não chegaram até a escola". Mas ela nos explicou mesmo assim que, se a gente ouvisse um "bum!" bem grande, tinha que se levantar e ir em ordem para o subsolo da escola.

[...]

(Myriam Rawick, Philippe Lobjois. *O diário de Myriam*. Rio de Janeiro: Darkside, 2018. p. 126-128.)

ESTUDO DO TEXTO

Compreensão e interpretação

1 Em um diário, costumamos registrar fatos de nosso cotidiano, impressões sobre o mundo que nos cerca, nossas ideias, opiniões, emoções, desejos, desabafos e nossos segredos.

   a) Quem é o narrador?

   b) As páginas de diário lidas abordam os mesmos assuntos dos diários comuns?

2 Conforme o próprio nome sugere, o diário é um gênero que se constitui de registros feitos diariamente.

   a) Por que os registros feitos por Myriam têm importância histórica?

   b) De que forma são indicados os momentos do registro?

   c) Na parte superior de cada trecho do texto, é indicado o local onde foi feito o registro. Por que esse dado é importante, considerando o contexto em que foi produzido?

3 Pelo registro feito no dia 20 de setembro, é possível deduzir algumas informações.

   a) Qual era a situação do fornecimento de energia na cidade de Alepo? Justifique sua resposta.

   b) Qual era a situação do transporte?

4 Myriam se dirige à escola com o pai.

   a) Que informação complementar sobre a situação dos transportes é possível depreender da frase "Papai veio comigo no táxi que mamãe conseguiu encontrar"?

   b) Como era a situação nas ruas de Alepo?

5 Myriam finalmente chega à escola. Que sentimento ela expressa ter vivido ao reencontrar os colegas? Por quê?

6 A professora diz que os acontecimentos estão longe, mas recomenda que todos se dirijam ao subsolo da escola, caso ouçam um "bum!" bem grande.

   a) Deduza: O que é o "bum!" a que a professora se refere?

   b) Que figura de linguagem é utilizada pela professora ao empregar a palavra **bum**?

   c) Por que as crianças deveriam ir para o subsolo da escola?

   d) O que essa preocupação da professora significa em relação aos perigos que todos estavam vivendo naquele momento?

   e) Por que era importante que as crianças fossem "em ordem" para o subsolo da escola?

QUEM É MYRIAM RAWICK?

Myriam Rawick (2017), autora do livro *O diário de Myriam*.

Myriam era uma garota que vivia na cidade de Alepo, na Síria, quando começou a guerra nesse país, em 2012. Na época, ela tinha 6 anos e até os 12 anos anotou em um diário tudo o que acontecia no dia a dia dela e de sua família. Além desse registro, Myriam também descreveu a destruição de sua cidade natal, uma das mais antigas do mundo.

Aos 13 anos, com o auxílio do jornalista Philippe Lobjois, publicou o diário, que foi imediatamente associado ao livro mundialmente conhecido *O diário de Anne Frank*, escrito por uma garota judia de 13 anos que viveu os horrores do nazismo durante a Segunda Guerra Mundial.

212 UNIDADE 3 ▶ Capítulo 1

Quais os motivos da GUERRA NA SÍRIA?

Antes de iniciar a guerra, a Síria era governada por Bashar al-Assad. Nesse governo, havia vários problemas de corrupção, desemprego e falta de liberdade política. Em 2011, iniciaram-se muitos protestos a favor da democracia. O governo reprimiu violentamente os manifestantes e as manifestações tomaram as ruas de todo país, tornando-se cada vez mais violentas. Centenas de grupos surgiram, muitos dos quais armados, e iniciaram uma disputa de poder entre si, inclusive os grupos radicais, como a Al-Qaeda, responsável pelo atentado que destruiu as Torres Gêmeas nos Estados Unidos, em 11 de setembro de 2001. Estima-se que a guerra tenha levado cerca de meio milhão de pessoas à morte. Além delas, mais de 200 mil pessoas estão desaparecidas.

Cidade de Alepo antes da guerra (1986).

A linguagem do texto

1. Na frase "Não entendi **de cara** que era da escola, mas, quando ouvi mamãe gritar de alegria, entendi.", qual é o sentido da expressão "de cara"? Que palavra poderia substituí-la?

2. Na frase "A pé, segundo papai, a gente gastaria **uma** meia hora.", qual é o sentido da palavra **uma**?

Cidade de Alepo durante a guerra.

Cruzando linguagens

Guerras civis, como a que foi relatada no texto lido, ocorrem com alguma frequência em diversas partes do mundo, motivando inúmeras ondas migratórias.

O Brasil, que durante alguns anos viu seus cidadãos migrarem em busca de oportunidades de estudo e trabalho, viveu na última década (período entre 2011 e 2020), uma mudança importante: passou a ser procurado por imigrantes de várias nacionalidades. Leia, a seguir, três gráficos que reúnem alguns desses dados.

Imigrantes no Brasil na última década

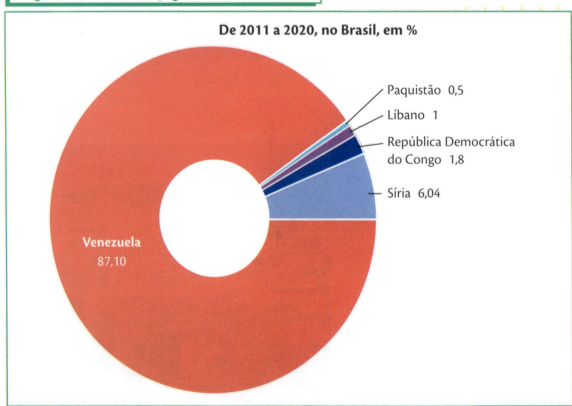

Origem dos 53.236 refugiados reconhecidos

Faixa salarial

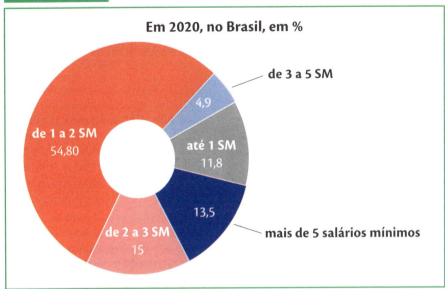

Fonte dos gráficos: Observatório das Migrações Internacionais (OBMigra). (Número de imigrantes no Brasil dobra em 1 década, com menos brancos e mais mulheres, de Flávia Mantovani, 7/12/2021. Disponível em: https://www1.folha.uol.com.br/mundo/2021/12/numero-de-imigrantes-dobra-em-1-decada-com-menos-brancos-e-mais-mulheres.shtml#:~:text=N%C3%BAmero%20de%20imigrantes%20no%20Brasil,12%2F2021%20%2D%20Mundo%20%2D%20Folha. Acesso em: 14/3/2022.)

1 Em 2010, cerca de 600 imigrantes viviam no Brasil, entre eles portugueses, em sua maioria, e europeus de outras nacionalidades. De acordo com o primeiro gráfico (eixo horizontal), responda:

a) Quais são os dois países que apresentam mais imigrantes vindos para o Brasil, na última década?

b) Os portugueses continuaram tendo participação expressiva no processo de imigração para o Brasil durante esse período?

c) Dos países que aparecem no gráfico, qual é o único que pertence ao continente europeu?

2 São considerados **refugiados** os imigrantes que procuraram outro país porque o de origem passa por uma situação difícil, que põe a vida deles em risco, seja por causa de guerras, seja por motivos políticos, seja por motivos econômicos. De acordo com o segundo gráfico, responda:

a) Qual é maior grupo de refugiados existente atualmente em nosso país?

b) Com a guerra na Síria, muitos sírios refugiaram-se no Brasil, totalizando o percentual de 6,04% de todos os imigrantes, representando o segundo maior grupo de refugiados. O que explica o predomínio tão expressivo de refugiados venezuelanos nesse período no Brasil?

3 O Instituto Brasileiro de Geografia e Estatística (IBGE) adotou alguns critérios para classificar as famílias de acordo com a renda familiar. Veja:

CLASSE	RENDA FAMILIAR
A	20 salários mínimos ou mais
B	entre 10 e 20 salários mínimos
C	entre 4 e 10 salários mínimos
D	entre 2 e 4 salários mínimos
E	até 2 salários mínimos

Considerando esses dados e o terceiro gráfico, sobre salários, responda:

a) Qual é o percentual de imigrantes mais pobres, que estão na classe E? Use seus conhecimentos matemáticos para responder à questão.

b) Qual é o percentual dos imigrantes que ganham acima de 3 salários mínimos?

c) Conclua: Quando uma pessoa deixa o país de origem em busca de trabalho e melhores condições de vida, ela sempre alcança seu objetivo? Por que você acha que isso acontece? Justifique sua resposta com base nos gráficos.

4. O relato de guerra feito por Myriam Rawick em seu diário mostra um pouco da dura realidade de um país em guerra. Caso você estivesse no lugar dela e pudesse escolher, escolheria migrar para outro país? Por quê?

O preconceito contra refugiados de GUERRA E IMIGRANTES

Nos últimos anos, muitos refugiados de guerra, como sírios e imigrantes de países vizinhos, como os venezuelanos e os bolivianos, têm procurado o Brasil para tentar uma vida melhor. No entanto, encontram muitas dificuldades por causa do preconceito e das diferenças culturais e linguísticas. Além disso, por estarem em uma situação de extrema necessidade, muitas vezes se submetem a condições subumanas de trabalho, vivendo em porões e chegando a trabalhar mais de 15 horas por dia. Em alguns casos, as crianças imigrantes também se tornam trabalhadoras, o que desrespeita os direitos humanos e os direitos das crianças.

Trocando ideias

1. Como você imagina que seja viver em uma cidade em guerra? Troque ideias com os colegas a respeito das dificuldades enfrentadas em uma situação como essa.

2. Como você avalia a iniciativa das crianças e da professora de voltarem à escola, mesmo correndo riscos? Você também teria voltado à escola? Por quê?

3. Leia o boxe "O preconceito a refugiados de guerra e imigrantes" e responda: Que iniciativas devem ser tomadas para que os refugiados e imigrantes que procuram nosso país tenham uma acolhida digna e humanitária?

Ler é reflexão

O retrato da menina por trás do mito. A única edição brasileira autorizada por Anne Frank Fonds, em que parte dos direitos autorais são direcionados ao Unicef. Esta edição em capa dura acolchoada, com design gráfico que simula o diário original escrito por Anne, também conta com fotos da família Frank e dos demais integrantes do anexo secreto.

O diário de Anne Frank, o depoimento da pequena Anne, morta pelos nazistas após passar anos escondida no sótão de uma casa em Amsterdã, ainda hoje emociona leitores no mundo inteiro. Suas anotações narram os sentimentos, os medos e as pequenas alegrias de uma menina judia que, como sua família, lutou em vão para sobreviver ao Holocausto. Uma poderosa lembrança dos horrores de uma guerra, um testemunho eloquente do espírito humano.

216 UNIDADE 3 ▷ Capítulo 1

Assim podemos descrever os relatos feitos por Anne em seu diário. Isolados do mundo exterior, os Frank enfrentaram a fome, o tédio e a terrível realidade do confinamento, além da ameaça constante de serem descobertos. Nas páginas de seu diário, Anne Frank registra as impressões sobre esse longo período no esconderijo. Alternando momentos de medo e alegria, as anotações se mostram um fascinante relato sobre a coragem e a fraqueza humanas e, sobretudo, um vigoroso autorretrato de uma menina sensível e determinada.

A princípio, escreveu seu diário apenas para si. No entanto, ao ouvir no rádio um membro do governo holandês sugerir que diários e cartas documentando a ocupação alemã fossem publicados após a guerra, ela resolveu que, assim que o conflito acabasse, iria publicar um livro, tendo seu diário como base. Então, começou a reescrevê-lo, melhorando o texto, omitindo algumas passagens e acrescentando outras.

Após a captura dos moradores do anexo secreto, as secretárias que trabalhavam no prédio encontraram o diário. Quando a guerra acabou, entregaram tudo a Otto Frank, que continuou o desejo da filha, selecionando seus escritos e organizando-os numa versão mais concisa do diário, publicado em 1947.

Após a morte de Otto, a Fundação Anne Frank, fundada por ele, decidiu publicar uma nova edição do diário, que desse ao leitor uma ideia melhor do universo da jovem. A tarefa de compilar os textos e editar a versão ampliada ficou a cargo da escritora Mirjam Pressler. [...] O diário de Anne Frank é um dos livros mais lidos do mundo. O relato tocante e impressionante das atrocidades e dos horrores cometidos contra os judeus faz deste livro um precioso documento e uma das obras mais importantes do século XX.

(Descrição da obra. Disponível em: https://www3.livrariacultura.com.br/o-diario-de-anne-frank-edicao-oficial-capa-dura-15065260/p#produto-especificacoes. Acesso em: 21/2/2021.)

Os diários como DOCUMENTOS HISTÓRICOS

Um diário pode se tornar um documento de grande valor histórico por registrar o dia a dia de uma pessoa que viveu uma época de guerra, de fome, de conflitos sociais, etc. É o caso, por exemplo, dos diários de Janina Bauman e Anne Frank, ambos amargos testemunhos da Segunda Guerra Mundial.

Anne Frank era judia e, durante dois anos, viveu escondida com sua família no sótão de um prédio em Amsterdã, na Holanda. Descobertos pela Gestapo, todos foram mortos, com exceção do pai, que, após a guerra, publicou o diário da filha. Em 1993, foi publicado *O diário de Zlata — A vida de uma menina na guerra*. A autora, outra menina, Zlata Filipovic, também narra os horrores dessa guerra, porém na Bósnia.

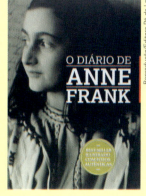

A LÍNGUA EM FOCO

O adjetivo, o artigo e o numeral

Construindo o conceito

Releia este trecho de *O diário de Myriam*, que você estudou no início deste capítulo:

"O motorista do táxi era um moço da idade de papai, com bigodes grandes. Ele tinha pendurado um rosário no retrovisor e um versículo do Alcorão. Ele sabia que era meu primeiro dia de aula, então me perguntou se eu estava contente. Respondi que sim e ele abriu um grande sorriso.

[...]

Assim que vi Judi, com seus cabelos longos, corri tão rápido quanto pude até ela e a abracei. Todas as crianças estavam alegres.

Na sala de aula, reencontrei quase todo mundo. Ainda assim faltavam cinco alunos, que os pais não puderam trazer, pois era perigoso demais."

1 Na construção dos sentidos dos textos, são de grande importância as palavras que o autor escolhe.

a) Indique a qual palavra do texto se referem os seguintes termos e expressões:

- o, do táxi:
- primeiro, de aula:
- longos:
- na, de aula:
- cinco:

b) Discuta com os colegas e o professor: Como você deduziu quais palavras do texto eram acompanhadas pelos termos e expressões indicados no item **a**?

2 Note que as palavras analisadas no item **a** da questão 1 contribuem para determinar, indeterminar, qualificar, particularizar, categorizar e/ou especificar o sentido de substantivos. Qual(is) dessas palavras contribui(em) para:

a) quantificar o(s) substantivo(s) que acompanha(m)?

b) indicar uma ordenação do(s) substantivo(s) que acompanha(m)?

c) indicar uma possível classificação, o tipo do(s) substantivo(s) que acompanha(m)?

d) qualificar o(s) substantivo(s) que acompanha(m)?

3 Compare as duas expressões a seguir:

- "bigodes grandes"
- "grande sorriso"

218 UNIDADE 3 Capítulo 1

A palavra **grande**, nas duas ocorrências, aparece em posições diferentes em relação aos substantivos a que se refere.

a) Deduza: Por que na primeira expressão ela foi empregada no plural e, na segunda, no singular?

b) Troque ideias com os colegas e o professor: A palavra **grande**, nas expressões, indica um ponto de vista, uma percepção da narradora, ou uma propriedade intrínseca ao termo ao qual se refere?

c) Identifique, entre os termos e expressões listados na questão 1, um que tenha a mesma função que a palavra **grande**, analisada no item **b**.

4 Entre as palavras e expressões listadas na questão 1, algumas só podem ser colocadas antes dos substantivos a que fazem referência, e outras só podem ser colocadas depois. Quais são as palavras ou expressões que só podem ser colocadas:

a) antes dos substantivos?

b) depois dos substantivos?

5 Quais palavras são utilizadas no trecho citado do começo da seção para descrever:

a) o estado de espírito de Myriam naquele dia?

b) o estado de espírito de todas as crianças naquele dia?

c) o ato de levar as crianças até a escola?

6 Troque ideias com os colegas e o professor e responda:

a) Há duas palavras, apontadas por você na questão anterior, que têm sentidos semelhantes. Quais são essas palavras?

b) A terceira palavra tem um sentido que se aproxima ou destoa das demais? Justifique sua resposta.

c) Conclua: De que forma a presença dessas palavras contribui para a construção de sentidos no relato de Myriam?

7 Releia esta frase do texto:

"Ele tinha pendurado **um** rosário **no** retrovisor e **um** versículo **do** Alcorão."

Troque ideias com os colegas e o professor:

a) A quais palavras do trecho se refere cada um dos termos em destaque?

b) Observe o sentido da frase e deduza:

- Qual termo em destaque dá à palavra a que se refere um caráter indeterminado, podendo ser qualquer um(a) entre vários(as)?

- Qual termo em destaque aponta para um objeto específico do contexto, contribuindo para determinar a palavra a que se refere?

Conceituando

Ao responder às questões anteriores, você notou que há palavras que acompanham substantivos e os modificam de maneiras diferentes, contribuindo para determiná-los, indeterminá-los, quantificá-los, qualificá-los, particularizá-los, categorizá-los. Neste capítulo, estudaremos as classes a que essas palavras pertencem: adjetivos, artigos e numerais.

O adjetivo, o artigo e o numeral

Você aprendeu, na unidade anterior, que o substantivo é a palavra que nomeia seres, ações, estados, sentimentos, ideias. O adjetivo, por sua vez, é a palavra que modifica o substantivo, atribuindo a ele uma propriedade. No trecho de *O diário de Myriam*, os adjetivos **longos** e **grande(s)** indicam particularidades dos substantivos **cabelos**, **bigodes** e **sorriso**.

> **Adjetivos** são palavras que modificam os substantivos, atribuindo-lhes propriedades singulares.

Já as expressões **do táxi** e **de aula**, por exemplo, categorizam o tipo de motorista e de sala. Se fossem utilizadas expressões como "motorista particular" ou "sala escolar", os adjetivos **particular** e **escolar** teriam também essa função no texto. As expressões **do táxi** e **de aula** têm o valor de um adjetivo e são chamadas de **locuções adjetivas**. Em alguns casos, as locuções adjetivas correspondem a um adjetivo equivalente.

Não são, porém, apenas os adjetivos que modificam os sentidos dos substantivos. Em "**o** motorista" e "**as** crianças", no livro *O diário de Myriam*, **o** e **as** indicam que a narradora se refere a um motorista e a crianças específicos — respectivamente, àquele que conduziu Myriam no dia descrito e às que eram alunas da escola. Já em "**um** rosário" e "**um** versículo", **um** não dá uma ideia específica, indicando que a narradora faz referência a um rosário qualquer e a algum entre os muitos versículos do Alcorão. Nesses contextos, as palavras **o**, **a**, **os**, **as**, **um**, **uma**, **uns**, **umas** são denominadas **artigos**.

> **Artigos** são palavras que antecedem os substantivos, definindo-os ou indefinindo-os, particularizando-os ou generalizando-os.

Os artigos classificam-se em **definidos**, **o(s)** e **a(s)**, que definem os substantivos, indicando que são seres já conhecidos; e **indefinidos**, **um(ns)** e **uma(s)**, que indefinem os substantivos, indicando que são seres ou objetos quaisquer, de uma mesma espécie ou tipo.

Ao estudar o trecho de *O diário de Myriam*, no início desta seção, você viu que as palavras **primeiro** e **cinco**, nas expressões "primeiro dia" e "cinco alunos", respectivamente, identificam a posição e quantificam os substantivos aos quais se referem. Essas palavras são **numerais**.

> **Numerais** são palavras que quantificam substantivos ou que, quando sozinhas, expressam ideia de quantidade ou de posição em uma sequência.

Os numerais podem ser **cardinais** (por exemplo, **cinco**), quando quantificam substantivos ou indicam uma quantidade numericamente definida; **ordinais**, quando indicam a posição de um ser em uma sequência (por exemplo, **primeiro**); **multiplicativos**, quando indicam o número de vezes pelo qual uma quantidade é multiplicada (por exemplo, **dobro**); ou **fracionários**, quando indicam o número de vezes pelo qual uma quantidade é dividida (por exemplo, **um terço**).

Flexão dos adjetivos, dos artigos e dos numerais

Leia a notícia a seguir.

Murais e painéis urbanos: expressões artísticas por todos os cantos

Escrito por Alexandre Queiroz Pereira 07:00 / 13 de Dezembro de 2021

O grafite, antes estereotipado como manifestação marginal, periférica, é um poderoso instrumento de democratização da arte na cidade

Semana passada, soube que Tim Burton, cineasta mundialmente conhecido, produziu um painel exclusivo para transformar uma das faces de um edifício na cidade de São Paulo. O mural, idealizado pelo diretor americano, foi pintado por Luna Buschinelli. A artista transformou uma fachada cinza e monótona em um gigante e simpático robô. Uma maravilha! Arte gratuita e disponível para elogiar e criticar.

Há quem goste, há quem não; porém, duvido que se possa ficar inerte frente a um painel belíssimo do artista brasileiro Eduardo Kobra. O homem é, como dizem popularmente, "um fera". Tem suas expressões artísticas internacionalmente conhecidas e reverenciadas em cidades cosmopolitas, como Nova Iorque e Amsterdã.

(Disponível em: https://diariodonordeste.verdesmares.com.br/opiniao/colunistas/alexandre-queiroz-pereira/murais-e-paineis-urbanos-expressoes-artisticas-por-todos-os-cantos-1.3169053. Acesso em: 14/3/2022.)

1 Segundo a notícia, há duas visões sobre o grafite, uma antiga e outra mais recente.

a) Como é cada uma dessas visões?

b) Troque ideias com os colegas e o professor: Há preconceito em alguma dessas visões?

Observe os adjetivos empregados no título e no subtítulo da notícia e, depois, responda às questões 2 e 3.

2 Cada adjetivo se refere a um ou mais substantivos.

a) Identifique-os e indique a qual substantivo cada um se refere.

b) Quais dos adjetivos identificados por você no item **a** pode ser substituído pelas seguintes locuções adjetivas:

- da arte:
- da periferia:
- da cidade:

3 Reescreva no caderno o título principal da notícia, fazendo as alterações indicadas a seguir:

a) Substituindo as palavras **murais** e **painéis** por **decoração**, a palavra **expressões** por **elementos** e a palavra **cantos** por **partes**.

b) Compare a versão que você escreveu no item **a** com a versão original e conclua: Quais alterações foram necessárias, além das solicitadas, e por quê?

4 Releia os trechos a seguir:

- "cineasta mundialmente conhecido"
- "A artista transformou"

a) Quais substantivos foram empregados em cada um deles?

b) Observe sua resposta ao item **a** e deduza: É possível identificar o gênero apenas pelo substantivo empregado? Explique.

c) Identifique os termos que determinam o gênero dos substantivos e dê a classe de palavras deles no contexto.

5 Agora, releia estes trechos:

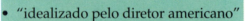

- "produziu um painel exclusivo"
- "idealizado pelo diretor americano"
- "uma fachada cinza e monótona"
- "em cidades cosmopolitas"

a) Identifique os substantivos e as palavras que se referem a eles.

b) Responda oralmente: Qual é o sentido de cada adjetivo empregado no contexto? Se julgar necessário, consulte um dicionário.

c) Em qual dos trechos lidos um único adjetivo contém em si uma clara avaliação (isto é, uma opinião ou um julgamento) do enunciador? Justifique sua resposta.

6 Observe o emprego das palavras **um** e **uma** no trecho a seguir:

> "produziu **um** painel exclusivo para transformar **uma** das faces de um edifício na cidade de São Paulo."

Deduza: Por que essas palavras foram empregadas, respectivamente, no masculino e no feminino?

7 Compare o emprego da palavra **uma** nestes dois trechos do texto:

> • "Tim Burton, cineasta mundialmente conhecido, produziu um painel exclusivo para transformar **uma** das faces de um edifício na cidade de São Paulo."
>
> • "A artista transformou **uma** fachada cinza e monótona em um gigante e simpático robô."

Leia o boxe "Um: artigo ou numeral", troque ideias com os colegas e o professor e conclua: Qual é a classificação da palavra **uma** nos dois trechos?

8 Leia a frase a seguir:

> "O homem é, como dizem popularmente, 'um fera'."

a) Troque ideias com os colegas e o professor: Quais são o sentido e a classe gramatical da palavra **fera**, nesse contexto? E em qual gênero ela está empregada? Justifique suas respostas.

b) Em qual das manchetes de jornal a seguir a palavra **fera** não pertence à mesma classe de palavras indicada por você no item **a**? Justifique sua resposta e indique possíveis sinônimos para substituí-la no contexto.

> Diretor de "A Bela e a Fera" prepara minissérie sobre Frank Sinatra

(Disponível em: https://www.msn.com/pt-br/cinema/noticias/diretor-de-%E2%80%9Ca-bela-e-a-fera%E2%80%9D-prepara-miniss%C3%A9rie-sobre-frank-sinatra/ar-AARISE9. Acesso em: 14/3/2022.)

> Conheça Bella, a brasiliense de oito anos que é fera no golfe

(Disponível em: https://www.correiobraziliense.com.br/esportes/2021/10/4955774-conheca-bella-a-brasiliense-de-oito-anos-que-e-fera-no-golfe.html. Acesso em: 14/3/2022.)

> Tem fera em números aí? Olimpíada de Matemática está com inscrições abertas para alunos do quarto e quinto ano

(Disponível em: https://saopauloparacriancas.com.br/olimpiada-matematica-inscricao/. Acesso em: 14/3/2022.)

Um: ARTIGO ou NUMERAL?

Quando **um** é artigo, podemos colocar na frase a palavra **qualquer** após o substantivo que ele acompanha. Quando **um** é numeral, podemos colocar antes dele na frase as palavras **somente** ou **apenas**. Podemos também substituir **um** por **dois**, para ver se a palavra **um** expressa ou não a ideia de quantidade. Por isso, é preciso compreender o sentido da frase no contexto em que ela ocorre para classificar o termo.

Por exemplo, na frase "Folheei **um** catálogo de remédios enquanto esperava o dentista.", se o sentido for **um** catálogo **qualquer**, **um** é artigo indefinido; se o sentido for **apenas um** catálogo (e não **dois** catálogos), **um** é numeral.

Assim como os substantivos, os adjetivos, os artigos e alguns numerais se flexionam em gênero e número.

O feminino dos **adjetivos** geralmente é formado do mesmo modo que o dos substantivos, isto é, com a troca de **-o** por **-a** ou o acréscimo da vogal **-a** no final da palavra. Veja:

> exclusiv**o** — exclusiv**a**
> monóton**o** — monóton**a**
> holandês — holandes**a**

Há adjetivos, porém, que têm uma forma única para o masculino e para o feminino. Observe:

> Ele é **fera** — Ela é **fera**
> manifestação **marginal** — movimento **marginal**

Alguns podem oferecer alguma dificuldade quanto à formação do feminino. Veja estes exemplos:

> europeu — europeia
> chorão — chorona
> cristão — cristã
> judeu — judia
> mau — má
>
> são — sã
> ateu — ateia
> nu — nua
> bom — boa

Quanto ao número, a flexão dos **adjetivos** é semelhante à dos substantivos. Veja:

> poderoso **instrumento** — poderosos **instrumentos**
> painel **azul** — painéis **azuis**

Os **artigos** concordam em gênero e número com os substantivos que acompanham. Assim, quando alguém diz "Anote **o**...", já se sabe que a palavra seguinte será um substantivo no singular e do gênero masculino.

Como os artigos variam de acordo com os substantivos a que se referem, temos: **o** mural, **os** murais, **uma** fachada, **umas** fachadas.

Os numerais **um** e **dois** e os que indicam centenas a partir de **duzentos** também apresentam forma feminina. Os demais cardinais são invariáveis. Os **numerais** ordinais apresentam forma masculina e forma feminina:

> - O painel foi o **primeiro** do artista na cidade.
> - A cidade não foi a **primeira** a receber um painel do artista.

Numerais cardinais como **milhão**, **bilhão**, **trilhão**, etc. admitem o plural (**milhões**, **bilhões**, **trilhões**, etc.). Os demais cardinais são invariáveis.

Grau dos adjetivos

Releia este trecho da notícia que você estudou anteriormente e responda às questões 1 e 2:

> "Há quem goste, há quem não; porém, duvido que se possa ficar inerte frente a um painel belíssimo do artista brasileiro Eduardo Kobra"

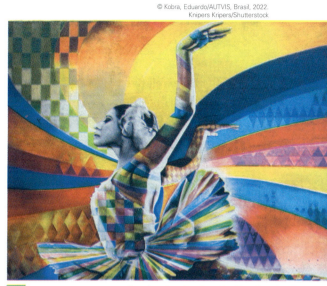

Mural feito pelo artista brasileiro Kobra em Moscou, na Rússia (2015).

1 Identifique, nesse trecho, a palavra que evidencia a opinião do autor do texto sobre o painel do artista mencionado. Essa opinião é positiva ou negativa? Justifique sua resposta.

2 Troque ideias com os colegas e o professor e deduza: A partir de que outra palavra o termo identificado por você no item **a** foi formado? A qual classe de palavras ela pertence?

Na língua portuguesa, o adjetivo apresenta dois graus: o comparativo e o superlativo.

Comparativo

Ocorre quando o adjetivo destaca a qualidade de um ser em relação a outro. Pode ser:

- **de igualdade**: tão + adjetivo + quanto/como:

> O artista brasileiro é **tão conhecido quanto** o cineasta americano.

- **de superioridade**: mais + adjetivo + (do) que:

> O mural é **mais bonito (do) que** a fachada cinza.

- **de inferioridade**: menos + adjetivo + (do) que:

> O mural é **menos monótono (do) que** a fachada cinza.

Superlativo

Ocorre quando o adjetivo destaca a qualidade de um ser isoladamente (**superlativo absoluto**) ou em relação a um conjunto ao qual o ser pertence (**superlativo relativo**).

O **superlativo absoluto** pode ser:

- **sintético**: expressa-se por uma só palavra: adjetivo + sufixo (**-íssimo, -imo**):

> - O painel é **belíssimo**.
> - O artista é **conhecidíssimo**.

- **analítico**: expressa-se com o auxílio de advérbios de intensidade: **muito**, **extremamente**, **bastante**, etc.

- A fachada cinza é **muito monótona**.
- A arte é **extremamente poderosa**.

O **superlativo relativo** pode ser:

- **de superioridade**: o/a + mais + adjetivo + de:

Esse artista é **o mais reverenciado d**o Brasil.

- **de inferioridade**: o/a + menos + adjetivo + de:

A artista é **a menos conhecida d**os três.

Os sufixos de aumentativo e de diminutivo são formadores de graus dos substantivos, conforme você aprendeu no capítulo 2 da unidade 2, e são também elementos que entram na formação de adjetivos. Como você viu ao estudar os substantivos, esses sufixos não indicam apenas tamanho maior ou menor; eles também podem construir outros sentidos.

Observe, na capa do cordel e no meme a seguir, que a palavra **sabidão** indica intensidade, isto é, "muito sabido"; **fofinho**, por sua vez, tem uma conotação afetiva, dando ênfase a um ponto de vista pessoal do enunciador. Essas mesmas palavras, em outros contextos, poderiam ter sentidos diferentes, por exemplo: ironia, desprezo, zelo, etc.

(Disponível em: https://memoriasdapoesia popular.com.br/2020/05/14/poeta-guaipuan-vieira-capas-de-folhetos/#jp-carousel-18306. Acesso em: 21/2/2022.)

(Disponível em: https://memegenerator.net/instance/40754143/happy-birthday-panda-eu-sou-super-fofinho. Acesso em: 21/2/2022.)

Atenção

Os adjetivos **bom**, **mau**, **grande** e **pequeno** formam o comparativo e o superlativo de modo especial. Veja como:

Adjetivo	Comparativo de superioridade	Superlativo Absoluto	Superlativo Relativo
bom	melhor	ótimo	o melhor
mau	pior	péssimo	o pior
grande	maior	máximo	o maior
pequeno	menor	mínimo	o menor

EXERCÍCIOS

Leia a história em quadrinhos a seguir, de Laerte, e responda às questões 1 a 4.

(*Folha de S.Paulo*, 4/5/2013. Folhinha.)

1 Lola e Juju são as personagens principais da história em quadrinhos lida.

a) O que Lola e Juju fazem nas duas primeiras linhas da história? Como elas parecem se sentir?

b) Na última linha da história elas mudam de comportamento. Identifique os elementos não verbais do texto que contribuem para indicar essa mudança.

2 O texto verbal das placas também tem papel fundamental no texto. Observe que ele apresenta informações que se ampliam à medida que as personagens avançam.

a) Que locução adjetiva é empregada nas placas para caracterizar a ilha?

b) Que adjetivos são empregados para caracterizar as flores?

3 Reescreva o texto da placa do penúltimo quadrinho, fazendo as alterações indicadas e as adequações necessárias:

a) Substituindo a palavra **flores** pela palavra **vegetação**.

b) Substituindo a palavra **flores** pela palavra **seres**.

c) Conclua: Além dos adjetivos e locuções adjetivas identificados por você na questão 2, que outra palavra também se refere ao substantivo **flores** no contexto? Explique.

4 Considerando suas respostas às questões anteriores, conclua:

a) Quais procedimentos utilizados pelo autor produzem o suspense observado na tira?

b) Qual dos adjetivos é determinante para a mudança de atitude das personagens? Justifique sua resposta.

Leia a tira e o anúncio publicitário a seguir e responda às questões 5 a 7.

(Fernando Gonsales. *Folha de S.Paulo*, 18/4/2012.)

5 Observe o emprego dos artigos na tira.

a) Qual é o único artigo indefinido empregado na tira?

b) E quais são os artigos definidos?

c) Considerando quem são os interlocutores e o local onde eles estão, justifique: Por que houve o emprego de vários artigos definidos e de apenas um artigo indefinido?

6 Agora, observe o anúncio ao lado.

a) Quem é o anunciante?

b) Considerando que o anúncio foi publicado próximo do dia 15 de outubro, responda: Qual é a finalidade dele?

c) Observe que, nos enunciados principais, foram empregados artigos definidos: "**o** professor", "**o** futuro", "**a** gente", "**na** sala de aula". O que justifica esses empregos?

(*Isto É*, edição 2 290.)

UNIDADE 3 ▸ Capítulo 1

7 Você aprendeu que os artigos definidos, **o**(**s**) e **a**(**s**), são empregados quando nos referimos a um substantivo específico, definido e particular; e os artigos indefinidos, **um**(**ns**) e **uma**(**s**), quando nos referimos a um substantivo de sentido genérico, indefinido. Compare estes enunciados dos textos lidos nas questões anteriores:

- "**as** ferraduras, **as** selas e **a** alfafa"
- "Valorize **o** professor."

Troque ideias com os colegas e com o professor e responda:

a) Os substantivos **ferraduras**, **selas** e **alfafa**, acompanhados dos artigos definidos **as**, **as** e **a**, respectivamente, apresentam, na tira, um sentido particular e específico ou um sentido genérico?

b) O substantivo **professor**, acompanhado do artigo definido **o**, apresenta, no anúncio, um sentido particular e específico ou um sentido genérico?

c) Como você justifica o sentido produzido pela expressão "o professor" no anúncio? Dê outros exemplos em que isso também ocorre.

O texto a seguir é um trecho do folheto de cordel "As proezas de João Grilo", de João Ferreira de Lima. Nele, João Grilo responde à primeira de várias perguntas que lhe são feitas pelo sultão. Leia-o e responda às questões 8 a 10.

João Grilo disse: estou pronto
pode dizer a primeira,
se acaso eu sair-me bem
venha a segunda e a terceira
venha a quarta e a quinta
talvez o Grilo não minta
diga até a derradeira.

Perguntou: qual o animal
que mostra mais rapidez,
que anda de quatro pés
de manhã, por sua vez
ao meio-dia com dois
passando disto depois,
à tardinha anda com três?

O Grilo disse: é o homem
que se arrasta pelo chão
no tempo que engatinha,
depois toma posição
anda em pé e bem seguro,
mas quando fica maduro
faz três pés com o bastão.
[...]

(*Antologia de folhetos de cordel — Amor, história e luta*. São Paulo: Moderna, 2005. p. 103-104.)

8 Na primeira estrofe foram empregados numerais.

a) Identifique-os e indique a classificação deles quanto ao gênero, número e tipo (cardinal, ordinal, multiplicativo ou fracionário).

b) Todos esses numerais se referem a um mesmo substantivo, subentendido no trecho. Deduza: Qual é ele?

c) Encontre um adjetivo empregado nessa mesma estrofe que também se refere ao nome indicado por você no item **b** e explique o sentido dele no contexto.

9 Na segunda estrofe também foram empregados numerais.

a) Identifique-os e indique a classificação deles quanto ao gênero, número e tipo (cardinal, ordinal, multiplicativo ou fracionário).

b) O que os numerais indicam nessa estrofe?

10 Na terceira estrofe, João Grilo responde à pergunta.

a) Troque ideias com os colegas e o professor e explique o sentido do artigo definido **o** na expressão "o homem".

b) A que fases da vida correspondem, respectivamente, a manhã, o meio-dia e a tardinha?

O adjetivo, o artigo e o numeral na construção do texto

Leia este poema, de Sebastião Nunes.

Gato no mato

Um gato
foi passear no mato.
Quando chegou
no meio do mato
encontrou
outro gato.

Os dois gatos
foram caçar patos.
Quando chegaram
perto dos patos,
surgiram outros
dois gatos.

Os quatro gatos
foram procurar
ninho de carrapato.
Quando chegaram
perto dos chatos,
apareceram outros
quatro gatos.

Os oito gatos foram
brincar de dar saltos.
Enquanto davam
saltos muito altos,
se encontraram
com mais oito gatos.

230 UNIDADE 3 Capítulo 1

Os dezesseis gatos
resolveram sair do mato.
Quando saíram do mato,
deram de cara com
outros dezesseis gatos.
Os trinta e dois gatos
decidiram caçar ratos.
Enquanto caçavam ratos,
apareceram outros
trinta e dois gatos.

Aí, os ratos gritaram:
— Assim, não!
Desse jeito é covardia!
Envergonhados,
os gatos foram saindo
de mansinho,
cada um para o seu lado.

E, como não tinha
nada para fazer,
um dos gatos resolveu
ir passear no mato.

(*Ciência Hoje das Crianças*, n. 128, p. 8.)

1 **Personificação** é um recurso de linguagem que consiste em atribuir qualidades humanas a seres não humanos ou inanimados. No poema, que ações ou atitudes dos gatos são exemplos de personificação?

2 A cada estrofe, o número de gatos dobra no poema.

a) Em quais estrofes isso não ocorre? Por quê?

b) Troque ideias com os colegas e o professor e levante hipóteses: Por que os gatos ficaram envergonhados?

c) Compare os dois primeiros versos do poema com os dois últimos: Em que eles se assemelham? O que essa semelhança sugere sobre a história contada?

3 Até a quinta estrofe do poema, há referência a um ou mais numerais.

a) Qual é a quantidade de gatos em cada estrofe, em relação à da estrofe anterior?

b) Qual é a quantidade de gatos em cada estrofe, em relação à da estrofe seguinte?

c) Qual é a maior quantidade a que chegam os gatos? Indique-a com algarismos.

d) Como se classificam os numerais **primeira**, **dobro**, **metade** e **trinta e dois**?

4 Considere os seguintes trechos do poema:

- "**Um** gato foi passear"
- "**Os dois** gatos foram caçar"
- "**um** dos gatos resolveu"

Entre as palavras destacadas, identifique qual é artigo definido, qual é artigo indefinido e qual é numeral. Justifique sua resposta.

5 Observe, no poema, que o substantivo **mato**, em todas as ocorrências, é antecedido pela contração das palavras **em** e **de** com um mesmo determinante, isto é, uma palavra que acompanha substantivos.

a) Qual é esse determinante? Qual é a sua classificação?

b) Levante hipóteses: Por que, diferentemente do que ocorre com o substantivo **gato**, o determinante do substantivo **mato** é o mesmo em todas as ocorrências no texto?

6 Releia estes versos do poema:

"Os quatro gatos
foram procurar
ninho de carrapato.
Quando chegaram
perto dos chatos,
apareceram outros
quatro gatos."

a) Que expressão modifica o substantivo **ninho**, no terceiro verso? Qual é a classificação gramatical dessa expressão? Como ela modifica esse substantivo?

b) Levante hipóteses: Que efeito de sentido resulta da ausência de determinante antes do substantivo **ninho**?

c) A qual outra palavra do poema equivale a palavra **chatos**? Como ela se classifica gramaticalmente, no contexto do poema? Justifique a classificação com base na equivalência de sentido dessas duas palavras e considerando o que você aprendeu sobre artigo.

d) Escreva uma frase que poderia ser empregada no poema que contenha a palavra **chato** com uma classificação gramatical diferente da que tem no poema original. Depois, explique o novo sentido e a nova classificação de **chato** dados por você nessa frase.

232 UNIDADE 3 Capítulo 1

Semântica e discurso

O texto a seguir faz parte de uma campanha desenvolvida em Portugal com o objetivo de reduzir os efeitos do uso de mochilas escolares inadequadas. Leia-o.

6 DICAS PARA ESCOLHER A MOCHILA ESCOLAR

1 A mochila deve ter alças largas, almofadadas e ajustáveis.

2 A mochila deve ter um cinto ajustável na cintura para ajudar a distribuir o peso.

3 As costas da mochila devem ser almofadadas e devem estar o mais próximo das costas da criança.

4 O tamanho da mochila deve ser do tamanho das costas da criança/jovem. Depois de colocada, a parte superior deve ficar imediatamente abaixo do pescoço e a parte inferior ao nível da cintura. Não se deve carregar a mochila num só ombro.
A mochila com rodinhas deve ser utilizada em crianças que façam percursos longos a pé. Mesmo nestas mochilas é preciso ter atenção ao tamanho do cabo que puxa a mochila (a angulação do braço da criança para puxar a mochila não deve exceder os 30°).

5 Na altura de arrumar os livros, o material escolar mais pesado deve ficar junto à coluna

6 O peso da mochila carregada com o material não deve ultrapassar os **10% de peso corporal.**

(Disponível em: https://cdn.maemequer.pt/wp-content/uploads/2016/09/6-dicas-para-escolher-a-mochila-escolar-01.jpg. Acesso em: 14/3/2022.)

1 Agora, responda:

a) Qual é a finalidade principal do texto?

b) Quem o produziu?

c) A quem ele se dirige?

d) Como se classifica esse texto? Marque a opção correta.

- resumo
- relato
- texto instrucional
- história ficcional

2 O texto se organiza a partir de um substantivo que aparece em muitos enunciados, acompanhado de diferentes determinantes.

a) Qual é esse substantivo?

b) Que determinante acompanha esse substantivo ao longo do texto, inclusive no título? A qual classe de palavras esse determinante pertence? Qual sentido ele acrescenta ao substantivo?

c) No título, há outro determinante, além do que se repete ao longo do texto. Classifique-o e justifique seu uso, tendo em vista a função principal dessa classe de palavras em relação aos substantivos.

3 De acordo com as "6 dicas" dadas no texto, como deve ser a mochila escolar quanto:

a) às alças?

b) ao cinto e às costas?

c) ao peso?

4 Como deve ser a mochila escolar, em sua opinião? Saliente os aspectos que você considera mais importantes na escolha da mochila.

5 O texto utiliza também numerais na sua construção.

a) No título, o que o número escrito em algarismo arábico indica? Que substantivo esse número modifica?

b) Reescreva a dica 6 utilizando um numeral fracionário, sem alterar a informação original.

6 Embora não apresente dificuldades para ser compreendido no Brasil, esse texto contém termos e expressões próprios do português de Portugal. Observe estes trechos:

• "As costas da mochila [...] devem estar o mais próximo das costas da criança."

• "Não se deve carregar a mochila num só ombro."

• "Na altura de arrumar os livros, o material escolar mais pesado deve ficar junto à coluna."

234 UNIDADE 3 ▶ Capítulo 1

a) Identifique, em cada trecho, o termo ou a expressão que provavelmente não seria usado(a) no português brasileiro.

b) Reescreva os termos e expressões identificados no item anterior, adaptando-os ao português brasileiro.

7 Um dos trechos reproduzidos na questão anterior contém um numeral.

a) Identifique e classifique o numeral. Depois, responda: Como se explica a forma em que esse numeral é apresentado?

b) Por que é possível saber que o numeral identificado no item anterior não é artigo indefinido?

c) Reescreva o trecho:
- eliminando a palavra **não** do início;
- começando por "Deve-se";
- fazendo as alterações necessárias para que o sentido original seja mantido.

Depois, responda: Qual mudança foi necessário fazer no numeral?

Para escrever com técnica

O parágrafo

A seguir você vai ler um trecho do texto "Banhos de mar", da escritora Clarice Lispector. Perceba que, assim como em *O diário de Myriam*, ele é escrito em primeira pessoa e narra acontecimentos vividos pela escritora em sua infância. Observe, especificamente, a organização do texto em parágrafos.

Meu pai acreditava que todos os anos se devia fazer uma cura de banhos de mar. E nunca fui tão feliz quanto naquelas temporadas de banhos em Olinda, Recife.

Kenneggy, Cornwall, de Lucy Willis (1988).

Meu pai também acreditava que o banho de mar salutar era o tomado antes do sol nascer. Como explicar o que eu sentia de presente inaudito em sair de casa de madrugada e pegar o bonde vazio que nos levaria para Olinda ainda na escuridão?

De noite eu ia dormir, mas o coração se mantinha acordado, em expectativa. E de puro alvoroço, eu acordava às quatro e pouco da madrugada e despertava o resto da família. Vestíamos depressa e saíamos em jejum. Porque meu pai acreditava que assim devia ser: em jejum.

Saíamos para uma rua toda escura, recebendo a brisa da pré-madrugada. E esperávamos o bonde. Até que lá de longe ouvíamos o seu barulho se aproximando. Eu me sentava bem na ponta do banco: e minha felicidade começava. Atravessar a cidade escura me dava algo que jamais tive de novo. No bonde mesmo o tempo começava a clarear e uma luz trêmula de sol escondido nos banhava e banhava o mundo.

Eu olhava tudo: as poucas pessoas na rua, a passagem pelo campo com os bichos-de-pé: "Olhe um porco de verdade!" gritei uma vez, e a frase de deslumbramento ficou sendo uma das brincadeiras de minha família, que de vez em quando me dizia rindo: "Olhe um porco de verdade".

(*Pequenas descobertas do mundo*. Rio de Janeiro: Rocco, 2003. p. 29.)

1 Em relação ao trecho, responda:

a) Quantos parágrafos ele tem?

b) Visualmente, o que marca o início de cada parágrafo?

2 Nos textos narrativos é comum haver mudança de parágrafo quando acontece um deslocamento (mudança) no tempo ou no espaço. Observe em cada parágrafo do texto lido a presença de palavras que indicam deslocamento temporal ou espacial. Depois, no caderno, associe as colunas indicando o motivo da mudança de parágrafo.

a) do 1º para o 2º parágrafo
b) do 2º para o 3º parágrafo
c) do 3º para o 4º parágrafo
d) do 4º para o 5º parágrafo

I. deslocamento espacial
II. deslocamento temporal
III. conjunto de ações ou de ideias diferentes

Como você pôde observar, o trecho do texto de Clarice Lispector que você releu é organizado em parágrafos.

Parágrafo é uma parte do texto, marcada espacialmente na folha, que reúne um conjunto de frases diretamente relacionadas entre si na construção de uma ideia.

Nos textos narrativos ficcionais, os parágrafos marcam a mudança de tempo, de espaço ou de tipo de ação. Também podem indicar a introdução de diálogos, como em:

"— Olhe um porco de verdade!"

236 UNIDADE 3 Capítulo 1

EXERCÍCIOS

1 O texto a seguir é o início de um relato escrito por Antonio Prata. Junte-se a um ou dois colegas e discutam de que modo o texto poderia ser organizado em parágrafos fazendo uso dos critérios que você aprendeu. Atenção: Os travessões que iniciam parágrafos foram propositalmente suprimidos.

África

Se você for sempre reto aqui, sabe aonde chega?   Aonde?   Na África.   Mentira!   Sério. Meu tio que me contou.   Eu e o Fábio Grande ficamos um tempo calados, os pés na areia e os olhos no horizonte, recordando tudo o que já havíamos visto em livros, filmes e programas de televisão sobre o Continente Negro.   Tem leão na África   eu disse.   Tem girafa também.   E rinoceronte.   Depois de mais alguns segundos de silêncio contemplativo, o Fábio propôs: Vamos lá?   Estávamos na ilha de Itaparica, com a família do meu vizinho. Fábio ia pra lá todo ano. Sabia subir em coqueiro e pegar siri com a mão, andava descalço na areia sem queimar o pé e dava cambalhota na água sem tampar o nariz: me passava segurança suficiente, portanto, para que eu topasse a expedição transatlântica.   Não sabíamos a que distância estávamos de nosso destino — o tio do meu amigo havia dito apenas que "indo sempre reto aqui" dava na África, sem entrar em maiores detalhes —, então resolvemos nos precaver: passamos em casa para pegar as pranchas de isopor e, após vinte minutos e um rolo inteiro de fita-crepe, conseguimos colar uma garrafa de Lindoia na frente de uma delas. Tudo pronto.   Estava claro que ultrapassar as ondas seria a parte mais difícil: se conseguíssemos vencer aquela espessa barreira de espuma, o resto da jornada — a se julgar pela aparente calma do mar aberto — seria bico. Enquanto Fábio decidia, compenetrado, o melhor lugar para atravessarmos a arrebentação, ao seu lado, quieto, eu aguardava instruções.

[...]

(*Nu de botas*. São Paulo: Companhia das Letras, 2013. p. 54-55.)

2 Escreva no caderno um breve relato pessoal sobre um dos temas a seguir ou outro, se preferir.

- Meu primeiro dia na escola
- Um aniversário inesquecível
- Minha aprovação
- Minhas férias

Ao redigir seu texto, organize-o em três parágrafos.

- 1º parágrafo: relate qual foi o fato, quando e onde ele aconteceu.
- 2º parágrafo: conte por que o fato aconteceu, quais pessoas participaram dele, como ele se desenrolou e qual foi o desfecho.
- 3º parágrafo: conte por que você se lembra desse fato até hoje e quais consequências ele trouxe para a sua vida.

PRODUÇÃO DE TEXTO

O diário: construção e recursos expressivos

No início deste capítulo, você leu um trecho do livro *O diário de Myriam*, de Myriam Rawick. Releia-o, se necessário, para responder às questões a seguir.

1 A respeito do diário, responda:

a) Para quem o autor de um diário escreve?

b) Com que finalidade uma pessoa escreve um diário?

c) Qual é o suporte ou o meio de circulação de um diário?

2 A respeito das duas páginas lidas de *O diário de Myriam*, responda:

a) Quanto tempo se passou entre um registro no diário e outro?

b) É necessário, então, que o autor do diário faça registros diariamente?

c) O tamanho e o formato de cada página do diário seguem algum padrão?

d) Qual é o assunto abordado nos trechos selecionados de *O diário de Myriam*?

3 O diário pode ou não ser dirigido a alguém, que pode ser real ou fictício (por exemplo: "Querido diário"). A palavra ou expressão que nomeia essa pessoa é chamada de **vocativo**. Além do vocativo, um diário pode ou não conter assinatura.

a) No trecho estudado, a autora se dirige a alguém?

b) Nesse trecho, Myriam assina seu diário?

238 UNIDADE 3 ▸ Capítulo 1

4 É comum haver no diário descrições de objetos, de pessoas ou de acontecimentos. Existem sequências descritivas nos trechos selecionados de *O diário de Myriam*? Se sim, justifique sua resposta com exemplos.

5 A linguagem do diário geralmente é livre, simples, informal, podendo apresentar gírias, abreviaturas, rupturas, etc.

a) Por que a linguagem do diário costuma ser assim?

b) As páginas de *O diário de Myriam* apresentam uma linguagem com esse perfil? Por que você acha que isso acontece?

6 Observe os verbos e pronomes empregados no texto.

a) Em que tempo estão as formas verbais? O que justifica o emprego desse tempo verbal?

b) Em que pessoa estão os verbos e pronomes, predominantemente: na 1ª ou na 3ª pessoa? Justifique sua resposta com alguns exemplos.

c) O emprego dessas formas verbais e pronominais indicam uma visão mais geral e objetiva ou uma visão mais particular e subjetiva da realidade?

7 Releia o último parágrafo do texto. Nesse trecho, a narradora reproduz uma fala da professora.

a) Que expressão introduz a fala da professora?

b) Que sinal de pontuação é empregado para introduzir essa fala?

c) Que sinal de pontuação é usado para marcar a fala da professora?

8 Sob a orientação do professor e com alguns colegas, resuma características básicas do diário. Para isso, copiem o quadro a seguir no caderno e completem as lacunas de acordo com o que aprenderam sobre o diário estudado ou outros com os quais já tiveram contato.

Diário: construção e recursos expressivos	
Quem são os interlocutores do diário?	
Qual é o objetivo do diário?	
Quais temas são abordados no diário?	
Por onde o diário circula?	
Como é a estrutura do diário?	
Como é a linguagem do diário?	
Em que tempo são empregados os verbos, predominantemente?	
Que pessoa do discurso predomina nos verbos e nos pronomes?	

UNIDADE 3 ▶ Capítulo 1

Agora é a sua vez

Prepare-se para escrever uma ou mais páginas de diário. Como o diário costuma ser pessoal e íntimo, decida se você quer compartilhar seu texto. Se optar por compartilhar, troque seu texto com o de um colega da turma com quem tenha mais intimidade, de modo que um leia o do outro, ou compartilhe seu texto com a turma toda.

Planejamento do texto

- Como sugestão, escolha um ou mais dias da semana para registrar os acontecimentos. Registre, por exemplo, a discussão que será feita com a turma sobre o preconceito racial, proposta no capítulo 2 desta unidade.
- Lembre-se de que, no diário, você é narrador e personagem do episódio a ser narrado.
- Decida o perfil do leitor: se vai escrever para si mesmo ou se vai compartilhar com outras pessoas ou apenas com o professor.

Escrita

- Escreva sobre o episódio escolhido.
- No início da página, escreva o nome da cidade onde você está e a data.
- Situe os fatos no tempo e no espaço: quando e onde aconteceram, qual era a situação, o que ocorreu de especial.
- Os verbos e pronomes devem ser empregados predominantemente na 1ª pessoa do singular ou do plural.
- Escreva trechos descritivos que caracterizem o local, as pessoas e os fatos.
- Empregue uma linguagem pessoal, subjetiva e espontânea.
- Empregue uma linguagem adequada ao diário e, eventualmente, ao perfil de seus leitores.
- Empregue pronomes para evitar repetições e garantir a coesão do texto.

pixelheadphoto digitalskillet/Shutterstock

Revisão e reescrita

Releia o texto de sua página de diário, verificando se ele apresenta os elementos próprios do gênero. Certifique-se de que:

- o local e a data estão indicados no alto da página;
- você, como autor(a) do diário, é o(a) protagonista;

240 UNIDADE 3 ▶ Capítulo 1

- o relato diz respeito a um momento marcante da sua vida e de que o texto consegue traduzir suas impressões a respeito desse momento;
- há trechos descritivos;
- a linguagem é espontânea, pessoal e subjetiva e de que ela está de acordo com o perfil de seu(s) leitor(es);
- os verbos foram empregados no passado para se referir a fatos que ocorreram;
- o texto não tenha erros ortográficos.

Passe o texto a limpo e guarde-o. Se você optou por escrever sobre as discussões feitas com a turma a respeito de preconceito racial, considere usar seu texto na Campanha "Preconceito: Tô fora", que será realizada no capítulo **Intervalo**.

O diário de Anne Frank em QUADRINHOS

Em 2017, 70 anos depois da publicação original do livro *O diário de Anne Frank*, foi lançada uma adaptação da obra na linguagem dos quadrinhos, feita por dois israelenses: o ilustrador David Polonsky e o cineasta Ari Folman. A iniciativa foi motivada pela intenção de ampliar ainda mais o número de leitores da obra, que é uma das mais lidas no mundo.

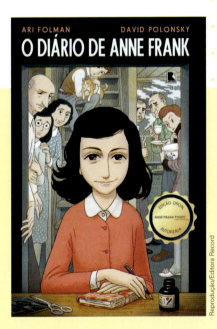

DIVIRTA-SE

(Alexandre Beck. Disponível em: https://tirasarmandinho.tumblr.com/search/REFUGIADOS. Acesso em: 21/2/2022.)

CAPÍTULO 2

A descoberta

Na infância, descobrimos muitas coisas maravilhosas sobre o mundo. Mas descobrimos também que a convivência com as pessoas pode ser difícil e até cruel, principalmente quando essas relações são marcadas por preconceitos. Preconceitos relacionados à cor da pele, à condição social, à origem da pessoa... É justo alguém ser maltratado ou discriminado apenas por ser diferente?

Não sei quase nada da sua infância, vó, e adoraria saber mais. Do meu lado, posso dizer que não foi fácil ser uma menina preta em um bairro majoritariamente branco. Nossa família era a única negra do prédio. Meu pai e outros colegas haviam ganhado um dinheiro em um bolão da Loteria Esportiva e foi com a parte dele que conseguiu dar entrada no apartamento térreo da praça Coronel Fernando Prestes, entre os canais 4 e 5 em Santos. Nosso apartamento era próprio, apesar das muitas prestações da Caixa Econômica Federal que ainda precisavam ser pagas.

Foram várias as vezes em que meus irmãos e eu fomos acusados de algo que não havíamos feito ou sofrido violência que nem sequer sabíamos nominar. Lembro de uma em especial, quando eu tinha seis anos de idade. Eu brincava com as vizinhas na escadaria do prédio, bem ao lado do nosso apartamento. Enquanto a gente combinava a brincadeira, uma das meninas brancas questionou:

"Mas se Djamila é preta, ela não pode brincar com a gente, pode?"

"Ih, é verdade! Você não pode ser mãe da nossa boneca."

Eu não retruquei, tinha só seis anos de idade. Por mais que me incomodasse muito não poder brincar com elas, o que elas diziam parecia fazer certo sentido. Minha mãe era negra, meu pai era negro, meus avós eram negros, eu e meus irmãos também. Na minha cabeça de criança, aquelas palavras foram cortantes, mas lógicas.

Meu pai, que tinha escutado tudo, dias depois chegou do trabalho com um presente para Dara e para mim. Nós tínhamos o hábito de esperá-lo no portão do prédio e, assim que ele dobrava a esquina, a gente corria fazendo aviãozinho com os braços para pular no colo dele. Nesse dia, porém, estávamos em casa. Quando abri a caixa e vi a pequena boneca marrom, um mundo pareceu se abrir. Lembro até hoje do cheiro dela e da minha alegria em me exibir pelo prédio. De pegar um lençol velho, estender embaixo da escadaria e começar a montar a minha casinha, com a boneca que poderia ser a minha filha. Anos mais tarde fui entender a magnitude do gesto do meu pai. Imagino o quanto lhe deve ter doído escutar as palavras daquelas meninas, quantas memórias podem ter sido acionadas. Sem falar no quanto ele deve ter andado para encontrar, em 1986, bonecas que se parecessem com as filhas.

[...]

(Djamila Ribeiro. *Cartas para minha avó*. São Paulo: Companhia das Letras, 2021. p. 20-22.)

ESTUDO DO TEXTO

Compreensão e interpretação

1. O texto lido é parte da obra *Cartas para minha avó*, de Djamila Ribeiro, escrita em formato de cartas. Em relação ao primeiro parágrafo, responda:

   a) A quem a autora da carta se dirige? Que palavra ou expressão empregada no texto confirma sua resposta?

   b) Qual é o tema central do texto?

2. O texto também aborda a condição social da família da autora durante a infância dela.

   a) Qual era a condição social da família?

   b) Que fato alterou parcialmente essa condição?

   c) Que consequência essa nova condição trouxe para a vida social da família?

3. A autora relata que ela e os irmãos foram vítimas de violência.

   a) A que tipo de violência ela se refere? Justifique sua resposta.

   b) Que exemplo ela cita para ilustrar os gestos de violência que sofreu?

4. Segundo a narradora, as palavras de uma menina, que era sua vizinha, foram "cortantes, mas lógicas".

   a) Como a narradora deve ter se sentido ao ouvir o comentário dessa menina?

   b) Considerando o contexto, explique esta afirmação: "Eu não retruquei, tinha só seis anos de idade".

   c) Por que ela achou que havia lógica nas palavras da menina?

5. A autora afirma:

   > "Quando abri a caixa e vi a pequena boneca marrom, um mundo pareceu se abrir. [...] Anos mais tarde fui entender a magnitude do gesto de meu pai. Imagino o quanto lhe deve ter doído escutar as palavras daquelas meninas, quantas memórias podem ter sido acionadas."

   a) Interprete a frase: "um mundo pareceu se abrir".

   b) Levante hipóteses: Por que o pai pode ter sofrido ao ouvir as palavras da vizinha?

   c) Levante hipóteses: Que tipo de memória o pai pode ter acionado?

   d) Você acredita que as amigas de infância da autora também brincaram com a boneca marrom?

QUEM É DJAMILA RIBEIRO?

A autora Djamila Ribeiro dando autógrafos durante o lançamento de seu livro *Pequeno manual antirracista*, em São Paulo (SP), 2019.

A autora nasceu em Santos, em 1980. É professora de Filosofia na PUC-SP, colunista do jornal *Folha de S.Paulo* e uma das principais vozes do país em defesa das mulheres e dos negros.

É autora de *Lugar de fala*, *Quem tem medo do feminismo negro?* e *Pequeno manual antirracista*, este vencedor do prêmio Jabuti.

244 UNIDADE 3 ▶ Capítulo 2

6 Releia o trecho:

> "Sem falar no quanto ele deve ter andado para encontrar, em 1986, bonecas que se parecessem com suas filhas".

O que se pode deduzir a respeito da oferta de bonecas negras em lojas de brinquedos daquela época?

A linguagem do texto

1 Releia esta frase do texto:

> "Não sei quase nada da sua infância, vó, e adoraria saber mais."

a) Em vez de empregar a forma **avó**, a autora empregou **vó**. O que esse emprego expressa?

b) Por que essa palavra foi empregada entre vírgulas?

2 Na frase:

> "Anos mais tarde fui entender a magnitude do gesto do meu pai."

a) Qual é o sentido da palavra **magnitude** no contexto?

b) Compare sua resposta ao item **a** à palavra **magnitude**. Qual das palavras é mais forte e expressiva?

3 Em um texto, a repetição de palavras pode ser desnecessária e até prejudicial. Contudo, às vezes, a repetição pode ser intencional e produzir novos sentidos. Observe este trecho do texto:

> "Minha mãe era negra, meu pai era negro, meus avós eram negros, eu e meus irmãos também."

a) Como a autora poderia escrever a mesma frase sem repetições?

b) Compare o texto original à sua resposta ao item a e conclua: Que sentido a repetição da palavra **negro** e suas variações produz no texto?

Trocando ideias

1 Geralmente, atribuímos à criança as ideias de pureza e ingenuidade. Apesar disso, pode-se dizer que as amigas de infância da autora foram preconceituosas durante a brincadeira?

2 Se você estivesse no lugar da autora, o que teria feito naquela situação? E se estivesse no lugar de outra amiga que via a cena, como reagiria?

3 Anos depois, a autora viu a iniciativa do pai de comprar uma boneca negra para as filhas como um gesto de magnitude.

a) Como você vê a iniciativa do pai dela?

b) Você tem ou já teve bonecos negros? Qual é a importância de existirem no mercado bonecos e bonecas negros de diferentes tipos?

De olho na oralidade

Ouvindo e fazendo relatos orais

Cada um de nós guarda na lembrança várias situações que ninguém viveu e sentiu como nós. Contar essas histórias é uma forma de voltar ao passado, reviver os fatos e compreendê-los melhor. Ouvir as histórias de outras pessoas é uma forma de aprender com elas e de conhecê-las melhor.

Por meio de carta, Djamila Ribeiro relata uma situação da infância que a marcou profundamente. Na sua vida, também há um episódio que tenha sido muito marcante? Conte para os colegas e ouça os relatos deles. Comece, por exemplo, com uma frase assim: "Quando eu tinha X anos, estava em... e...".

A LÍNGUA EM FOCO

O pronome

Construindo o conceito

Releia a seguir um trecho do texto lido no início deste capítulo:

Nossa família era a única negra do prédio. Meu pai e outros colegas haviam ganhado um dinheiro em um bolão da Loteria Esportiva e foi com a parte dele que conseguiu dar entrada no apartamento térreo da praça Coronel Fernando Prestes, entre os canais 4 e 5 em Santos. Nosso apartamento era próprio, apesar das muitas prestações da Caixa Econômica Federal que ainda precisavam ser pagas.

Foram várias as vezes em que meus irmãos e eu fomos acusados de algo que não havíamos feito ou sofrido violência que nem sequer sabíamos nominar. Lembro de uma em especial, quando eu tinha seis anos de idade. Eu brincava com as vizinhas na escadaria do prédio, bem ao lado do nosso apartamento. Enquanto a gente combinava a brincadeira, uma das meninas brancas questionou:

"Mas se Djamila é preta, ela não pode brincar com a gente, pode?"

"Ih, é verdade! Você não pode ser mãe da nossa boneca."

Biry Sarkis/Arquivo da editora

1 Identifique nesse trecho as frases em que a narradora fala sobre:

a) ela e a família

b) o pai dela e os colegas dele

c) ela e os irmãos

d) ela própria

e) ela e/ou as meninas do prédio

2 Releia suas respostas da questão 1, troque ideias com os colegas e o professor e conclua: Como você identificou as frases solicitadas?

3 Observe os termos destacados nas frases a seguir:

> - "**Nossa** família era a única negra do prédio."
> - "**Nosso** apartamento era próprio [...]"
> - "Você não pode ser mãe da **nossa** boneca."

a) A quem eles se referem em cada frase?

b) Deduza: Por que eles foram empregados no feminino em duas das frases e no masculino na outra?

4 Releia estas frases:

> - "Meus irmãos e eu fomos acusados de algo que não havíamos feito [...]"
> - "Enquanto a gente combinava a brincadeira, uma das meninas brancas questionou [...]"

a) Identifique, nas duas frases, as expressões que poderiam ser substituídas pela palavra **nós** sem alterar o sentido do texto.

b) Em qual dos casos a substituição pela palavra **nós** acarretaria mudar outras palavras da frase? Reescreva-a fazendo as alterações necessárias.

5 Troque ideias com os colegas e o professor e conclua: O **nós** se refere às mesmas pessoas nas duas frases analisadas na questão 4? Explique.

6 Agora, releia estes trechos:

> - "Meu pai e outros colegas haviam ganhado um dinheiro [...]"
> - "[...] apesar das muitas prestações da Caixa Econômica Federal que ainda precisavam ser pagas."

a) Ao ler o primeiro trecho, é possível saber exatamente quais colegas ganharam dinheiro com o pai da narradora?

b) Ao ler o segundo trecho, é possível saber a quantidade exata de prestações que ainda precisavam ser pagas? O que é possível saber sobre esse assunto nesse trecho?

c) Quais palavras dos trechos selecionados foram indispensáveis para você responder aos itens **a** e **b**?

UNIDADE 3 ▶ Capítulo 2

7 No trecho:

"[...] foi com a parte dele que conseguiu dar entrada no apartamento [...]":

a) A quem se refere a palavra **dele**?

b) Qual das expressões a seguir poderia substituir a expressão "a parte dele" sem acarretar mudanças de sentido no texto? Copie-a no caderno.

| nossa parte | sua parte | cuja parte |

c) Levante hipóteses: Por que, no texto, não foi utilizada a expressão indicada no item **b**?

8 Os dois últimos parágrafos do trecho representam uma conversa.

a) Quem participou dessa conversa e de quem são as falas reproduzidas?

b) Que elemento gráfico foi utilizado para marcar as falas?

c) Quais palavras dessas falas substituem o nome Djamila?

Conceituando

Ao analisar o trecho do livro de Djamila Ribeiro, você viu que a palavra **eu** se referia à narradora, isto é, aquela que fala no texto. Viu também que **você** se refere à pessoa com quem se fala e **ela** à pessoa de quem se fala. As palavras **outros** e **muitas**, por sua vez, conferem um caráter impreciso àquelas que acompanham, enquanto **meu**, **sua**, **nosso** e **nossa** estabelecem um tipo de relação específica, como a de posse, entre os termos por elas conectados.

Palavras como **eu**, **você**, **ela**, **outros**, **muitas**, **meu**, **sua**, **nosso** e **nossa** são chamadas de pronomes.

> **Pronomes** são palavras que substituem ou acompanham um nome, principalmente o substantivo.

Os pronomes só podem ter seus sentidos bem apreendidos se analisados no contexto em que ocorrem. Como você viu no texto lido, a palavra **nós**, por exemplo, apresenta referentes distintos nas frases em que foi empregada.

Classificação dos pronomes

Consideramos em nosso estudo seis tipos de pronomes: os pessoais, os possessivos, os demonstrativos, os indefinidos, os interrogativos e os relativos. Neste capítulo, trataremos dos cinco primeiros.

248 UNIDADE 3 Capítulo 2

Pronomes pessoais retos, oblíquos e de tratamento

Releia a seguir mais um trecho do livro *Cartas para minha avó* para responder às questões 1 a 3.

[...]

Não apenas eu não tive tempo de conhecê-la, mas você também não pôde me conhecer. Apesar de você sempre saber quem eu era, com essas cartas quero lhe apresentar quem me tornei. Espero que não se incomode por eu chamá-la de "você" e não de "senhora", mas é porque eu quero aqui conversar com a Antônia.

[...]

(Djamila Ribeiro. *Cartas para minha avó*. São Paulo: Companhia das Letras, 2021.)

1. Ao longo do livro, a autora relembra diversos momentos que viveu com a avó. Considerando que Djamila conviveu com a avó até os 12 anos de idade, levante hipóteses:
   a) Por que Djamila afirma que elas não tiveram tempo de se conhecer?
   b) No livro, o que a narradora diz pretender com as cartas escritas à avó?

2. Identifique no trecho lido:
   a) as palavras que fazem referência direta à autora;
   b) as palavras que fazem referência direta à avó da autora.

3. Observe a última frase do trecho.
   a) Por que a avó poderia se incomodar com o fato de ser tratada pela neta pela palavra **você** em vez de **senhora**?
   b) Qual palavra você costuma utilizar quando se dirige a seus avós ou a pessoas idosas em geral?
   c) Levante hipóteses: Além da faixa etária, que outros critérios devemos levar em conta ao escolher tratar uma pessoa por *você* ou por *senhor/senhora*?
   d) Explique o sentido do trecho "quero aqui conversar com a Antônia".

4. Troque ideias com os colegas e o professor e conclua: Que efeito de sentido é construído no trecho pelo emprego das palavras analisadas nas questões anteriores?

Em toda situação de comunicação, há três pessoas envolvidas, chamadas **pessoas do discurso**. São elas:

- o **locutor** ou **enunciador** (quem fala): 1ª pessoa: **eu** (singular) ou **nós** (plural);
- o **locutário** ou **destinatário** (com quem se fala): 2ª pessoa: **tu** (singular) ou **vós** (plural);
- o **assunto** (de quem ou do que se fala): 3ª pessoa: **ele** (singular) ou **eles** (plural).

Para indicar essas três pessoas que participam das situações de comunicação, empregamos os **pronomes pessoais**.

Eis os pronomes pessoais de nossa língua:

PRONOMES PESSOAIS	Retos	Oblíquos
1ª pessoa do singular	eu	me, mim, comigo
2ª pessoa do singular	tu	te, ti, contigo
3ª pessoa do singular	ele(a)	o, a, lhe, se, si, consigo
1ª pessoa do plural	nós	nos, conosco
2ª pessoa do plural	vós	vos, convosco
3ª pessoa do plural	eles(as)	os, as, lhes, se, si, consigo

Como você viu no trecho do livro de Djamila Ribeiro, os pronomes oblíquos **o**, **a**, **os**, **as** assumem as formas **lo**, **la**, **los**, **las** quando são empregados após formas verbais terminadas em *r*, *s* ou *z* e as formas **no**, **na**, **nos**, **nas** quando são empregados após fonemas nasais (**am**, **em**, **õe**, etc.). Observe:

"Eu não tive tempo de conhecê-**la**"

Pronomes de tratamento

Você já sabe que toda vez que interagimos com outras pessoas por meio da linguagem, esta varia de acordo com a situação, mas nem sempre temos consciência disso. Se nosso interlocutor é, por exemplo, um amigo íntimo, de nossa idade, temos uma forma de tratá-lo; se é uma pessoa mais velha, temos outra; se é um desconhecido ou uma autoridade, uma terceira. Essas diferenças manifestam-se de várias formas: no vocabulário, na entonação da fala, na altura da voz, nas formas como nos dirigimos ao interlocutor, etc.

No texto estudado, por exemplo, você viu que Djamila Ribeiro explica por que pretende tratar sua avó usando a palavra **você** em vez da palavra **senhora**. Palavras e expressões como **senhor**, **senhora**, **Vossa Senhoria**, **Vossa Excelência** e **você** são pronomes pessoais de tratamento, e escolhemos empregar uma ou outra forma dependendo de como pretendemos tratar nosso interlocutor: com respeito, com cerimônia, com informalidade, etc.

Apesar de serem empregados para designar a 2ª pessoa da situação de comunicação, os pronomes de tratamento são, gramaticalmente, pronomes de 3ª pessoa, e não de 2ª pessoa. Veja:

- "Eu não tive tempo de conhecê-**la**" / "**Você** também não pôde me conhecer." / "Quero **lhe** apresentar." (3ª pessoa do singular)

- Eu não tive tempo de **te** conhecer / **Tu** também não pudeste me conhecer. Quero **te** apresentar. (2ª pessoa do singular)

250 UNIDADE 3 Capítulo 2

Veja no quadro a seguir o pronome de tratamento mais adequado a cada interlocutor.

PRONOMES DE TRATAMENTO		
	Abreviatura	Usado para
você	v.	pessoas com quem temos intimidade
Vossa Alteza	V.A.	príncipes, duques
Vossa Excelência	V.Exª	altas autoridades do governo e das forças armadas
Vossa Majestade	V.M.	reis, imperadores
Vossa Santidade	V.S.	papas
Vossa Senhoria	V.S^a	autoridades em geral: chefes, diretores e pessoas a quem se quer falar com distanciamento e respeito
senhor, senhora	Sr., Sr^a	geralmente, pessoas mais velhas que nós ou a quem queremos tratar com distanciamento e respeito; a forma senhorita, já caindo em desuso, é empregada para moças solteiras

✚ Vossa Excelência ou SUA EXCELÊNCIA?

Existem as duas formas. Empregamos **Vossa** antes do título (Excelência, Majestade, Santidade, etc.) quando nos dirigimos diretamente à pessoa a quem se refere o pronome. Por exemplo: "**Vossa Excelência** deseja o carro agora?". Mas quando falamos dessa pessoa a alguém, então empregamos **Sua** no lugar de **Vossa**. Por exemplo: "Rafael, **Sua Excelência** pediu o carro. Vá buscá-lo, por favor".

✚ Você é VOSSA MERCÊ?

A língua sempre tende à economia e à simplificação.

Antigamente, empregava-se **Vossa Mercê** como forma de demonstrar respeito ao interlocutor. Com o tempo, o pronome popularmente se transformou em **vosmecê**, posteriormente em **vancê**, até chegar à forma atual **você** e, hoje, já se começa a ouvir a forma simplificada **cê**. Em filmes e novelas que retratam o Brasil colonial ou em documentos antigos, anteriores ao século XIX, é comum encontrarmos usos como **Vossa Mercê** ou **vosmecê**.

Quando Vossa Mercê tenha alguma cousa de seu serviço destas partes, fico com pronta vontade para lhe dar gosto. Deus guarde a Vossa Mercê. Baía e outubro 7 de 1714.

Marquez de Angeja

(Trecho de carta escrita em 1714 para o Reverendo Doutor Nicolau Pais Sarmento, Vigário Geral de Pernambuco. Disponível em: http://memoria.bn.br/pdf/094536/per094536_1938_00040.pdf. Acesso em: 15/2/2022.)

✚ Contraponto

Atualmente, alguns especialistas defendem a inclusão de **você**, **vocês** e **a gente** entre os pronomes pessoais do caso reto do português brasileiro, pelo fato de esses termos, cada dia mais, estarem sendo utilizados, respectivamente, em lugar de **tu**, **vós** e **nós.**

No passado, o pronome pessoal **vós**, por exemplo, era empregado com maior frequência do que hoje e servia para alguém se dirigir de modo cerimonioso tanto a uma única pessoa quanto a um conjunto de pessoas. Nos dias de hoje, seu uso se restringe a situações muito formais, como textos jurídicos, bíblicos e políticos. No lugar dele, emprega-se o pronome de tratamento **você** ou **vocês**.

Nas últimas três décadas, o uso de **tu** também entrou em declínio em algumas regiões do Brasil, com a substituição desse pronome pela forma **você**.

UNIDADE **3** ▷ Capítulo 2 **251**

Pronomes possessivos

Releia as seguintes frases:

> • "**Nossa** família era a única negra do prédio."
> • "**Nosso** apartamento era próprio."
> • "Você não pode ser mãe da **nossa** boneca"

1 Nessas frases, as palavras **nossa** e **nosso** relacionam um grupo de pessoas a outro termo com o qual concordam em gênero e número.

a) Quais termos são colocados em relação por essas palavras em cada frase?

b) Em quais dessas frases a relação estabelecida entre os termos é de posse? Explique.

c) Deduza: Qual é a relação entre os termos na outra frase?

2 Agora, releia este trecho:

> "Não sei quase nada da sua infância, vó, e adoraria saber mais. Do meu lado, posso dizer que não foi fácil ser uma menina preta em um bairro majoritariamente branco."

a) Identifique nele duas palavras que têm função semelhante à de **nosso** e **nossa**, vistas na questão 1, e indique quais termos são colocados em relação entre si por essas palavras, no contexto.

b) Troque ideias com os colegas e o professor e conclua: No contexto, que relação é estabelecida entre os termos indicados por você no item **a**?

c) Conclua: Qual sentido as palavras identificadas por você no item **a** constroem no texto?

Ao realizar os exercícios anteriores, você observou que as palavras **nosso** e **nossa** podem estabelecer entre dois termos uma relação de posse, como em "nosso apartamento" e "nossa boneca". Mas essas palavras também estabelecem outros tipos de relação, como a de pertencimento e compartilhamento em expressões como "nossa família".

Da mesma forma, você percebeu que as palavras **sua** e **meu** constroem uma oposição no texto, entre a infância vivida pela avó da autora em "sua infância" e a perspectiva da autora sobre a infância vivida por ela própria, em "meu lado".

Essas palavras são **pronomes possessivos**. Os pronomes possessivos variam de acordo com as três pessoas do discurso e concordam em gênero e número com o elemento que se relaciona à pessoa. Assim, o emprego de **nosso**, em "nosso apartamento", deve-se ao fato de que **apartamento** pertence ao gênero masculino e está no singular. Caso o termo empregado fosse, por exemplo, **casas**, a construção seria "nossas casas".

> **Pronomes possessivos** são aqueles que indicam relações como a de posse entre dois ou mais entes.

252 UNIDADE 3 ▶ Capítulo 2

São estes os pronomes possessivos de nossa língua, referentes às três pessoas do discurso:

PRONOMES PESSOAIS RETOS	PRONOMES PESSOAIS POSSESSIVOS
eu	meu, meus, minha, minhas
tu	teu, teus, tua, tuas
ele(a)	seu, seus, sua, suas
nós	nosso, nossos, nossa, nossas
vós	vosso, vossos, vossa, vossas
eles(as)	seu, seus, sua, suas

Pronomes demonstrativos, indefinidos e interrogativos

A seguir você vai ler mais um trecho do livro *Cartas para minha avó*:

[...]
Como meus pais não tinham carro, uma das minhas maiores alegrias era saber que o tio Edson estava indo a Santos me buscar para passar férias com você em Piracicaba. Lá em casa, só quem passava de ano direto tinha esse benefício. Muitas vezes fui sozinha, sem Denis, Helder e Dara — o que eu adorava, confesso, pois sem meus irmãos por perto teria você só para mim. Quando Dara ia, a gente não somente disputava a atenção, mas também disputava para ver quem atenderia aquele telefone bonito que você tinha. A vencedora sempre acabava caçoando da perdedora.

[...] Aliás, foi numa dessas férias com você que eu fui picada pela primeira vez por uma abelha. Voltei chorando para casa, aos berros, e você gritando "O que foi, menina?". Foi toda uma operação de guerra para conseguir tirar o ferrão. Depois, você passou a mistura de ervas que fez meu braço desinchar rápido, e logo eu estava na rua de novo.

[...]

(Djamila Ribeiro. *Cartas para minha avó*. São Paulo: Companhia das Letras, 2021. p. 5-6.)

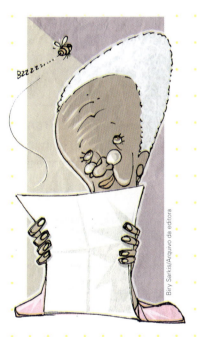

1 Nesse trecho, a autora cita lembranças que tem da convivência com a avó.
   a) São lembranças de um único encontro da autora com a avó ou um conjunto de situações recorrentes?
   b) Em que momento do ano os encontros aconteciam? Justifique sua resposta com um trecho do texto.
   c) Quem são Denis, Helder e Dara? Indique o trecho do texto que permite chegar a essa conclusão.

2 Entre as lembranças, a autora conta um episódio marcante para ela.
   a) Que episódio foi esse?
   b) De que forma a avó ajudou a narradora?

3 Observe os termos em destaque:

"[...] **aquele** telefone bonito que você tinha [...]"
"[...] foi numa **dessas** férias com você [...]"

a) A quais palavras do texto cada termo em destaque se refere?

b) Reescreva os trechos no caderno, substituindo os termos em destaque por artigos definidos.

c) Compare a versão original com a versão escrita por você no item **b**. Troque ideias com os colegas e o professor e responda: Quais diferenças de sentido há entre essas duas versões?

Ao analisar as frases da questão 3, você viu que a palavra **aquele** faz referência a um telefone que existia em uma época antiga, temporalmente distante do momento em que a autora escrevia. Viu também que a palavra **dessa** é usada para retomar a palavra **férias**, já mencionada pela autora no início do trecho.

Palavras como **essa** e **aquele** são **pronomes demonstrativos**. Esses pronomes podem indicar a posição (no tempo ou no espaço) de uma pessoa ou de uma coisa em relação às três pessoas do discurso (quem fala, com quem se fala, do que se fala). Podem, ainda, ser usados para retomar ou para anunciar um outro termo localizado no próprio texto.

Pronomes demonstrativos são aqueles que situam os seres, no espaço, no tempo ou no próprio texto, em relação às três pessoas do discurso.

São estes os pronomes demonstrativos, referentes às três pessoas do discurso:

PRONOMES DEMONSTRATIVOS			
	Masculino	Feminino	Neutro
1ª pessoa	este, estes	esta, estas	isto
2ª pessoa	esse, esses	essa, essas	isso
3ª pessoa	aquele, aqueles	aquela, aquelas	aquilo

Observação

Os pronomes demonstrativos também podem se unir a outras palavras, gerando formas mistas como **nessa** (em + essa), **desta** (de + esta), **daquela** (de + aquela), etc.

Agora, releia estas frases para responder às questões 4 a 6:

• "Lá em casa, só **quem** passava de ano direto tinha esse benefício. Muitas vezes fui sozinha [...]"

• "[...] a gente [...] disputava para ver **quem** atenderia aquele telefone bonito [...]"

• "**O que** foi, menina?"

4 Uma dessas frases representa outra voz, que não a da autora do texto.

a) Qual das frases representa outra voz? De quem é essa voz?

b) Identifique o sinal de pontuação utilizado para marcar a outra voz.

c) Que sentimento essa fala representa, no contexto?

5 Uma das frases aborda o desempenho escolar da autora e dos irmãos dela.

   a) Qual é a relação entre o desempenho escolar deles e as visitas à avó?

   b) Todos os irmãos sempre foram bem na escola? Explique.

6 Observe os termos em destaque nas três frases. Considerando suas respostas às questões 4 e 5, troque ideias com os colegas e o professor e conclua: É possível determinar qual é o referente desses termos nas frases? Explique.

Como você pôde observar, a palavra **quem**, em duas frases do texto lido, não tem um referente preciso, mas pode se referir a um ser ou a outros termos do discurso (3ª pessoa) de modo impreciso e genérico.

No início desta seção, vimos que nas expressões "outros colegas" e "muitas prestações" as palavras **outros** e **muitas** conferem um caráter indefinido àquelas a que se referem.

As palavras **outros**, **muitas** e **quem** são **pronomes indefinidos**.

> **Pronomes indefinidos** são aqueles que se referem a um ser (3ª pessoa) de modo impreciso ou genérico.

Contraponto

Demonstrativos: sistema ternário ou binário?

Segundo os linguistas, o sistema ternário (de três pessoas) dos pronomes demonstrativos da nossa língua (este, esse, aquele) está aos poucos se transformando em um sistema binário. Isso porque muitos falantes já não fazem distinção entre a 1ª e a 2ª pessoa (**este** pão, **esse** pão, por exemplo).

A gramática normativa, entretanto, continua estabelecendo em suas regras tal diferenciação.

Alguns pronomes indefinidos são variáveis, isto é, sofrem flexão de gênero e número; outros são invariáveis. Observe:

- **variáveis**: algum, nenhum, todo, outro, certo, bastante, qualquer, quanto, qual, etc.
- **invariáveis**: alguém, ninguém, tudo, nada, algo, cada, quem, que, etc.

Veja que a expressão "**(o) que**" da pergunta "O que foi, menina?" também tem um caráter impreciso, uma vez que indaga sobre um acontecimento desconhecido pela avó, ou seja, a função do **(o) que** nessa frase é interrogar, perguntar sobre o ocorrido que fez a neta chorar. A mesma fala poderia ser empregada sem o **o**: "Que foi, menina?". A palavra **que** é, nesse caso, um **pronome interrogativo**.

> **Pronomes interrogativos** são os pronomes indefinidos **quem**, **quanto**, **qual** e **(o) que** quando empregados em frases interrogativas.

Os pronomes e a coesão textual

Os pronomes contribuem decisivamente para a construção da coesão textual, isto é, para a existência das conexões gramaticais que interligam as partes de um texto, fazendo com que este não seja um punhado de palavras e frases soltas.

Ao estudar os trechos do livro de Djamila Ribeiro, você viu, por exemplo, que os pronomes **você**, **-lhe** e **-la** são utilizados para se referir à avó da autora, a quem ela se dirige. Viu também que a palavra **dessas**, na expressão "dessas férias", retoma o contexto das férias, descrito anteriormente.

Os pronomes têm, portanto, a função de retomar ou fazer referência a termos já citados em um texto ou em um enunciado, realizando as ligações gramaticais que chamamos de **coesão textual**.

EXERCÍCIOS

Leia esta tira para responder às questões 1 a 4:

(Bill Watterson. Disponível em: https://battlenerds.files.wordpress.com/2008/08/calvin6.gif. Acesso em: 30/12/2021.)

1 Nessa tira, Calvin anuncia uma suposta façanha dele.

a) Que façanha é essa?

b) Quais vantagens ele acredita ter com essa façanha?

2 Observe as partes verbal e não verbal da tira.

a) Descreva quais elementos verbais e não verbais indicam que Calvin está representado nos três primeiros quadrinhos.

b) Identifique e classifique os pronomes de primeira pessoa utilizados nas falas de Calvin na tira.

c) Os três primeiros quadrinhos reforçam ou contrariam a perspectiva de Calvin? Justifique sua resposta.

3 Nas falas de Calvin são empregados dois pronomes indefinidos.

a) Quais são eles?

b) Um dos pronomes identificados por você no item **a** acompanha um substantivo. Identifique-o e deduza: Que expectativa é criada no leitor pelo emprego desse substantivo?

c) Considerando suas respostas anteriores, troque ideias com os colegas e o professor e conclua: Qual efeito de sentido é construído pelo uso desses pronomes na tira?

4 O último quadrinho de uma tira costuma ser essencial para a construção do humor.

a) Deduza: De quem é a fala que aparece no último quadrinho e o que ela representa no contexto da tira?

256 UNIDADE 3 Capítulo 2

b) O que o último quadrinho revela sobre a suposta façanha de Calvin?

c) Levante hipóteses: O que significam, para Calvin, as palavras e expressões que você identificou na questão 3?

d) Considerando as análises feitas nas questões anteriores, explique de que forma o último quadrinho contribui para a construção de humor da tira.

5. Leia esta piada:

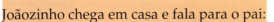

Joãozinho chega em casa e fala para o pai:
— Hoje eu aprendi qual é o braço esquerdo.
— Qual é, meu filho?
— Este aqui.
— Acertou! E qual é o direito, meu filho?
— Ah, pai, isso eu só vou aprender amanhã.

(*Recreio*, n. 625, p. 6.)

a) Em "Este aqui", a que o pronome **este** se refere? E o pronome **isso**, em "isso eu só vou aprender amanhã"?

b) Em "meu filho", **meu** é pronome substantivo ou pronome adjetivo?

6. Leia o texto abaixo, observando as palavras destacadas. Em seguida, para evitar repetição, substitua-as por pronomes, procurando manter o sentido das frases.

[...]

Corisco não foi mesmo embora, e com sete meses já estava grande e bonito, o pelo pretinho de alumiar e as patas brancas, e, era engraçado, parecia que **Corisco** tinha medo de sair pra longe, porque ficava o tempo todo em frente ao alpendre, espichado com a cabeça entre as patas e as orelhonas arrastando no chão, dormindo ou espiando com preguiça os currais, não levantando pra nada, nem

mesmo quando Papai voltava de tardinha do serviço e, em vez de tocar **Corisco** dali, passava por cima, nem olhando, como se **Corisco** não existisse, pois era assim, parecia que **Corisco** não existia pra Papai, nunca falava nele, nem mesmo quando **Corisco** pegou aquela mania de acompanhar **ele** ao retiro.

[...]

(Adaptado de: Luiz Vilela. Corisco. *Contos da infância e da adolescência*. São Paulo: Ática, 2008. p. 10.)

O pronome na construção do texto

Leia a seguir um texto divulgado no *site* da Associação Nacional dos Servidores da Polícia Federal (ANSEP).

(Disponível em: https://www.ansef.org.br/dia-da-consciencia-negra/#prettyPhoto. Acesso em: 15/3/2022.)

QUEM FOI NELSON MANDELA?

Presidente Nelson Mandela, África do Sul, 1993.

Mandela, como também é conhecido, nasceu em 1918, na África do Sul, onde cursou faculdade de Direito e participou ativamente do movimento negro ao longo de toda a vida. Foi preso político por mais de 20 anos e, após ser libertado, conquistou o Prêmio Nobel da Paz em 1993. No ano seguinte, foi eleito presidente de seu país.

Mandela é reconhecido internacionalmente como um expoente da causa negra e por ter sido uma liderança importante em tempos de grande segregação racial no mundo.

1 Esse texto foi produzido em razão de uma comemoração realizada no dia 20 de novembro.

   a) Que comemoração é essa?

   b) Faça uma breve pesquisa e responda: Quando e por que essa data foi instituída no calendário brasileiro?

   c) Na sua cidade é feriado nesse dia? Você conhece algum evento que acontece nessa data? Comente com os colegas e o professor.

2 Observe a parte não verbal do texto. Troque ideias com os colegas e o professor e levante hipóteses sobre o que representa(m):

   a) as cores utilizadas;

   b) a silhueta à esquerda;

   c) os acessórios que acompanham a silhueta;

   d) o círculo verde com a parte interna amarela e azul e a sigla ANSEP.

3 No texto que aparece no canto superior direito da imagem, foram usados alguns sinais de pontuação para delimitar a citação e o nome do autor dela.

   a) Quais são eles?

   b) Levante hipóteses: Que outros recursos gráficos poderiam ter sido utilizados com a mesma finalidade?

4 No texto citado do anúncio, Nelson Mandela menciona alguns elementos que caracterizam a diversidade entre grupos de pessoas.

   a) Quais são esses elementos? E qual deles dialoga com o objetivo do anúncio?

258 UNIDADE 3 ▶ Capítulo 2

b) Resuma com suas palavras o que Mandela afirma sobre diversidade.

c) Considerando quem foi Mandela, troque ideias com os colegas e o professor e explique a relevância da citação de uma fala dele no anúncio.

5 Na fala de Nelson Mandela foram empregados dois pronomes indefinidos.

a) Identifique-os e dê o significado de cada um deles. Se julgar necessário, consulte um dicionário.

b) Qual deles acompanha uma palavra do texto com a qual concorda em gênero e número? Justifique sua resposta.

c) Explique de que forma o emprego desses pronomes indefinidos contribuem para reforçar o conteúdo da fala de Mandela.

6 Um pronome possessivo foi empregado três vezes na citação.

a) Que pronome é esse? E que termo do texto ele retoma?

b) Levante hipóteses: Que efeitos de sentido são construídos no texto por essa repetição?

7 Releia a segunda frase da citação:

"Para odiar, as pessoas precisam aprender, e se podem aprender a odiar, elas podem ser ensinadas a amar."

a) Identifique nessa frase duas palavras que estabelecem relação de oposição.

b) Troque ideias com os colegas e o professor e explique de que forma, nesse trecho, o emprego de um pronome contribui para a construção da coesão textual.

Semântica e discurso

O cartaz a seguir fez parte de uma campanha que recebeu o nome #ChegadeFiu-Fiu, desenvolvida por uma ONG chamada Olga. Leia-o e responda às questões 1 a 3.

(Disponível em: https://catracalivre.com.br/cidadania/campanha-chega-de-fiu-fiu-alerta-para-o-assedio-contido-nos-elogios-das-ruas/. Acesso em: 15/3/2022.)

1 Leia o boxe **thinkolga.com**. Depois, considerando o contexto de circulação do cartaz, responda: A quem o cartaz se dirige?

2 A frase entre aspas no texto do cartaz reproduz uma suposta fala de alguém. Relacione-a à parte não verbal do cartaz e levante hipóteses:

a) O unicórnio rosa representa quem? Justifique sua resposta.

b) A quem se referem os pronomes **ele**, **mim** e **eu**?

c) Qual é o sentido da expressão "dar mole", nesse contexto?

3 Há, no cartaz, um pronome essencial para a construção de seu sentido, no contexto da campanha.

a) Qual é esse pronome? E qual é a sua classificação?

b) Discuta com os colegas e o professor e conclua: Como a presença desse pronome e a posição dele em relação à palavra **disse** contribuem para a construção de sentidos do texto?

c) Explique como a figura do unicórnio pode ser relacionada a esse pronome e ao sentido que ele dá ao texto verbal do cartaz.

+ **thinkolga.com**

Em abril de 2013, foi criada no Brasil uma ONG feminista, chamada Olga, com o objetivo de produzir e divulgar textos voltados à reflexão sobre a complexidade da situação das mulheres e ao empoderamento dessa parte da população.

#ChegadeFiuFiu é o nome de uma das campanhas realizadas pela ONG, especificamente para combater o assédio sexual em espaços públicos. Além de extremamente nocivo às mulheres, esse tipo de assédio chega a constituir um problema de segurança e mobilidade urbana no dia a dia, segundo a ONG, que divulga suas ideias no *blog* thinkolga.com.

Leia a tira a seguir e responda às questões 4 e 5.

(Laerte. *Classificados*. São Paulo: Devir, 2004. v. 3. p. 22.)

4 Explique como se constrói o humor no quadrinho acima, comparando as partes verbal e não verbal do texto.

5 Agora, observe as frases a seguir:

- Falarei com o meu *personal trainer*.
- Falarei com o meu chefe.

a) Identifique e classifique o pronome utilizado nas duas frases.

b) Na primeira frase, o pronome estabelece uma relação entre o "eu" que fala e o *personal trainer*. Na segunda frase, a relação é estabelecida entre quem?

c) Na primeira frase, o "eu" que fala está em uma posição superior ao *personal trainer*. Na segunda frase, qual é a posição do "eu" em relação ao chefe? Explique.

Leia um trecho de uma entrevista que o escritor Ziraldo deu ao jornal *Folha de S.Paulo* logo após completar 85 anos e, a seguir, responda às questões 6 a 8.

Quais seus projetos atuais?

Estou trabalhando nos últimos livros da série "Os Meninos do Espaço" [ed. Melhoramentos], são dez livros, já era para eu ter entregado os dois últimos. Eu trabalho demais no texto, fico enlouquecido, não acabo. Agora, como eu estou mais lento, é pior ainda. Eu capricho muito, reescrevo 300 vezes, não está me agradando. É um pouco a cabeça do sujeito. Eu fiquei velho tem uma semana.

A velhice é uma coisa que **te** acontece de surpresa. **Você** vai vivendo e sempre achando que não mudou nada. Se **você** viveu intensamente, envelhece sem perceber. Eu sempre disse que sou o adolescente mais longevo que já vi. Agora, de repente **você** levanta, sai andando e tropeça nesse negócio aqui [aponta para o rejunte] do ladrilho e descobre que está arrastando o pé. "[...] fiquei velho." Tem uma semana. Em mim demorou 85 anos para chegar, fiquei irremediavelmente velho. Ancião.

O sr. sente limitações?

É engraçado você chegar aos 85 anos e ainda estar com toda disposição para tudo, para trabalhar, para criar. Só que o físico não responde como respondia. **Você** reparou quantas vezes te perguntei sobre o que estava falando? **Você** acorda com a ideia, vai mexer no texto, não acha onde queria mexer. Isso é que é ruim. Toda vez que eu falo isso dizem "ah, você tá triste por envelhecer". Eu não, eu já tenho 85. **Você** [referindo-se ao repórter] não sabe se vai garantir 85. Se bem que, agora, ninguém morre mais, só se **você** bater com o carro ou tiver uma dessas doenças malucas. Mas até elas têm cura, se forem descobertas no começo. Então quer dizer, se eu viver mais dez anos, não vou morrer mais.

(Disponível em: https://www1.folha.uol.com.br/ilustrada/2017/11/1933333-a-velhice-e-uma-coisa-que-acontece-assim-de-surpresa-diz-ziraldo-aos-85.shtml. Acesso em: 28/3/2022.)

6 A propósito dos pronomes de tratamento empregados no texto, responda:

a) Que pronome foi utilizado pelo repórter para se dirigir a Ziraldo? Por quê?

b) Qual pronome foi utilizado por Ziraldo para se dirigir ao repórter? Por quê?

7 Releia este trecho:

"[...] vai mexer no texto, não acha onde queria mexer. Isso é que é ruim. Toda vez que eu falo isso dizem 'ah, **você** tá triste por envelhecer'. Eu não, eu já tenho 85. **Você** [referindo-se ao repórter] não sabe se vai garantir 85."

Você: generalização E IMPESSOALIZAÇÃO

Alguns pronomes pessoais em uso no português brasileiro atual, como **você**, podem fazer uma referência genérica. É muito comum o uso do pronome **você** em frases como "Você vai lá, faz a inscrição, você nem precisa pagar e você já pode começar a frequentar as aulas". Nesse tipo de construção, **você** indica uma pessoa qualquer, não específica.

a) A quem se refere o pronome **você** em cada ocorrência no trecho? Justifique sua resposta.

b) Como o pronome **você** pode ser classificado nesse contexto?

8 Leia o boxe **Você: generalização e impessoalização**. Depois, observe as formas pronominais em destaque nas falas de Ziraldo e responda:

a) A quem as formas em destaque nas falas do escritor se referem?

b) Você utiliza esse tipo de construção ao falar? E ao escrever?

De olho na escrita

Sílaba tônica e sílaba átona

Leia esta tira, de Adão Iturrusgarai:

(*Folha de S.Paulo*, 15/5/2012.)

1 O personagem da tira manifesta o mesmo sentimento em todos os quadrinhos.

a) Que sentimento é esse? Por que ele se sente assim?

b) Você concorda com o personagem? Por quê?

2 A tira aborda algumas regras da língua portuguesa.

a) Troque ideias com os colegas: O que justifica a ortografia da língua portuguesa?

b) De acordo com o ponto de vista do personagem, a palavra **palíndromo** deveria ser um palíndromo. Você sabe o que é um palíndromo? Se sim, dê um exemplo. Consulte um dicionário, se necessário.

3 No último quadrinho, o personagem diz: "Pronto, falei!".

   a) Qual é o sentido dessa expressão? Você costuma usá-la? Em quais situações?

   b) Explique a relação dessa expressão com as falas anteriores e com a construção do efeito de humor da tira.

4 Leia em voz alta estas palavras que aparecem na tira:

> ridícula   separado   falei

   a) Identifique em cada uma delas a sílaba que foi pronunciada de maneira mais forte.

   b) Nas três palavras, a sílaba que foi pronunciada de maneira mais forte é a última, a penúltima ou a antepenúltima?

Ao ler as palavras **ridícula**, **separado** e **falei**, que aparecem na tira, você deve ter pronunciado uma das sílabas de cada palavra com mais força do que as outras. Isso ocorre em todas as palavras que têm mais de uma sílaba.

As sílabas classificam-se em **tônicas** e **átonas** de acordo com a maior ou menor intensidade com que são pronunciadas.

> **Sílaba tônica** é a pronunciada com mais intensidade.
> **Sílaba átona** é a pronunciada com menos intensidade.

Palavras oxítonas, paroxítonas e proparoxítonas

Quanto à posição da sílaba tônica, as palavras de duas ou mais sílabas classificam-se em:

oxítonas

Quando a sílaba tônica é a **última** sílaba da palavra:

> vo**cê**   a**qui**   al**guém**

paroxítonas

Quando a sílaba tônica é a **penúltima** sílaba da palavra:

> **lín**gua   sepa**ra**do   de**ve**ria

proparoxítonas

Quando a sílaba tônica é a **antepenúltima** sílaba da palavra:

> **má**quina   ri**dí**cula   pa**lín**dromo

UNIDADE 3 ▸ Capítulo 2   **263**

EXERCÍCIOS

Releia a seguir a fala de Nelson Mandela que você analisou anteriormente neste capítulo:

"Ninguém nasce odiando outra pessoa pela cor de sua pele, por sua origem ou ainda por sua religião. Para odiar, as pessoas precisam aprender, e se podem aprender a odiar, elas podem ser ensinadas a amar."

1. À exceção dos monossílabos, isto é, palavras compostas de uma única sílaba, indique qual é a sílaba tônica das demais palavras da citação.

2. Classifique as palavras indicadas por você na questão anterior em oxítonas, paroxítonas ou proparoxítonas.

3. Na língua portuguesa, predominam palavras que apresentam a sílaba tônica em determinada posição. Observe as palavras da citação e responda: Qual posição da sílaba tônica é a mais comum nesse trecho e na língua em geral?

PRODUÇÃO DE TEXTO

A carta pessoal: construção e recursos expressivos

Com a popularização da internet e a facilidade de enviar mensagens instantâneas por meio de aplicativos e redes sociais, muitos gêneros textuais, como o telegrama, entraram em declínio e outros, como a carta, passaram a ter um uso mais restrito. Apesar disso, em várias partes do Brasil e do mundo, por diferentes razões, muitas pessoas ainda escrevem e enviam cartas pessoais e algumas empresas ainda utilizam cartas comerciais para se comunicar com seus clientes.

Você sabe como se produz uma carta? Sabe enviá-la pelo correio? A seguir, vamos conhecer esse gênero textual, que já foi um dos mais utilizados em todo o mundo.

Você vai ler uma carta escrita pela tenista americana Serena Williams à mãe, Oracene. Na carta, a tenista agradece à mãe por tê-la ajudado a lidar com os desafios e preconceitos que enfrentou durante a carreira. A jogadora, vencedora de 23 Grand Slams, tomou essa iniciativa quando teve sua primeira filha, Alexis, a quem deseja criar de maneira "forte", como considera que a mãe a criou. O texto foi divulgado nas redes sociais, causando muita emoção.

Querida mãe,

Você é uma das mulheres mais fortes que eu conheço. Estava olhando para minha filha (meu Deus, eu tenho uma filha) e ela tem meus braços e minhas pernas. Exatamente a mesma força, musculatura, potência em seus braços e corpo sensacionais. Não sei como reagirei se ela passar pelo que passei desde meus 15 anos até os dias de hoje. Tenho sido chamada de homem por causa de minha aparência forte. Disseram que eu uso drogas (não, eu sempre tive muita integridade para agir de maneira desonesta para levar vantagem).

Disseram que não pertenço ao esporte feminino — que pertenço ao masculino — porque pareço mais forte que várias outras mulheres. (Não, eu apenas trabalho duro e nasci com este corpo [...] e me orgulho disso). Mas, mãe, não sei como você não foi para cima de cada repórter, pessoa, locutor e, francamente, **haters** que eram muito ignorantes para entender o poder de uma mulher negra. Tenho orgulho que nós pudemos mostrar a eles como algumas mulheres se parecem. Não temos todas a mesma aparência. Temos curva, somos fortes, musculosas, altas, baixas, só para citar algumas, e todas iguais: somos mulheres e orgulhosas!

Você tem tanta classe, eu só desejo ter a sua liderança. Estou tentando [...]. Eu tenho um longo caminho a percorrer, mas obrigada. Obrigada por ser o exemplo que eu precisava para suportar todas as dificuldades que agora considero como desafios — e eu gosto. Espero ensinar a minha bebê Alexis Olympia o mesmo e ter a mesma força que você teve. Prometa-me, mãe, que você vai continuar me ajudando. Ainda não tenho certeza se sou tão calma e forte quanto você. Espero chegar lá um dia. Eu te amo muito.

Da [filha] mais nova das cinco,
Serena

(Disponível em: https://ge.globo.com/tenis/noticia/em-carta-emocionante-serena-agradece-mae-espero-ser-forte-como-voce.ghtml. Acesso em: 15/3/2022.)

hater: expressão do inglês que, ao pé da letra, significa "odiador". Os *haters* são conhecidos na internet como praticantes de *bullying* virtual ou *cyberbullying*.

1 A carta pessoal geralmente estabelece comunicação entre dois ou mais interlocutores e aborda um assunto de caráter particular.

a) Quem é o remetente da carta?

b) Quem é o destinatário?

c) Com que finalidade a carta foi escrita?

d) A carta é de caráter pessoal ou tem um caráter diferente? Justifique sua resposta.

2 Uma carta geralmente apresenta a seguinte estrutura: **local** e **data**, **vocativo** (o nome do destinatário no início da carta), **assunto**, **despedida** e **assinatura** do remetente. Em relação à carta lida:

a) Levante hipóteses: Considerando a fonte do texto, por que não há local e data?

b) Qual é o vocativo?

c) Onde começa o assunto?

d) Que frase serve de despedida? Que outras expressões poderiam ter sido utilizadas?

e) De que forma a autora assina?

3. Na carta pessoal, a linguagem pode ter maior ou menor informalidade, dependendo do grau de intimidade entre os interlocutores.

a) A forma como a autora da carta se refere à mãe dela revela que há intimidade entre elas? Justifique sua resposta com base no texto.

b) A linguagem utilizada na carta confirma sua resposta anterior? Justifique com trechos da carta.

Os gêneros, A INTERNET E OS SUPORTES

Com as facilidades da internet, os gêneros têm sofrido alterações quanto à estrutura, ao veículo e ao suporte (o meio físico no qual o texto se fixa).

Tradicionalmente, a carta era escrita em uma folha de papel, colocada em um envelope (suporte) e tinha como veículo os serviços do correio. Hoje, entretanto, ela pode ser publicada em uma rede social, como fez Serena Williams, enviada por WhatsApp ou por *e-mail*, que, nesse caso, podem ser considerados os suportes.

Mudanças de suporte e de veículo dos gêneros geralmente acarretam outras mudanças, como as de estrutura e linguagem.

4. A carta lida foi escrita originalmente em inglês. Na tradução para o português, o pronome *you*, do inglês, foi traduzido pelo pronome **você** e, na frase "Eu te amo muito", foi empregado o pronome oblíquo **te**.

a) Você acha que, na tradução, a opção pela forma **você** em vez do pronome de tratamento **senhora** foi acertada? Por quê?

b) Apesar de o pronome **você** vir sendo frequentemente utilizado no português brasileiro no lugar do pronome do caso reto **tu**, de 2ª pessoa, gramaticalmente ele concorda em 3ª pessoa. Na frase "Eu te amo muito", do final da carta de Serena Williams, há o emprego do pronome oblíquo **te** (2ª pessoa) em vez do pronome **a** (3ª pessoa). Considerando a situação e o gênero textual, você acha que a tradução foi adequada? Por quê?

5 Sob a orientação do professor e com alguns colegas, resuma com alguns colegas as características básicas da carta pessoal. Para isso, copiem o quadro a seguir no caderno e completem as lacunas de acordo com o que aprenderam sobre a carta pessoal lida ou outras com as quais já tiveram contato.

Carta pessoal: construção e recursos expressivos	
Quem são os interlocutores da carta pessoal?	
Qual é o objetivo desses textos?	
Onde circulam?	
Como a carta pessoal se estrutura?	
Como é a linguagem da carta pessoal?	

O que é CEP?

CEP é a sigla do código de endereçamento postal. Trata-se de um conjunto de números que identificam um local.

No envelope, o CEP deve vir na frente ou abaixo do nome das cidades em que moram o remetente e o destinatário. Quando o usamos corretamente, a carta chega a seu destino e não corre o risco de extraviar.

Agora é a sua vez

Ao longo deste capítulo, você leu trechos de um livro de Djamila Ribeiro, escrito em forma de cartas destinadas à avó, e também uma carta de Serena Williams destinada à mãe. Ambos os textos abordam, entre outros assuntos, o preconceito enfrentado pelas autoras.

Ao final desta unidade, você e os colegas vão participar de uma campanha de combate ao preconceito. Inspirado(a) nos textos lidos, você vai escrever uma carta que possa fazer parte dessa campanha e que, portanto, aborde o preconceito de alguma forma: você pode, por exemplo, dirigi-la aos colegas da escola, aos professores ou funcionários. Pode também escrever para uma pessoa da sua família ou de seu círculo social. Na carta, você pode abordar um assunto pessoal ligado ao preconceito ou pode tratar sobre preconceitos de forma geral. Você pode ainda contar sobre a campanha que a turma está organizando e sobre suas expectativas em relação a ela.

Cartas no cinema e NOS LIVROS

Se você gosta de cartas, assista aos filmes *Central do Brasil*, de Walter Salles, e *Cartas para Julieta*, de Gary Winick, e leia os livros *Ana e Pedro — Cartas*, de Vivina de Assis Viana e Ronald Claver (Atual), e *Cartas do coração — Uma antologia do amor*, de Elisabeth Orsini (Rocco).

UNIDADE 3 ▶ Capítulo 2 **267**

Siga estas orientações.

Planejamento do texto

○ Escolha um destinatário real a quem possa enviar uma carta: um(a) amigo(a) ou um parente que esteja longe, um(a) colega com quem já estudou, um(a) colega da escola de outra sala ou de outro ano, um(a) amigo(a) do prédio ou do bairro, etc. Peça a essa pessoa o endereço dela e o nome completo.

○ Decida o suporte e o veículo que serão utilizados para enviar a carta: papel, envelope e correio ou meio digital. Nesse caso, peça ao destinatário o endereço eletrônico (*e-mail*) dele.

○ Pense no assunto que vai abordar na carta e como pretende desenvolvê-lo, de forma mais pessoal ou impessoal.

Escrita

○ Escreva a carta utilizando a estrutura convencional do gênero, incluindo nela: local e data, vocativo, assunto, expressão de despedida e assinatura.

○ Procure adequar a linguagem ao perfil do interlocutor, deixando-a menos ou mais formal, conforme o grau de intimidade existente entre você e o destinatário.

○ Empregue os pronomes pessoais e os pronomes de tratamento adequados, de acordo com relação que você tem com o destinatário.

○ Fique atento às normas ortográficas, ainda que a linguagem seja informal.

Revisão e reescrita

Antes de fazer a versão final da carta e enviá-la, reveja-a, observando:

○ Há indicação de data e local? Vocativo, assunto, expressão amigável de despedida e assinatura?

- O assunto da carta está relacionado a uma experiência de sua vida pessoal ou às suas ideias? As ideias estão bem desenvolvidas?

- A linguagem está adequada ao veículo e ao grau de intimidade entre os interlocutores?

- Caso você queira enviar a carta pelo correio, o envelope está preenchido corretamente? Se optar por enviá-la por *e-mail*, verifique se o endereço eletrônico do destinatário está correto e não se esqueça de preencher o campo que indica o assunto.

- O texto passou por uma correção gramatical?

DIVIRTA-SE

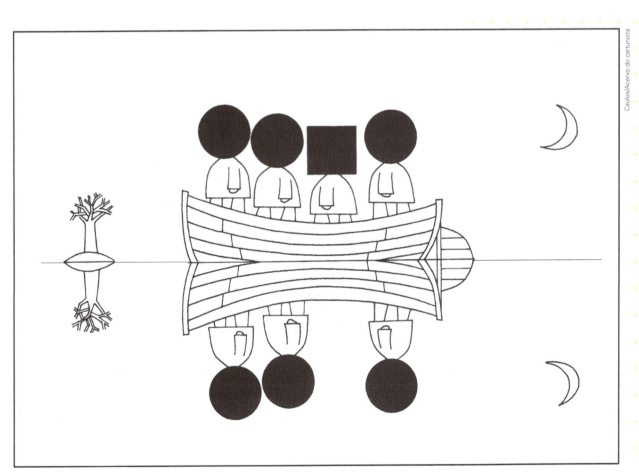

(Caulos. *Só dói quando eu respiro*. Porto Alegre: L&PM, 2001. p. 64.)

CAPÍTULO 3

Nenhum a menos!

De acordo com as leis brasileiras, crianças e adolescentes têm direitos iguais. Mas será que, na realidade, todos eles têm as mesmas condições para brincar, estudar, se desenvolver, se alimentar, praticar esportes, etc.? Compartilhe com os colegas sua opinião sobre o assunto, citando exemplos. Respeite a vez de falar de cada um.

Em 2020, o Fundo das Nações Unidas para a Infância (Unicef) lançou uma campanha para chamar a atenção das pessoas no Brasil para um problema social que atinge muita gente: o racismo. Leia, a seguir, um anúncio que fez parte da campanha:

(Disponível em: https://www.unicef.org/brazil/nao-e-coincidencia-e-racismo. Acesso em: 15/3/2022.)

ESTUDO DO TEXTO

Compreensão e interpretação

1. O anúncio foi organizado em dois cartazes diferentes. Que elementos das duas imagens indicam que elas se complementam?

2. Qual é a ideia apresentada em cada cartaz do anúncio? Observe tanto a linguagem verbal quanto a não verbal.

3. Qual dos cartazes apresenta dados estatísticos baseados em pesquisa? E o que esses dados mostram?

4. O título da campanha do Unicef é: "Não é coincidência, é racismo". Leia a justificativa do Unicef para essa campanha:

> "Não é coincidência que crianças e adolescentes negros sejam a maioria da população em situação de pobreza no Brasil, que sejam as principais vítimas de violência no País, que sejam os que mais sofrem preconceito e os que menos se veem representados nos espaços públicos."

(Disponível em: https://www.unicef.org/brazil/nao-e-coincidencia-e-racismo. Acesso em: 3/1/2022.)

a) De que modo o anúncio lido comprova que não se trata de coincidência?

b) Que ideias o texto da Unicef acrescenta ao anúncio?

c) Ainda de acordo com esse texto, crianças e adolescentes negros são "os que mais sofrem preconceito e os que menos se veem representados nos espaços públicos". O que significam "espaços públicos" no contexto da campanha?

5. Observe outro cartaz que traz o título dessa campanha:

(Disponível em: https://www.unicef.org/brazil/nao-e-coincidencia-e-racismo. Acesso em: 15/3/2022.)

a) O que esse cartaz e o anúncio lido anteriormente têm em comum? E o que têm de diferente?

b) Observe o olhar e a expressão facial e corporal das crianças no cartaz. Que sentimento eles indicam? Explique sua resposta.

6. Uma campanha de propaganda procura convencer as pessoas a concordar com uma ideia.

a) Com suas palavras, resuma a ideia da campanha.

b) Em sua opinião, a campanha tem força para atingir seu objetivo? Explique.

7. Na parte de baixo de cada cartaz há um logotipo (símbolo que serve para identificar uma entidade ou empresa) do Unicef:

a) O que representa a figura que integra o logotipo do Unicef?

b) Qual é o sentido da expressão "para cada criança" nesse contexto?

A linguagem do texto

1 Observe e compare as duas primeiras frases seguintes com a terceira:

- Algumas entidades têm feito um trabalho com **crianças de rua**.
- Algumas entidades têm feito um trabalho com **crianças em situação de rua**.
- "Toda criança tem direito de estar protegida, mas muitas estão em **situação de trabalho infantil**."

a) Que diferença de sentido há entre as duas primeiras frases?

b) Na terceira frase, qual é o sentido da expressão "em situação de trabalho infantil"?

c) Troque ideias com a turma e responda: Por que a criança que está em situação de trabalho infantil está desprotegida?

2 No cartaz que traz o título da campanha — "Não é coincidência é racismo" — não foi empregado nenhum sinal de pontuação, mas esses sinais poderiam ter sido empregados.

a) Levante hipóteses e responda: Por que o texto não apresenta sinais de pontuação?

b) Discuta com a turma, depois responda: Que sinais de pontuação poderiam ser empregados nesse enunciado?

Trocando ideias

Discuta com a turma as questões a seguir, garantindo que todos tenham o direito de expor livremente suas ideias. Fundamente suas opiniões com bons argumentos, isto é, apresente os motivos ou as razões que levam você a pensar dessa maneira.

1 O tema do preconceito racial abordado pelo Unicef é uma realidade em todo o mundo. De que modo você sente esse tipo de preconceito em sua comunidade?

2 Você já viveu ou presenciou uma situação de preconceito contra crianças e adolescentes negros? Se sim, comente com os colegas.

3 Por que você acha que os negros muitas vezes são alvo de preconceito?

UNIDADE 3 ▶ Capítulo 3

A LÍNGUA EM FOCO

O verbo (I)

Construindo o conceito

Leia a seguir o subtítulo divulgado no *site* da campanha do Unicef que você estudou no início deste capítulo.

> O UNICEF trabalha para garantir que cada criança, cada adolescente esteja na escola, cresça com saúde, não sofra violência e tenha sua voz ouvida. E convidamos você a se juntar a nós para tornar isso realidade.

(Disponível em: https://www.unicef.org/brazil/nao-e-coincidencia-e-racismo. Acesso em: 15/3/2022.)

1 Há, na primeira frase, uma palavra que indica uma ação realizada pelo Unicef.

a) Identifique-a.

b) Troque ideias com os colegas e o professor: De que forma a campanha que você estudou representa a ação do Unicef?

2 Observe as palavras em destaque no trecho a seguir:

"[...] **esteja** na escola, **cresça** com saúde, não **sofra** violência e **tenha** sua voz ouvida."

a) A qual(is) outro(s) termo(s) do texto elas se referem? Justifique sua resposta.

b) Qual é o sentido da expressão "tenha sua voz ouvida" no contexto da campanha? Se julgar necessário, consulte um dicionário.

c) Deduza: No contexto da campanha, quem seria o responsável por ouvir essa voz?

3 Releia a última frase:

"E convidamos você a se juntar a nós para tornar isso realidade."

a) A quem se refere a palavra **convidamos**, isto é, quem é responsável pela ação de convidar, no contexto da frase?

b) Entre as opções a seguir, copie no caderno aquela que tem o sentido mais próximo ao da palavra **tornar** no contexto da frase:

| voltar | transformar em | devolver |

Conceituando

Conforme você observou, as palavras **trabalha** e **convidamos** indicam as ações de **trabalhar** e **convidar** realizadas pelo Unicef, assim como **esteja**, **cresça**, **sofra** e **tenha** exprimem as ações de **estar** (na escola), e **crescer**, **sofrer** e **ter** são relativas a cada criança e adolescente assistidos pela instituição. A palavra **tornar**, por sua vez, indica uma mudança, uma transformação na realidade atual dessas crianças. Palavras como **trabalhar, convidar, estar, crescer, sofrer, ter** e **tornar** são chamadas **verbos**.

Os verbos podem indicar ação, estado, mudança de estado e fenômenos meteorológicos.

> **Verbos** são palavras que exprimem ação, estado, mudança de estado e fenômenos meteorológicos, sempre em relação a determinado tempo.

Dois ou mais verbos com valor de um formam uma locução verbal. Por exemplo: **está trabalhando**, **vai estar**, **deve crescer**.

Conjugações

Todos os verbos existentes na língua portuguesa pertencem a apenas três grandes grupos, ou conjugações:

- **1ª conjugação:** os verbos terminados em **-ar**
- **2ª conjugação:** os verbos terminados em **-er**
- **3ª conjugação:** os verbos terminados em **-ir**

Os verbos que terminam em **-ar**, **-er**, **-ir** e **-or** estão em uma forma que chamamos de **infinitivo**. Essa é a forma como o verbo se apresenta quando ainda não foi flexionado nas (nos) diferentes pessoas, tempos e modos verbais.

Para encontrar um verbo no dicionário, é preciso sempre procurar o seu infinitivo. Por exemplo:

trabalha – trabalhar
sofra – sofrer
garante – garantir

Observação

Todos os verbos terminados em **-or**, como **repor**, **supor**, **antepor** e **depor**, são derivados de **pôr**. O verbo **pôr** ainda mantém a vogal **e** da 2ª conjugação nas formas **pões**, **põe** e **põem**. Por isso, **pôr** e seus derivados pertencem à 2ª conjugação.

Flexão de número e pessoa

Releia um trecho do texto que você analisou anteriormente, observando os verbos em destaque:

"O UNICEF **trabalha** para garantir que cada criança, cada adolescente **esteja** na escola, **cresça** com saúde, não **sofra** violência e **tenha** sua voz ouvida. E **convidamos** você a se juntar a nós para tornar isso realidade."

Rawpixel.com/Shutterstock

1 As formas **trabalha** e **convidamos** se referem ao Unicef. Troque ideias com os colegas e o professor e deduza:

a) Qual dessas formas está conjugada na 1ª pessoa do plural e qual está conjugada na 3ª pessoa do singular?

b) Por que essas duas formas verbais foram empregadas em pessoas do discurso diferentes, se ambas se referem ao mesmo agente (aquele que executa as ações)?

2 Você já viu que as palavras **esteja**, **cresça**, **sofra** e **tenha** se referem a crianças e adolescentes assistidos pelo Unicef. Troque ideias com os colegas e o professor e conclua: Por que, nesse texto, essas formais verbais foram empregadas no singular?

As três pessoas do verbo são as mesmas do discurso, ou seja, as mesmas que envolvem qualquer ato de comunicação, e podem estar no singular ou no plural:

- 1ª pessoa (aquele que fala): eu, nós.
- 2ª pessoa (aquele com quem se fala): tu, vós, você, vocês.
- 3ª pessoa (aquele ou aquilo de que se fala): ele, ela, eles, elas.

Assim, se conjugarmos o verbo **trabalhar**, do texto estudado, no passado, notaremos as variações de pessoa e número:

(Eu) trabalhei: 1ª pessoa do singular
(Tu) trabalhaste: 2ª pessoa do singular
(Ele, você) trabalhou: 3ª pessoa do singular
(Nós) trabalhamos: 1ª pessoa do plural
(Vós) trabalhastes: 2ª pessoa do plural
(Eles, vocês) trabalharam: 3ª pessoa do plural

Contraponto

Conforme vimos no estudo dos pronomes, em várias regiões do país o pronome de tratamento **você** é empregado no lugar do pronome reto **tu**. Assim, embora **você** desempenhe o papel de 2ª pessoa do discurso, ou seja, com quem se fala, o verbo é conjugado em 3ª pessoa:

- **Você** já contribuiu para a campanha do Unicef? (3ª pessoa)
- **Tu** já contribuíste para a campanha do Unicef? (2ª pessoa)

Também é possível encontrar, em algumas regiões do Brasil, o uso do pronome de 2ª pessoa **tu** com o verbo conjugado em 3ª pessoa. Esse uso, não previsto pela gramática normativa, resulta, por exemplo, em frases como:

Tu já **contribuiu** para a campanha do Unicef?
(2ª pessoa)   (3ª pessoa)

Flexão de modo

Observe novamente algumas das formas verbais empregadas neste trecho:

"O UNICEF **trabalha** para garantir que cada criança, cada adolescente **esteja** na escola, **cresça** com saúde, não **sofra** violência e **tenha** sua voz ouvida. E **convidamos** você a se juntar a nós para tornar isso realidade."

1 Troque ideias com os colegas e o professor e deduza:

a) Quais das formas verbais em destaque descrevem ações que de fato ocorrem?

b) E quais dessas formas verbais indicam acontecimentos hipotéticos, isto é, há um desejo de que eles venham a acontecer?

2 Compare as duas construções a seguir:

- "E convidamos você a se juntar a nós para tornar isso realidade."
- Junte-se a nós e torne isso realidade.

a) Ambas as frases dialogam diretamente com o leitor. Identifique os termos que evidenciam esse diálogo em cada uma delas.

b) Em qual das duas frases é dada uma ordem direta ao leitor? Justifique sua resposta.

Como você pôde observar ao responder às questões, as formas verbais **trabalha**, **esteja**, **cresça**, **sofra**, **tenha** e **convidamos** exprimem as intenções de quem fala; as palavras **trabalha** e **convidamos** revelam a intenção de mostrar certeza; **garantir**, **esteja**, **cresça**, **(não) sofra** e **tenha**, a intenção de indicar um desejo do enunciador; e **junte(-se)** e **torne**, por fim, expressam a intenção de orientar o leitor a ter um determinado comportamento. Essas diferentes maneiras de expressar intenções por meio dos verbos são chamadas de **modos**.

No português brasileiro, são três os modos verbais: **indicativo**, **subjuntivo** e **imperativo**.

Indicativo

É o modo da certeza, empregado para indicar que algo, na visão de quem fala, é seguramente verdadeiro no mundo real e acontece, aconteceu ou acontecerá: "O Unicef **trabalha**"; "**Convidamos** você".

Subjuntivo

É o modo da hipótese ou da possibilidade, utilizado para indicar que algo pode vir a acontecer:

> "[...] para garantir que cada criança, cada adolescente **esteja** na escola, **cresça** com saúde, não **sofra** violência e **tenha** sua voz ouvida."

Geralmente é empregado depois de verbos que dão a ideia de ordem, proibição, desejo, vontade, pedido, condição ou hipótese.

Imperativo

É o modo pelo qual se expressa uma ordem, um pedido, um conselho ou uma orientação: "**Junte**-se a nós".

O imperativo pode ser afirmativo e negativo. O negativo é sempre precedido de uma palavra negativa.

✚ Contraponto

O linguista Marcos Bagno afirma em sua gramática que a forma imperativa com o pronome **nós**, no português brasileiro, tem sido cada vez mais utilizada não pela conjugação tradicional, mas sim por meio do uso da forma verbal auxiliar **vamos** seguida do infinitivo do verbo principal. Por exemplo, para exprimir ordem ou conselho, não costumamos empregar "Juntemo-nos ao Unicef", mas sim "Vamos nos juntar ao Unicef".

Frases imperativas, portanto, podem ser formadas com o emprego do modo imperativo, mas muitas vezes é possível perceber uma intencionalidade imperativa em frases que apresentam verbos em outros modos, como em "Você poderia falar mais baixo?", que corresponde a: "Fale mais baixo!". A frase "Convidamos você a se juntar a nós.", utilizada no texto estudado, contém essa ideia imperativa, pois corresponde a "Junte-se a nós.".

EXERCÍCIOS

Leia esta tira, de Gilmar:

1 Em que situação se encontram os personagens da tira? Justifique sua resposta com base nos elementos não verbais do texto.

2 Observe a expressão facial dos personagens ao longo da tira.

a) Quais sentimentos essas expressões revelam em cada quadrinho?

b) Qual é a relação entre a fala e a expressão facial do personagem de calça vermelha no segundo quadrinho?

3 Observe as formas verbais das falas do segundo quadrinho:

a) Em que modo verbal elas foram empregadas?

b) Justifique sua resposta ao item **a**, considerando os sentidos das falas da tira.

4 A fala do anjo no terceiro quadrinho quebra a expectativa gerada pelos dois primeiros quadrinhos.

a) Quais modos e formas verbais foram empregados nessa fala? Identifique cada um deles.

b) Explique a relação entre os modos verbais utilizados e a construção do humor da tira.

Leia esta receita para responder às questões 5 a 7:

Biscoito de chocolate e nozes

Ingredientes

- 1 xícara (chá) de margarina
- 4 colheres (sopa) de açúcar
- 1 e 1/2 xícara (chá) de farinha de trigo
- 2 colheres (sopa) de amido de milho
- 3 colheres (sopa) de chocolate em pó
- 50 g de nozes trituradas

Modo de preparo

- Em um recipiente, **misture** a margarina e o açúcar.
- Depois, **junte** a farinha de trigo, o amido de milho e o chocolate.
- Com as mãos, **sove** a massa até **ficar** uniforme.
- Em seguida, **modele** o formato desejado.
- Se **quiser**, **abra** a massa com o auxílio de um rolo e **corte-a** com moldes de desenhos.
- **Coloque a massa** em uma assadeira.
- **Leve** ao forno e deixe assar por 15 minutos, na temperatura de 180°, ou até **dourar**.

Dica

- **Acrescente** as nozes na hora em que for sovar a massa.

(Silvia Martins. Disponível em: www.comidaereceitas.com.br/biscoitos-e-bolachas/biscoito-de-chocolate-e-nozes.html. Acesso em: 27/11/2017.)

5 Identifique o modo em que estão as formas verbais destacadas no texto.

6 As formas **deixe assar** e **for sovar** são locuções verbais e elas podem ser substituídas por formas verbais simples, isto é, por uma única palavra.

a) Quais formas verbais poderiam substituir essas duas locuções verbais?

b) Em que modos verbais essas formas verbais estão?

7 As receitas culinárias orientam as pessoas sobre como preparar pratos.

a) Que prato é ensinado nessa receita?

b) Você já fez uma receita semelhante a essa? Comente com os colegas.

c) Considerando a função da receita, deduza: Por que o modo imperativo predomina nesse texto?

d) Você conhece alguma receita de cor? Alguma que costuma fazer muito? Seguindo o modelo da receita lida, escreva a sua receita no caderno e compartilhe-a com os colegas.

Flexão de tempo

Leia esta tira, de Nik:

(*Gaturro*. Cotia-SP: Vergara & Riba, 2008, v. 2, p. 52.)

1 Os personagens da tira empregam várias formas verbais em suas falas. Identifique-as.

2 Observe que as formais verbais identificadas por você na questão 1 se referem a diferentes tempos. Com base nos sentidos do texto, deduza qual(is) delas:

a) se refere(m) a algo que acontece no **presente**, isto é, ao momento em que os personagens falam.

b) se refere(m) a um fato **passado**, isto é, a algo ocorrido antes do momento em que os personagens conversam.

c) se refere(m) ao **futuro**, isto é, a algo que ainda vai acontecer.

São três os tempos verbais básicos da língua portuguesa: presente, pretérito (passado) e futuro. Compare:

> Presente (hoje): **tenho**
> Pretérito (ontem): **aconteceu**
> Futuro (amanhã): **ficarei/vou ficar**

EXERCÍCIOS

1 Identifique o tempo (presente, pretérito ou futuro) em que estão as formas verbais destacadas neste texto:

Saiba mais sobre o mico-leão-dourado, um macaco que só existe no Brasil

É fácil saber por que o mico-leão-dourado **ganhou** esse nome: seus pelos **formam** uma juba cabeluda, dourada e brilhante, como a dos leões.

Esse animal só **existe** na Mata Atlântica brasileira e **esteve** ameaçado de desaparecer do planeta. Muita gente **lutou** para preservar essa espécie e hoje a população de micos-leões-dourados **está** crescendo.

Os micos **passam** o dia entre as árvores, procurando frutos, insetos e animais pequenos para comer.

À noite, eles se **escondem** em ocos de árvores e **vão dormir** tranquilos.

Se **percebe** a aproximação de uma cobra, uma jaguatirica ou um gavião, o líder do bando dos micos **dá** um assobio forte. Aí todos se escondem rapidinho entre os galhos.

(Maria Carolina Cristianini. *Recreio,* n. 462, p. 26.)

2 Suponha que você precise procurar em um dicionário o significado do verbo a que pertence cada uma das formas verbais abaixo. No dicionário, os verbos aparecem no infinitivo. Que palavras você buscaria no dicionário?

a) eu trouxe
b) ela coube
c) quando ele vier
d) eles viram
e) eu pus
f) eu visto
g) ele diria

Leia a tira a seguir, de Fernando Gonsales, e responda às questões 3 a 5.

(*Folha de S.Paulo*, 14/7/2013.)

3 Observe os balões dos dois primeiros quadrinhos.

a) Que intenção o Grilo Falante expressa nos enunciados desses balões: aconselhar, ordenar ou coagir?

b) Que modo verbal esse personagem emprega na sua fala do terceiro balão?

c) No segundo quadrinho, na frase "Fumar é um péssimo hábito!" está implícita a ideia de imperativo. Explique em que consiste essa ideia.

4 Observe o terceiro quadrinho.

a) O que a interjeição da personagem feminina exprime?

b) No alto do quadrinho, há uma legenda. De quem é o comentário que aparece nela?

5 O humor da tira está na ironia que o autor faz em relação ao comportamento do personagem Grilo Falante. Explique essa afirmação.

O verbo na construção do texto

Leia esta tira, do personagem Armandinho:

(Disponível em: https://tirasarmandinho.tumblr.com/post/109389328889/do-armandinho-tr%C3%AAs-livros. Acesso em: 27/11/2017.)

282 UNIDADE 3 Capítulo 3

1 O humor da tira é construído com base na ambiguidade de uma palavra, isto é, no fato de ela apresentar mais de um sentido.

  a) Qual é essa palavra e qual é a classificação morfológica dela?
  b) Quais são os dois sentidos possíveis dessa palavra na tira? A quais ações esses sentidos equivalem?
  c) Identifique o sentido da palavra com o qual estão relacionadas as seguintes expressões da tira.

  - "quanto quer"
  - "à venda"
  - "estou vendo"
  - "aproveite pra ver também!"

2 Observe estas frases:

- "Não **está** à venda!"
- "**Aproveite** pra ver também!"

Em qual delas a forma verbal em destaque:

  a) indica um conselho, uma ordem?
  b) indica um estado, ou seja, a situação em que algo se encontra?

3 Considerando suas respostas à questão anterior, conclua: Em quais modos cada uma das formas verbais em destaque foram empregadas?

4 Compare estas frases:

- Estou vendo o **pôr** do sol.
- Vamos **pôr** a mesa para o café.

  a) Em qual delas a palavra em destaque é substantivo? Justifique sua resposta com base no que você aprendeu sobre substantivo e indique qual é o sentido dessa palavra no contexto da frase.
  b) Em qual delas a palavras em destaque é verbo? Justifique sua resposta com base no que você aprendeu sobre verbo e indique qual é o sentido dessa palavra no contexto da frase.

5 Leia estas placas:

III. VENDO ANO 2009 - ÚNICO DONO 2.0 COM DVD RODA - TRIO - AR Tratar: 11 2791-7172

A pessoa que fala com o personagem Armandinho na tira provavelmente tinha em mente um dos sentidos da palavra **vendo** que aparece em duas dessas placas.

a) Quais são essas placas? Em que situação placas parecidas com essas são utilizadas?

b) Em qual dessas placas o sentido da palavra **vendo** é o mesmo da placa que Armandinho está segurando na tira? Justifique sua resposta, depois levante hipóteses: Em que situação essa placa poderia ser usada?

6 A propósito do texto das placas que você leu, discuta com os colegas e o professor e responda:

a) Qual termo (explícito ou subentendido) completa a palavra **vendo** em cada placa?

b) De que maneira os complementos da palavra **vendo** contribuem para a identificação da finalidade das placas?

7 Na tira, são contrapostos o perfil do garoto e o do adulto que fala com ele. Entre as palavras a seguir, indique as que poderiam ser associadas ao perfil de cada um. Se julgar necessário, consulte um dicionário.

a) frio
b) poético
c) delicado
d) prático
e) inocente
f) utilitário
g) singelo

Semântica e discurso

Leia a seguir outros anúncios que fazem parte da campanha do Unicef que você analisou no início deste capítulo:

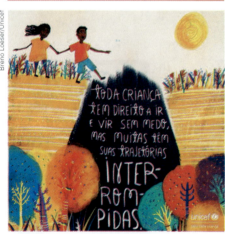

(Disponível em: https://www.unicef.org/brazil/nao-e-coincidencia-e-racismo. Acesso em: 16/3/2022.)

1. Observe atentamente os textos desses anúncios e identifique quais elementos verbais e não verbais indicam que eles fazem parte da mesma campanha dos anúncios analisados no início deste capítulo.

2. As quatro peças vistas devem ser lidas em pares que se complementam. Compare as partes verbal e não verbal das peças e responda:

   a) O tema é o mesmo em todas as peças? Explique.

   b) Explique de que forma o desenho presente nas peças à esquerda dialoga com os dados estatísticos apresentados nas peças à direita.

3. Releia esta frase:

   "Toda criança tem direito à educação, mas muitas estão na escola sem aprender."

   a) Considerando a primeira frase, o trecho "tem direito à educação" tem o sentido de "estar na escola", ou de "aprender"?

   b) Deduza: Qual é a diferença entre "estar na escola" e "aprender"?

4. O verbo **ter** foi empregado quatro vezes nos anúncios com sentidos diferentes e formas distintas.

   a) Identifique essas ocorrências e indique modo, tempo, número e pessoa em que cada uma está conjugada.

   b) Observe as formas verbais a seguir, troque ideias com os colegas e o professor e indique quais delas mais se aproximam dos sentidos do verbo **ter** nas ocorrências identificadas por você no item **a**.

   - apresentar
   - usufruir
   - sofrer

   c) Em duplas, proponham reescritas para as frases identificadas no item **a**, usando outras formas verbais e, se desejarem, reorganizem a estrutura das frases sem alterar as informações do texto. Se julgarem necessário, utilizem um dicionário.

   d) Troque ideias com os colegas e o professor e concluam: Qual é a diferença entre as frases do texto original e as reescritas por vocês no item **c**?

5. Releia esta frase:

   "Toda criança tem direito a ir e vir sem medo, mas muitas têm suas trajetórias interrompidas."

   Quais são, no contexto da campanha, os possíveis sentidos:

   a) da expressão "ir e vir sem medo"?

   b) da palavra **trajetória**?

6 Compare as frases a seguir:

• "As populações preta, parda e indígena tiveram entre 9% e 13% de estudantes reprovados, enquanto entre brancos esse percentual foi de 6,5%."

• A população branca teve 6,5% de estudantes reprovados, enquanto entre pretos, pardos e indígenas esse percentual foi de 9% a 13%.

a) Levante hipóteses: Por que, na primeira frase a forma verbal é **tiveram** e na segunda frase a forma verbal é **teve**?

b) Os dados apresentados nas duas frases são diferentes ou são iguais?

c) Troque ideias com os colegas e o professor: Em cada construção, quais termos têm mais destaque?

d) Conclua: Por que, no contexto da campanha, a ordem dos termos da frase é importante para a construção dos sentidos do texto?

De olho na escrita

Acentuação

1 Releia estas palavras dos textos dos anúncios vistos anteriormente:

a) Quais delas são paroxítonas e quais são proparoxítonas?

b) Considerando sua resposta ao item **a**, reescreva as regras a seguir no caderno, substituindo o símbolo ▲ pela classificação da palavra de acordo com a posição da sílaba tônica.

• Todas as ▲ terminadas em ditongo, seguido ou não de **s**, devem ser acentuadas.

• Todas as ▲ devem ser acentuadas, sem exceção.

2 Observe o emprego das formas verbais destacadas nas frases a seguir.

• "Toda criança **tem** direito à educação."

• "Toda criança **tem** direito a ir e vir [...], mas muitas **têm** suas trajetórias interrompidas."

Troque ideias com os colegas e o professor e deduza: Por que em uma das ocorrências a forma verbal recebeu acento? Justifique sua resposta.

Ao responder às questões anteriores, você constatou a existência de algumas regras de acentuação das palavras da língua portuguesa no Brasil. Veja, a seguir, todas as regras de acentuação de palavras na nossa língua.

 São acentuados os monossílabos tônicos e as palavras oxítonas terminados em **-a**, **-e**, **-o** e os ditongos abertos **éi**, **éu** e **ói**, seguidos ou não de **-s**.

Por exemplo:

| babás | dendê | avós | papéis | céus | dói |

 As palavras oxítonas terminadas em **-em(ens)** são acentuadas, porém os monossílabos terminados em **-em(ens)** não são acentuados.

Compare os exemplos a seguir:

| quem | tem | bem |
| também | ninguém | parabéns |

 São acentuadas as paroxítonas terminadas em **-l**, **-n**, **-r**, **-x**, **-i**, **-is**, **-us**, **-ã**, **-ãs**, **-ão**, **-ãos**, **-um**, **-uns**, **-ps** e **ditongo**.

Eis alguns exemplos:

-l, -n, -r, -x: responsável, hífen, açúcar, ônix
-i, -is: júri, lápis
-us: bônus
-ã, -ãs: ímã, órfãs
-ão, -ãos: bênção, órgãos
-um, -uns: fórum, álbuns
-ps: bíceps
ditongo: remédio, mágoa, fáceis, infância

 Todas as palavras proparoxítonas são acentuadas.

Veja alguns exemplos:

| fábulas | paroxítona | crepúsculo |
| saltávamos | lágrima | |

Observações

1. Verbos como **conter**, **deter**, **manter** e **reter** apresentam formas oxítonas e são acentuadas quando estão na 3ª pessoa do presente do indicativo: recebem acento agudo no singular e acento circunflexo no plural. Por exemplo: "ele contém" e "eles contêm".

2. Os verbos **ter** e **vir**, quando estão na 3ª pessoa do presente do indicativo, são monossílabos tônicos terminados em **-em**. Pela regra de acentuação dos monossílabos, esses verbos não deveriam ser acentuados. Entretanto, acentua-se a forma da 3ª pessoa do plural para diferenciá-la da forma do singular. Por exemplo: "ele vem" e "eles vêm".

EXERCÍCIOS

Leia esta tira:

(Dik Browne. *Folha de S.Paulo*, 11/11/2012.)

1 Observe as roupas e os acessórios utilizados pelos personagens.

   a) Deduza: Quem são eles e que postura se espera que eles tenham diante do desafio apresentado no primeiro quadrinho?

   b) O que as pequenas "nuvens" e os traços, desenhados à esquerda no segundo quadrinho, sugerem sobre os personagens que estavam no primeiro quadrinho e não aparecem no segundo?

   c) O humor da tira é construído com base na personalidade do personagem de roupa vermelha, Eddie Sortudo. Que traço da personalidade dele é evidenciado no segundo quadrinho? Por que esse traço contribui para a construção do humor?

2 Observe as palavras **têm** e **vem**, empregadas na tira.

   a) Justifique o acento da palavra **têm** no primeiro quadrinho.

   b) Por que a palavra **vem** não é acentuada no segundo quadrinho?

3 Copie as frases a seguir no caderno e complete cada uma com a forma adequada do verbo entre parênteses, mantendo-o no presente do indicativo.

   a) Aquele palácio (conter) uma fortuna em ouro.

   b) Diante do perigo, os comandados de Hagar (manter) a calma.

   c) Com muita coragem, o *viking* (deter) o avanço inimigo.

   d) Os arqueiros (reter) o inimigo no desfiladeiro.

288 UNIDADE 3 ▶ Capítulo 3

Leia o texto a seguir para responder às questões 4 e 5.

Mandioca

Quando Pedro Alvares Cabral chegou ao Brasil, a mandioca ja era um dos principais alimentos de nossos indios. Ela e originaria do Nordeste e das regiões centrais do pais. O Brasil e o maior produtor mundial de mandioca.

Existem 2 tipos:

• A mandioca-doce, tambem chamada de aipim ou macaxeira, e usada na alimentação. Depois de cozida em agua e sal, ela esta pronta para ser consumida.

[...] Sua farinha e insubstituivel em receitas tipicas brasileiras, como o Tutu à Mineira e os pirões de peixe. [...]

• A mandioca-brava ou amarga e usada na produção de polvilho ou de farinha. Ela tem uma quantidade maior de acido cianidrico, um veneno, que a mandioca-doce. Provoca nauseas, vomitos e sonolencia. [...]

(Adaptado de Marcelo Duarte. *O guia dos curiosos* — Brasil. São Paulo: Panda, 2011. p. 405.)

4 Segundo o texto:

a) De onde é originária a mandioca?

b) Por quais outros nomes a mandioca também é conhecida? Qual deles você costuma usar? E qual é o mais utilizado na região onde você mora?

c) Cite três receitas ou produtos que são feitos com mandioca. Você costuma consumir algum deles? Qual(is)?

5 No texto, foram propositalmente eliminados os acentos gráficos das palavras que são monossílabos tônicos, oxítonas e proparoxítonas. Identifique essas palavras e reescreva-as no caderno acentuando-as devidamente.

6 Leia os pares de palavras a seguir e reescreva no caderno, acentuando corretamente, apenas as palavras paroxítonas que devem ser acentuadas.

a) saci — taxi

b) urubus — Venus

c) nuvem — hifen

d) orfãs — irmãs

e) carater — temer

f) futil — sutil

PRODUÇÃO DE TEXTO

Anúncio publicitário: construção e recursos expressivos

Leia novamente o anúncio estudado no início do capítulo.

(Disponível em: https://www.unicef.org/brazil/nao-e-coincidencia-e-racismo. Acesso em: 15/3/2022.)

1. Anúncios são textos que na esfera comercial têm a finalidade de vender um produto e, na esfera social, especialmente em campanhas, têm a finalidade de divulgar ideias e estimular o público a participar de uma causa. A respeito do anúncio acima, responda:

   a) Qual é a finalidade desse anúncio?

   b) Quem são os interlocutores desse anúncio?

   c) Que tipo de ação ou de mudança os autores do anúncio esperam que aconteça?

2. Os anúncios podem ser constituídos de mais de uma linguagem e podem ser veiculados em diferentes suportes e veículos de comunicação, como jornais, revistas, rádio, televisão e internet.

   a) Que tipos de linguagem foram utilizados na construção desse anúncio?

   b) Levante hipóteses: Esse anúncio foi produzido para qual tipo de veículo de comunicação?

   c) Nesse anúncio, que tipo de relação há entre a linguagem verbal e a linguagem não verbal?

3. Todo anúncio publicitário apresenta **argumentos** (motivos, razões) para convencer o interlocutor.

   a) Qual é o principal argumento usado nesse anúncio para tentar convencer o interlocutor?

   b) O argumento apresentado é convincente? Por quê?

4 Os recursos gráficos também podem ajudar a impactar os interlocutores.

   a) Que recursos gráfico-visuais foram empregados nesse anúncio?

   b) Esses recursos contribuem para o anúncio alcançar seus objetivos? Por quê?

5 Agora, observe a linguagem verbal empregada em todos os anúncios da campanha do Unicef lidos neste capítulo.

   a) Como é essa linguagem: direta e sucinta ou desenvolvida e detalhada?

   b) A linguagem está de acordo com o perfil do público a que se destina?

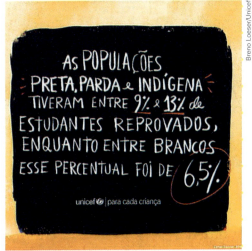

6 Sob a orientação do professor, junte-se a alguns colegas e resumam as características básicas do anúncio publicitário. Para isso, copiem o quadro a seguir no caderno e completem as lacunas de acordo com o que aprenderam sobre o anúncio publicitário estudado ou sobre outros que vocês já leram.

Anúncio publicitário: construção e recursos expressivos	
Quem são os interlocutores do anúncio publicitário?	
Qual é o objetivo desse gênero textual?	
Onde o anúncio publicitário circula?	
Que tipo de linguagem constitui o anúncio publicitário?	
Qual é a estrutura do anúncio publicitário impresso?	
Como é a linguagem verbal do anúncio publicitário?	

UNIDADE 3 ▶ Capítulo 3 — 291

Agora é a sua vez

Ao final desta unidade, no capítulo **Intervalo**, você e os colegas vão organizar uma campanha comunitária contra o **preconceito**. Para divulgar essa campanha, a turma vai produzir anúncios publicitários.

No capítulo 2, você leu as cartas de Djamila Ribeiro e de Serena Williams, que abordam o tema preconceito racial. Neste capítulo, teve contato com anúncios da campanha promovida pelo Unicef, de combate a esse mesmo preconceito. Agora, lembre-se de alguns dos aspectos abordados até aqui:

- O preconceito racial em nossa sociedade como um todo.
- A violência contra a criança e o adolescente negros.
- A presença predominante de crianças e adolescentes negros nos casos de trabalho infantil.
- Brinquedos que revelam preconceitos.
- Abandono escolar de crianças e adolescentes negros.
- Pouca visibilidade dada pela grande mídia a pessoas negras.

Em grupo, discutam esses aspectos e pensem nos anúncios que vocês vão criar para a campanha comunitária da turma.

Planejamento do texto

- Pensem na abrangência e no recorte da campanha que vocês vão criar. Por exemplo, vocês podem desenvolver anúncios contra o preconceito sofrido por crianças e adolescentes negros, abordando aspectos já discutidos, ou outros que ainda não tenham sido abordados.

- Busquem mais informações sobre o tema em livros, jornais, revistas e na internet, acerca dos diferentes aspectos que envolvem o preconceito racial. Vejam algumas dicas de *sites*:

    – https://www.unicef.org/brazil/nao-e-coincidencia-e-racismo

    – https://nossacausa.com/lelia-gonzalez-discriminacao-racial/

    – https://www.geledes.org.br/preconceito-racismo-e-discriminacao-contexto-escolar/?noamp=available&gclid=Cj0KCQiA2ZCOBhDiARIsAMRfv9IAUEoJDEGoaVf7GSoq4UYVepMHb37_PGFgRJYA-SKcKJ5WdR5bL-kaAiu-EALw_wcB

    – https://www.jornaljoca.com.br/preconceito-contra-asiaticos-e-tema-de-trabalho-de-universitario/

- Se, na sua cidade ou região, for muito evidente algum problema relacionado a outro tipo de preconceito — por exemplo, contra indígenas, ou imigrantes ou filhos de imigrantes orientais, venezuelanos, bolivianos, sírios ou sudaneses —, vocês poderão focar nesse problema vivido por essas comunidades e na dificuldade que os imigrantes têm de se adaptar à realidade brasileira.

- Selecionem as informações que pretendem utilizar como argumentos e a ideia principal a ser defendida.
- Pensem nos recursos que vão utilizar para compor o anúncio: fotografias, ilustrações, cores, tipos e tamanhos de letras, diagramação, etc.
- Criem uma identidade visual para todas as peças que serão produzidas, isto é, um padrão de cores, traços, ilustrações, tipo(s) e tamanho(s) de letra(s), etc., para que o público consiga perceber facilmente que os anúncios fazem parte da mesma campanha.
- Pensem no perfil do público-alvo: crianças, adolescentes, funcionários e familiares da comunidade escolar, por exemplo.

Escrita

- Escrevam o anúncio publicitário: criem um título ou uma frase que sirva de título e, em seguida, o texto do anúncio, isto é, a parte que trará as principais informações.
- Para convencer os interlocutores a aderir à causa defendida, empreguem argumentos convincentes.
- Usem a linguagem que esteja de acordo com o perfil do público-alvo. Se for o caso, empreguem verbos no imperativo ou frases com intencionalidade imperativa, sugerindo ações de combate ao preconceito.
- Selecionem imagens que se integrem ao texto, de modo que a linguagem verbal e a linguagem visual formem um todo significativo.
- Se quiserem, criem para o anúncio um logotipo que represente a escola, a turma ou o grupo.

Revisão e reescrita

Depois de concluírem o anúncio, verifiquem:

- se o anúncio apresenta a ideia principal de forma clara, direta e enxuta;
- se essa ideia é sustentada por argumentos fortes, consistentes e convincentes;
- se a linguagem não verbal (imagem e recursos gráficos) complementa a linguagem verbal;
- se a linguagem utilizada está de acordo com o perfil do público-alvo e com as normas da escrita, incluindo as regras de acentuação que você aprendeu neste capítulo.

DIVIRTA-SE

(Disponível em: https://ponte.org/charge-negros-sao-as-maiores-vitimas-da-violencia/charge_ponte_jornalismo_06_06_2017_jovem_negro_vivo_72/. Acesso em: 16/3/2022.)

PASSANDO A LIMPO

Leia o início do conto "Circo", de Luiz Vilela, e responda às questões 1 a 3.

Eu estava no terreiro brincando quando escutei os foguetes e a voz do homem falando no alto-falante, e então fui correndo pra rua gritando: o circo chegou! o circo chegou! Ele já estava na esquina e eu trepei no muro pra ver ele passar e então ele veio passando com a perua de alto-falante na frente de tudo, depois o palhaço comprido de pernas de pau tocando um tamborzinho, pim pim pim, e o palhaço anãozinho tocando um tamborzão, pom pom pom, era engraçado, depois a moça bonita que era a moça do trapézio junto com o homem do trapézio no jipe enfeitado com fitas de muitas cores, depois a jaula com o leão desenhada com soldadinhos de cara gordinha, o leão deitado só olhando, era de fazer medo na gente, e depois atrás de tudo o elefante cor de barro andando pesadão, balançando a cabeça, e eu gritei: ô elefantão! e desci do muro e fui pro meio da meninada andar atrás dele, que parecia muito mansinho, e eu quis encostar a mão nele, mas não encostei de medo dele fazer alguma coisa [...].

(*Contos da infância e da adolescência*. São Paulo: Ática, 2008. p. 30.)

1 A chegada do circo é descrita pelo narrador-personagem:

a) na sequência em que ocorre o desfile das diversas atrações.

b) com um foco apenas nos sons e nas cores.

c) com um foco apenas nos animais.

d) com foco somente nos artistas.

2 Releia este trecho do texto:

> "**Ele** já estava na esquina e eu trepei no muro pra ver ele passar e então ele veio passando com a perua de alto-falante [...]."

O pronome **ele** destacado no trecho refere-se:

a) ao homem.   b) ao circo.   c) ao terreiro.   d) ao foguete.

3 No texto, o emprego de termos nos graus aumentativo e diminutivo ajuda a caracterizar a experiência vivida pelo narrador na infância. Isso não é totalmente verdadeiro apenas em:

a) "tocando um tamborzinho, pim pim pim, e o palhaço anãozinho tocando um tamborzão, pom pom pom".

b) "desenhada com soldadinhos de cara gordinha".

c) "e eu gritei: ô elefantão!".

d) "parecia muito mansinho".

294 UNIDADE 3 ▶ Passando a limpo

4 Leia a história em quadrinhos a seguir.

(Disponível em: http://www.willtirando.com.br/vacuo-is-coming/. Acesso em: 16/3/2022.)

O efeito de humor da história é construído com base:

a) na função social e na estrutura do gênero carta, bem como no fato de que a carta é um texto pouco usado nos dias atuais.

b) na omissão do autor da carta, sugerindo que o pássaro errou o caminho e entregou a resposta para a pessoa errada.

c) na relação intertextual entre a troca de cartas em tempos antigos e a troca de mensagens por aplicativo de celular nos dias atuais.

d) no contraste entre as expressões faciais dos personagens, que denotam sentimentos opostos de alegria e tristeza.

5 Leia o poema, de Ulisses Tavares:

1,75 de não faça isso

1,75 m de não faça isso,
65 kg de não faça aquilo,
é dose:
meu irmão já nasceu adulto precoce.

(*Aos poucos fico louco*. Rio de Janeiro: Globo, 1987.)

A propósito dos numerais empregados no poema, qual afirmação é **incorreta**?

a) Eles descrevem a altura do irmão mais velho e quanto ele pesa.

b) Eles sugerem o grau de preguiça do irmão mais velho.

c) Eles sugerem que o tamanho faz o irmão mais velho se sentir no direito de dar ordens ao irmão mais novo.

d) Eles sugerem que a altura e o peso fazem o irmão mais velho, embora sendo jovem, comportar-se como adulto.

Leia o texto a seguir para responder às questões 6 e 7.

(Disponível em: https://www.pressenza.com/pt-pt/2020/05/campanha-regularizacao-imediata-permanente-e-sem-condicoes-para-imigrantes-no-brasil/. Acesso em: 16/3/2022.)

6 É possível deduzir que o texto lido:

a) é um anúncio de propaganda sobre migrações no Brasil.

b) faz parte de uma campanha contra a imigração no Brasil.

c) faz parte de uma campanha para a regularização de imigrantes no Brasil.

d) é um anúncio publicitário para incentivar a imigração no Brasil.

7 A parte verbal do texto em estudo:

a) contém artigos definidos que contribuem para delimitar exatamente qual é a causa defendida.

b) contém adjetivos que contribuem para marcar urgência e a importância da regularização dos imigrantes.

c) contém adjetivos que acompanham e modificam o sentido do substantivo **migrantes**.

d) foi toda escrita em uma variedade linguística utilizada apenas na internet, conforme indica o símbolo #.

Leia o texto a seguir para responder às questões 8 a 10.

(Disponível em:https://www.bunkyo.org.br/br/2020/09/campanha-amigo-supera-a-meta-de-arrecadacao/. Acesso em: 16/3/2022.)

8 A presença da escrita japonesa no texto:

a) Aproxima as culturas brasileira e japonesa, dialogando simultaneamente com os dois povos.

b) Prejudica a comunicação, pois o leitor brasileiro não é capaz de compreender o que está escrito.

c) É preconceituosa, pois se dirige apenas aos japoneses, excluindo os demais interlocutores.

d) Evidencia ainda mais as diferenças culturais e as dificuldades de compreensão entre os dois povos.

9 Sobre as formas verbais empregadas no texto, NÃO se pode afirmar que:

a) A forma **seja**, conjugada na 3ª pessoa do singular, dirige-se diretamente ao interlocutor, pressupondo o tratamento pelo pronome **você**.

b) A forma **seja**, no modo imperativo, convida o interlocutor a participar da campanha divulgada.

c) A forma **alcançamos**, no modo imperativo, comunica ao interlocutor uma informação importante.

d) A forma **alcançamos**, na 1ª pessoa do plural, inclui o enunciador.

10 A palavra **nossa**, no contexto:

a) É um pronome possessivo indicador de que apenas as pessoas participantes da campanha são bem-vindas ao grupo.

b) É um pronome pessoal indicador de que o enunciador é um grupo de pessoas, e não uma pessoa apenas.

c) É um pronome possessivo indicador de que a meta alcançada era desejada por um grupo que inclui o enunciador.

d) É um pronome pessoal indicador de que a meta foi alcançada apenas por um grupo específico de pessoas, não por todos.

INTERVALO

Campanha "Preconceito: Tô fora!"

Nesta unidade, você leu e produziu textos relacionados com o problema da guerra, que também afeta crianças e adolescentes, e textos a respeito do preconceito, principalmente o racial, que se manifesta de diferentes maneiras em nosso país. Além disso, escreveu textos de diário, cartas e produziu em grupo anúncio de propaganda com a finalidade de combater o preconceito racial, de imigrantes ou outras formas de preconceito.

Agora, com a turma, participe da campanha **Preconceito: Tô fora!**, compartilhando com a comunidade escolar as produções desenvolvidas nesta unidade e motivando-a a contribuir para o combate ao preconceito.

TOMANDO DECISÕES

Conversem com os colegas e o professor a respeito de como gostariam que fosse a campanha, levando em conta as produções feitas e a realidade da comunidade em que vivem. Compartilhem ideias, ouvindo com atenção as propostas dos colegas e do professor. Defendam suas propostas com base em argumentos consistentes, considerando o contexto escolar e os desejos da turma. Depois da discussão, definam um plano para implementar os combinados. Para isso:

- escolham um lugar da escola para realizar o evento. Verifiquem com o professor e/ou a direção um espaço e uma data disponíveis.

- decidam como serão organizados o evento de lançamento da campanha e a própria campanha. Distribuam as tarefas para que cada aluno ou grupo de alunos fique responsável por uma parte do trabalho.
- decidam como será divulgado o evento de lançamento da campanha. Serão feitos convites? Quem ficará responsável por essa tarefa?
- escolham os textos que vão fazer parte da campanha. Decidam também como as produções serão exibidas no espaço do evento.
- definam um cronograma para as atividades do evento e para a divulgação da campanha. Além da exposição de textos e anúncios, que outras atividades acontecerão no dia do evento?
- escolham o(s) meio(s) pelo(s) qual(is) a campanha será veiculada após o lançamento. Vocês farão peças impressas, que serão distribuídas, ou usarão a internet para divulgar?

PRODUÇÃO E DISTRIBUIÇÃO DE CONVITES

Produzam o convite para o evento de lançamento da campanha. Ele pode ser impresso ou digital. Neste caso, será necessário enviá-lo por *e-mail* ou aplicativo de mensagens ou publicá-lo nas redes sociais da escola, indicando, entre outras coisas, nome, data, hora e local do evento.

Com a ajuda do professor, organizem uma lista de convidados e providenciem os telefones ou *e-mails* deles para enviar os convites. Para garantir que toda a comunidade escolar seja convidada, produzam cartazes de divulgação e exponha-os em locais de grande circulação na escola.

ORGANIZANDO E DIVULGANDO OS TEXTOS PRODUZIDOS

Organizem o cronograma do evento, programando um momento para a apreciação dos textos e dos anúncios, um momento para a leitura oral de alguns textos produzidos para o público e, se possível, depois dessa leitura, um momento para um debate sobre o tema da campanha.

Definam o(s) suporte(s) em que os textos produzidos pela turma vão circular: murais, cartazes, internet, *e-mail*, leitura oral de alguns textos, etc. Nos murais, por exemplo, exponham os textos com fontes de letras maiores para facilitar a leitura dos visitantes. Criem cartazes para os anúncios publicitários que vocês produziram e fixem essas peças nas paredes do espaço do evento. Ou, ainda, façam uma coletânea de textos em formato de livro ou revista e providenciem cópias para serem apreciadas pelos visitantes. Para a versão digital, escaneiem os textos e os anúncios e depois envie-os por *e-mail* ou aplicativo de mensagem ou publiquem a produção de vocês nos canais oficiais da escola.

Avaliem a possibilidade de apresentar os anúncios publicitários criados por vocês em um formato diferente, por exemplo, em vídeo. Produzam os vídeos coletivamente e exponham esse material no evento de lançamento em um computador ou *tablet* e/ou divulguem esses vídeos pela internet, por *e-mail*, aplicativos de mensagens ou por meio dos canais oficiais da escola. Se necessário, peça a ajuda do professor de Informática ou de Robótica para gravar e editar os vídeos de vocês.

REALIZANDO O EVENTO

Façam um levantamento de tudo que será necessário para a realização do evento de lançamento da campanha: reservem o espaço, como um auditório ou sala da escola; murais; cartolina para os cartazes; microfone; computador; projetor multimídia; *tablet*; celular para gravar os vídeos; papel sulfite para as cópias dos textos; etc.

Definido o local do evento, verifiquem se ele atende às necessidades de vocês: há um bom espaço para a visitação, para a leitura oral dos textos produzidos, para a realização do debate e para apresentação de vídeo(s)?

Decidam quem ficará responsável pelo manuseio dos equipamentos. Se necessário, providenciem cadeiras e mesas para a exposição, a leitura e o debate.

Exponham em um mural da escola um cartaz com o cronograma do evento, informando ao público o horário e o local de cada atividade.

Se possível, registrem o evento por meio de vídeo, para que posteriormente ele possa ser disponibilizado na internet em um dos canais da escola.

MAIS IDEIAS PARA O EVENTO

Além das atividades já propostas, poderão ser realizadas outras relacionadas ao tema da campanha, como a palestra de um profissional especializado no tema preconceito ou depoimentos de vítimas de preconceito racial, de imigrantes ou de refugiados.

Nesse caso, façam um levantamento da quantidade de pessoas que poderiam participar, avaliando se o local comporta todos confortavelmente. Ao convidar os participantes, não deixe de combinar como será a colaboração de cada um.

UNIDADE 4
Verde, adoro ver-te!

(Caulos. Disponível em: http://www.caulos.com/cartoons/. Acesso em: 23/2/2022.)

Intervenção humana

No território em que habita,
O homem como ser animal,
De todos é o mais perigoso,
Pelo seu diferencial.

É dotado de inteligência,
Tem o domínio da ciência,
É um ser sensacional,
Homem de grande sapiência.

Domina a fala e a escrita,
Constrói a morada onde habita,
Defensor da ética e da moral,
Faz o bem e faz o mal.

Mas destrói a natureza sem pena,
E nessa intervenção humana,
Contribui para um desastre total.
Não destrói com tua vida.
Pensas que és imortal?

(Márcia Kambeba. *O lugar do saber*. Disponível em: https://olma.org.br/wp-content/uploads/2020/06/olugardosaber.pdf. Acesso em: 14/3/2022.)

FIQUE LIGADO! PESQUISE!

Capa do livro *Quem vai salvar a vida?*, escrito por Ruth Rocha.

Tiago, personagem do livro *Quem vai salvar a vida?*, de Ruth Rocha (Editora Salamandra), ao aprender sobre ecologia na escola, compartilha seus novos conhecimentos em casa, levando sua família a repensar o modo de se relacionar com o meio ambiente. Afinal, a responsabilidade de cuidar do nosso planeta é de todos, cada um deve fazer sua parte. Ao ler a história de Ruth Rocha, percebemos que pequenas atitudes do dia a dia, como não jogar lixo em lugares públicos e economizar água, por exemplo, são muito importantes para preservar a vida na Terra.

Leia também: *Viagem pelo Brasil em 52 histórias*, de Silvana Salerno (Companhia das Letrinhas); *Árvores do Brasil — Cada poema no seu galho*, de Lalau e Laurabeatriz (Peirópolis); *Amazônia*, de Alan Oliveira (Saraiva); *Uma aventura na Amazônia*, de Daniel Munduruku (Caramelo); *O jardim de todos*, de Carlos Rodrigues Brandão (Autores Associados).

Cartaz do filme *Ainbo — A Guerreira da Amazônia*, de Richard Claus e Jose Zelada.

A jovem indígena Ainbo vive na Amazônia desde que nasceu, na aldeia Candamo. Ao descobrir que sua terra pode ser destruída pela ambição humana de povos que até então não conhecia, ela parte em uma corajosa jornada para encontrar meios de salvar a floresta.

Veja também: *O começo da vida 2 — Lá Fora*, de Renata Terra; *O Lorax — Em Busca da Trúfula Perdida*, de Chris Renaud; *Wall-E*, de Andrew Stanton; *Avatar*, de James Cameron; *Rio 1* e *Rio 2*, de Carlos Saldanha; *Tainá 2 — A aventura continua*, de Mauro Lima.

Acesse o *site* do documentário *O Amanhã é hoje — o drama de brasileiros impactados pelas mudanças climáticas* e conheça a história de brasileiros que vivem na cidade, no campo, na floresta e tiveram suas vidas diretamente impactadas pelas mudanças climáticas. Nesse *site*, você encontrará também estudos e documentos técnicos sobre o contexto do Brasil, em especial a Amazônia: https://www.oamanhaehoje.com.br/.

Para conhecer mais pesquisas e estudos sobre o meio ambiente, navegue também pelos *sites*:
- Amazônia: notícia e informações: https://amazonia.org.br/;
- Criança e natureza: https://criancaenatureza.org.br/;
- Ciência Hoje das Crianças: http://chc.org.br/.

Visite instituições ligadas à preservação ambiental que são abertas ao público e, se possível, peça ao professor que organize com a turma uma visita ao local. O Projeto Tamar, por exemplo, é uma organização que está presente em mais de 20 cidades do país. Acesse o *site* para mais informações: https://www.tamar.org.br/.

Outras sugestões:
- Estação Ecológica da UFMG: https://www.ufmg.br/estacaoecologica/;
- Área de Proteção Ambiental de Guapi-Mirim e Estação Ecológica da Guanabara, RJ: www.icmbio.gov.br/apaguapimirim/o-que-fazemos/educacao-ambiental/visitas-guiadas.html;
- Parque ecológico de São Carlos (SP): www.saocarlos.sp.gov.br/index.php/turismo-informacoes/154162-visitacao-publica-ao-parque-ecologico.html;
- Estação ecológica de Bertioga (SP): www.bertioga.sp.gov.br/noticias/estacao-ecologica-no-arquipelago-de-alcatrazes-pode-ser-liberada-para-visitacao/.

Intervalo

Planeta Terra, urgente!

No final desta unidade, você vai criar e organizar com os colegas um jornal sobre o meio ambiente, composto das entrevistas, das notícias e dos artigos de divulgação científica produzidos por vocês ao longo dos capítulos.

DE OLHO NA IMAGEM

Leia este cartum, de Fabiano dos Santos:

1. A parte visual do cartum mostra como está o meio ambiente na Terra em consequência de ações humanas. Observe, na imagem, a área terrestre do planeta.

    a) Qual é a situação das florestas? Que ações humanas levaram a essa situação?

    b) O que a atividade das indústrias provoca no meio ambiente?

2. Observe, no cartum, a área marítima do planeta.

a) Que elementos aparecem em grande quantidade no mar?

b) O que é a mancha escura situada próximo da parte de trás do navio? Que consequência essa mancha traz ao meio ambiente?

c) O que a baleia ferida representa?

3. Com exceção da baleia, não se veem no cartum outros animais, como peixes, pássaros, bichos terrestres ou seres humanos.

a) Levante hipóteses: Onde estaria o ser humano? Que relação ele tem com a situação do planeta?

b) O que a ausência de mais animais no cartum sugere?

4. A imagem ao lado é o símbolo da energia atômica. Pesquise ou converse com o professor de Ciências sobre os tipos de energia e suas fontes, renováveis e não renováveis. Depois, responda:

a) Que riscos as usinas nucleares oferecem?

b) De acordo com o cartum, quais são as principais fontes de energia utilizadas pelo ser humano?

c) Há indícios, no cartum, de uso de fontes renováveis de energia?

5. O cartum mostra uma situação em que dois alienígenas, em uma viagem espacial, se aproximam da Terra. Que impressão eles têm do nosso planeta? Justifique sua resposta.

6. O humor do cartum está relacionado à pergunta "Você acredita que existam seres inteligentes neste planeta?", feita por um dos alienígenas, e à resposta do outro.

a) Que sentidos a expressão **seres inteligentes** pode ter no contexto?

b) Como você acha que o alienígena que responde completaria a frase "Bom, pelo que vejo..."? Justifique sua resposta.

7. De modo não explícito, o cartum contrapõe o conceito de **inteligência** ao de **sabedoria**. Os seres humanos podem ser considerados "seres inteligentes"? Eles estão usando a inteligência com sabedoria?

QUEM É FABIANO DOS SANTOS?

Fabiano dos Santos, cartunista, ilustrador e *designer* gráfico.

Fabiano dos Santos é, além de cartunista, ilustrador e *designer* gráfico. Foi o primeiro cartunista brasileiro a receber a certificação Selo Verde (ouro), conferida por governos e organizações não governamentais, por ter criado cartuns de humor relacionados à educação ambiental. Também foi vencedor do prêmio Top 3, na categoria Arte e Cultura, no Prêmio Top Blog Brasil. Para conhecer melhor o trabalho do artista, acesse os *sites*: http://fabianocartunista.blogspot.com.br/; http://fabianocartunista.wixsite.com/portfolio.

+ Vida INTELIGENTE

A descoberta de mais de 330 planetas fora de nosso sistema solar nos últimos anos ajudou a redefinir o provável número de planetas habitados por alguma forma de vida [...].

As atuais pesquisas estimam que haja pelo menos 361 civilizações inteligentes em nossa galáxia, e possivelmente 38 mil fora dela.

Mesmo que haja quase 40 mil planetas com vida, no entanto, é muito pouco provável que seja estabelecido qualquer contato com vida alienígena. [...]

(Disponível em: www.terra.com.br/noticias/ciencia/espaco/existe-vidainteligente-em-38-mil-planetasestima-cientista, cd08cd95a78ea310VgnCLD200000bbcceb0aRCRD.html. Acesso em: 18/3/2022.)

CAPÍTULO 1

É hora de mudar!

Secas e enchentes acontecendo simultaneamente em diversas partes do Brasil e do mundo. Furacões e tornados, calor insuportável, derretimento de geleiras nos polos, desaparecimento de muitas espécies animais e de plantas... O que está ocorrendo com nosso planeta?

Entrevista

"Vida moderna deve mudar para combatermos aquecimento global"

Autor de *A terra inabitável*, David Wallace-Wells discute a urgência da mudança climática e a corrida contra o relógio para salvar o planeta

Casas inundadas no Texas, Estados Unidos, por causa das mudanças climáticas.

Para o jornalista David Wallace-Wells, o futuro é muito pior do que imaginávamos. Os problemas que enfrentaremos por conta do aquecimento global já estão em curso — e acelerando vertiginosamente. É o que ele mostra em seu primeiro livro, *A terra inabitável*, que figurou na lista de *best-sellers* do New York Times [...]. Em entrevista à ÉPOCA, Wallace-Wells traça um panorama sobre as catástrofes que podem engolir nosso planeta e aponta como podemos salvar a humanidade de uma hecatombe climática.

O que motivou o senhor a escrever sobre mudanças climáticas? E como vê a cobertura da imprensa sobre o assunto?

Vivi toda a minha vida em Nova York e pensei por muito tempo que a vida moderna era uma espécie de fortaleza contra as forças da natureza. Isso até entender que a mudança climática era algo real e que afetaria profundamente minha vida e a das pessoas que amo. Como jornalista, percebi quão grande, complexa e universal essa história era ao mergulhar nas pesquisas científicas. E que era muito mais urgente do que eu imaginava.

É dramático que mais da metade das emissões de carbono produzidas pela queima de combustíveis fósseis na história da humanidade foram produzidas nos últimos 25 ou 30 anos. Significa que, apenas durante meu tempo de vida, tiramos o planeta de uma situação estável para um ponto de catástrofe. E, agora, nós temos aproximadamente esse tempo para evitar algumas consequências assustadoras. […] Até 2050, precisamos zerar completamente as emissões de carbono em todos os setores do mundo.

E quais são essas previsões tão angustiantes?

Nós já estamos em 1,1 grau de aquecimento da temperatura média do planeta, o que pode não parecer muita coisa. Mas isso nos coloca totalmente fora da janela de temperatura que existiu durante toda a história da humanidade. Nenhum homem andou sobre a terra com um clima tão quente quanto eu e você andamos atualmente.

O processo de evolução do homem, o desenvolvimento da agricultura, da civilização, a forma como interagimos biologicamente, socialmente e politicamente, tudo isso se desenvolveu sob condições climáticas que já não predominam mais. É quase como se tivéssemos aterrissado em um outro planeta, com diferentes condições de clima. E agora temos de descobrir como sobreviver sob condições que continuam a mudar.

Se não mudarmos de curso, chegaremos a 4 graus de aquecimento no fim do século. Isso significaria possivelmente um **PIB** Global 30% menor do que seria sem a mudança climática, ou seja, um impacto duas vezes maior do que a **Grande Depressão** de 1929 — e seria permanente. Isso significa que regiões do mundo poderão ser atingidas por seis desastres ambientais de uma vez. A produtividade agrícola poderá cair para a metade do que é hoje. Nós poderemos ter duas vezes mais guerras.

[…]

Época: revista semanal brasileira.

Grande Depressão de 1929: forte crise econômica que ocorreu nos Estados Unidos, provocando queda na Bolsa de Nova York em 1929 e enorme onda de desemprego.

hecatombe: destruição, massacre de grande número de pessoas.

New York Times: jornal norte-americano.

PIB: Produto Interno Bruto.

Milhares de peixes mortos ao redor do Lago Koroneia, no norte da Grécia, como consequência da seca e das mudanças climáticas.

E quais são os postos-chaves que podemos mudar por meio de políticas voltadas para o clima?

Todos os aspectos da vida moderna têm uma pegada de carbono e precisamos eliminá-la. Então não acho que uma única diretriz possa resolver o problema. Mas, quando as pessoas me perguntam qual seria a primeira coisa a fazer, acho que a resposta é realmente óbvia.

Um estudo de pesquisadores que trabalham no **FMI** estimou que globalmente estamos subsidiando combustíveis fósseis no valor de US$ 5,3 trilhões por ano. Há uma quantidade surpreendente de dinheiro usado para abrir negócios que estão degradando e prejudicando o futuro do planeta, sem nenhuma justificativa ou defesa para esses subsídios. Precisamos acabar com os estímulos para essas indústrias ou redirecioná-los para energias verdes e renováveis. Uma política em escala global para atacar esse problema seria um primeiro passo.

O senhor enumera três equívocos básicos na compreensão sobre as mudanças climáticas. Pode explicá-los?

O primeiro é a velocidade. Eu cresci ouvindo que o clima mudaria mais rápido durante a vida dos meus filhos, provavelmente ao longo da vida dos meus netos. Mas 30% das emissões de carbono ocorreram nos últimos 15 anos. Então, se você tem 15 anos de idade hoje, 30% de todos os danos que causamos ao meio ambiente na história da humanidade foram durante a sua vida.

O segundo é o **escopo**. Muito se fala sobre o nível dos oceanos, mas o aquecimento global vai mudar radicalmente a agricultura, a saúde pública, a economia, as guerras. Não há escapatória nessa história. Não importa quem você é, quão rico ou pobre. Haverá partes do mundo que sofrerão mais do que outras, mas todas sofrerão.

escopo: intenção, objetivo, espaço para um movimento, atividade ou pensamento.

FMI: Fundo Monetário Internacional.

Helicóptero de combate a incêndio carrega água para extinguir fogo na floresta.

O terceiro é a gravidade, e aqui vou falar apenas na previsão de aumento de 2 graus. Clima extremo, temporada de furacões sem precedentes, os incêndios em florestas, tudo isso já está se intensificando muito mais rapidamente. Esse aquecimento já significaria que as Ilhas Marshall estariam submersas, e grande parte da Flórida ou Bangladesh seria engolida pela água.

O senhor fala que com o aquecimento global poderão surgir os "refugiados do clima". Como serão esses fluxos migratórios?

Ainda não está claro qual nível de aquecimento produzirá qual tipo de refugiados. Mas, em geral, a parte equatorial do planeta já sofre intensamente com a mudança climática. Há um estudo recente mostrando que muitos dos países do sul global já perderam até 25% do seu PIB potencial nas últimas décadas, por causa da mudança climática.

Sabemos que em 2050 muitas cidades do sul da Ásia e do Leste ficarão inabitáveis de tão quentes no verão. Isso significa que essas cidades (de 10 ou 12 milhões de pessoas) terão de realocar essa população em algum grau. No momento, a maioria das migrações climáticas ocorre dentro das nações, portanto, de uma região para outra que seja um pouco menos intensamente atingida.

Presumivelmente, eles também se deslocarão para os países do Norte que são relativamente menos afetados. Podem acabar surgindo acampamentos de refugiados, o que seria especialmente trágico e moralmente grotesco. Afinal, muitas das nações do norte do globo estão hoje em uma posição de prosperidade, pois se beneficiaram da queima de **combustível fóssil** ao longo de séculos.

combustível fóssil: combustível derivado do petróleo, como a gasolina e o óleo diesel.

No livro, o senhor critica a fé cega na tecnologia como a salvadora de nossos problemas ante os desastres ambientais...

Não acho que só a tecnologia seja suficiente. Acho que precisamos reorientar drasticamente nossas prioridades. Se você olhar para a tecnologia do celular, em geral, levou de 25 a 30 anos para chegar a 50% do planeta. E estamos falando de um cronograma muito mais curto para resolver um grande problema, porque não se trata apenas de colocar um aparelho nas mãos de 4 ou 5 bilhões de pessoas.

É uma questão de mudar a maneira como elas vivem, como comem, como viajam, como são produzidos os bens de consumo, como é produzida sua energia. Absolutamente todos os aspectos da vida moderna têm de ser mudados e precisamos começar a fazê-lo rapidamente. Não acho que haja qualquer precedente na história da humanidade ante essa mudança.

[...]

(Jornal *O Globo*, 4/7/2019. Disponível em: https://oglobo.globo.com/epoca/sociedade/entrevista-vida-moderna-deve-mudar-para-combatermos-aquecimento-global-23784853. Acesso em: 30/12/2021.)

ESTUDO DO TEXTO

Compreensão e interpretação

1. As entrevistas geralmente são introduzidas por um breve texto de apresentação. Na entrevista lida:

   a) Quem é o entrevistado?

   b) Qual é a profissão dele?

2. Segundo David Wallace-Wells, a visão que ele tinha a respeito das mudanças climáticas mudou.

   a) O que o fez mudar de opinião?

   b) Segundo ele, o aquecimento global está relacionado à queima de combustíveis fósseis. Explique e exemplifique: Em que consiste essa queima? De que forma ela acontece? Se necessário, pesquise o assunto em livros e na internet e converse com o professor de Geografia.

   c) O que preocupa o entrevistado no estudo da mudança climática?

   d) Por que, segundo ele, é urgente que se iniciem mudanças para combater o aquecimento global?

3. Segundo David Wallace-Wells, a temperatura do nosso planeta está, em média, 1,1 grau acima do que deveria estar.

   a) Por que isso pode comprometer a relação que o ser humano sempre teve com a natureza e pode alterar as relações sociais?

   b) O que ocorrerá quando a temperatura aumentar 2 graus?

   c) Quem será afetado em nosso planeta?

4. Uma das consequências previstas do aquecimento global são as migrações de populações de diferentes partes do mundo. Por que, segundo David Wallace-Wells, muitas populações migrariam?

5. Algumas pessoas acreditam que a tecnologia pode resolver os problemas relacionados com o aquecimento global.

   a) David Wallace-Wells concorda com essas pessoas? Por quê?

   b) Para ele, que medidas imediatas os seres humanos devem adotar em relação ao aquecimento global?

QUEM É DAVID WALLACE-WELLS?

O jornalista David Wallace-Wells, em Nova York, 2019.

David Wallace-Wells (1982-) é um jornalista americano que vive em Nova York. É editor e colunista da revista norte-americana *New York* e escreve para o jornal britânico *The Guardian*.

Em 2017, escreveu o ensaio "A Terra inabitável", que o tornou um dos jornalistas mais lidos e respeitados sobre o assunto. Esse ensaio foi transformado em livro e no Brasil foi publicado pela editora Companhia das Letras.

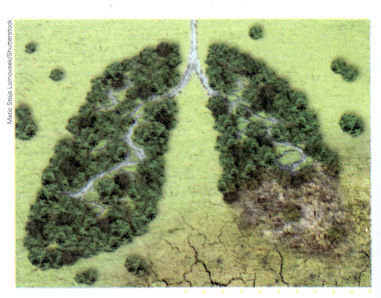

A linguagem do texto

1. Observe este trecho do texto:

   *"Como jornalista, percebi **quão** grande, complexa e universal essa história era ao mergulhar nas pesquisas científicas."*

   a) Qual é o sentido da palavra **quão**?

   b) Que palavra ou expressão poderia substituir a palavra **quão** de forma que o sentido da frase seja mantido?

2. Quando há uma sequência de palavras terminadas em **-mente**, pode-se eliminar essa terminação das primeiras palavras e deixá-la apenas na última, por exemplo: Ele se afastou **lenta**, **triste** e **solitariamente**.

   Releia este trecho do texto de abertura do capítulo:

   "O processo de evolução do homem, o desenvolvimento da agricultura, da civilização, a forma como interagimos biologicamente, socialmente e politicamente, tudo isso se desenvolveu sob condições climáticas que já não predominam mais."

   a) Como ficaria esse trecho se o autor optasse por empregar esse recurso?

   b) Compare o trecho original com a versão que você escreveu no item **a**. Troque ideias com os colegas e o professor e depois responda: Que efeito de sentido a repetição da terminação **-mente** constrói no texto original?

3. O entrevistador faz a seguinte pergunta ao entrevistado:

   "O senhor enumera três equívocos básicos na compreensão sobre as mudanças climáticas. Pode explicá-los?."

   Para responder, o entrevistado organiza a resposta em três partes.

   a) Que palavras ou expressões ele emprega para introduzir cada uma dessas partes?

   b) Que vantagem essa forma de organizar a resposta traz para a entrevista?

Trocando ideias

1. Releia este trecho do texto:

   "Afinal, muitas das nações do norte do globo estão hoje em uma posição de prosperidade, pois se beneficiaram da queima de combustível fóssil ao longo de séculos."

   O autor sugere que os países do hemisfério norte se beneficiaram da queima de combustíveis fósseis e, por isso, hoje são ricos. O Brasil é considerado um país em desenvolvimento, com parte considerável da população em situação de pobreza. Apesar disso, você acredita que nosso país deva abandonar o uso de combustíveis fósseis, mesmo que isso implique menos desenvolvimento econômico? Por quê?

2. O jornalista David Wallace-Wells afirma que precisamos mudar nossos hábitos para conter o aquecimento global. Que mudanças podemos fazer no dia a dia para colaborar para a melhora da situação climática do planeta?

De olho na oralidade

Roda de conversa

Forme uma roda com os colegas para discutir a questão a seguir:

- O aquecimento global, entre outros fatores, está relacionado com a queima de combustíveis fósseis por aviões, automóveis e outros veículos, assim como a que é realizada durante a produção de parte da energia elétrica destinada à indústria e à sociedade em geral. Muitos cientistas também apontam outras causas para esse aquecimento, como os incêndios florestais e a agropecuária intensiva, que provocam a destruição de matas e florestas.

Para impedir o avanço do aquecimento global, você estaria disposto(a) a diminuir o consumo de carne e leite, evitar o consumo exagerado de bens industrializados ou até mesmo renunciar ao conforto de usar um veículo particular para se locomover pela cidade onde mora? Por quê?

Durante a conversa, ouça e respeite as ideias dos colegas. Fale com convicção, procurando fundamentar seu ponto de vista com argumentos.

Vacas em uma fazenda holandesa.

Ler é ação

(Disponível em: https://capricho.abril.com.br/comportamento/7-curiosidades-sobre-a-terra-que-vao-te-fazer-rever-suas-atitudes/. Acesso em: 23/3/2022.)

A LÍNGUA EM FOCO

O verbo (II)

Os tempos verbais

Releia, a seguir, um trecho da entrevista que você estudou no início deste capítulo:

E quais são essas previsões tão angustiantes?

Nós já estamos em 1,1 grau de aquecimento da temperatura média do planeta, o que pode não parecer muita coisa. Mas isso nos coloca totalmente fora da janela de temperatura que existiu durante toda a história da humanidade. Nenhum homem andou sobre a terra com um clima tão quente quanto eu e você andamos atualmente.

O processo de evolução do homem, o desenvolvimento da agricultura, da civilização, a forma como interagimos biologicamente, socialmente e politicamente, tudo isso se desenvolveu sob condições climáticas que já não predominam mais. É quase como se tivéssemos aterrissado em um outro planeta, com diferentes condições de clima. E agora temos de descobrir como sobreviver sob condições que continuam a mudar.

Se não mudarmos de curso, chegaremos a 4 graus de aquecimento no fim do século. Isso significaria possivelmente um PIB Global 30% menor do que seria sem a mudança climática, ou seja, um impacto duas vezes maior do que a Grande Depressão de 1929 — e seria permanente. Isso significa que regiões do mundo poderão ser atingidas por seis desastres ambientais de uma vez. A produtividade agrícola poderá cair para a metade do que é hoje. Nós poderemos ter duas vezes mais guerras.

Poluição produzida pela indústria metalúrgica.

1 A pergunta do entrevistador aborda uma questão sobre o futuro.

a) Qual palavra utilizada na pergunta contém ideia de futuro? Explique.

b) A forma verbal **são** está no tempo presente. Deduza: Qual é a forma desse verbo no futuro? Por que, na pergunta, ele está no presente?

c) Reescreva a pergunta sem mudar seu sentido, empregando o verbo **são** no futuro.

2 Compare estas frases ditas pelo entrevistado:

• "Nenhum homem andou sobre a terra com um clima tão quente quanto eu e você andamos atualmente."

• "Se não mudarmos de curso, chegaremos a 4 graus de aquecimento no fim do século."

• "A produtividade agrícola poderá cair para a metade do que é hoje."

a) Qual delas contrapõe os dias atuais ao futuro?

b) Qual delas contrapõe o passado aos dias atuais?

c) Qual delas aborda apenas o futuro?

d) Identifique as formas verbais utilizadas em cada uma das frases lidas.

e) Com base em suas respostas anteriores, conclua qual(is) das formas verbais analisadas indica(m), no contexto:

- Um tempo passado:
- O tempo presente:
- Um tempo futuro:

3 Releia este trecho da resposta:

"Isso **significaria** possivelmente um PIB Global 30% menor do que seria sem a mudança climática, ou seja, um impacto duas vezes maior do que a Grande Depressão de 1929 — e seria permanente. Isso **significa** que regiões do mundo poderão ser atingidas por seis desastres ambientais de uma vez."

a) Com base em seu conhecimento como falante do português, troque ideias com os colegas e o professor e conclua: Qual é a diferença de sentido entre as duas expressões em destaque no texto?

b) Identifique, no trecho lido, outra forma verbal conjugada no mesmo tempo de **significaria**.

4 Agora, observe as formas verbais em destaque no trecho a seguir:

"Em entrevista à ÉPOCA, Wallace-Wells **traça** um panorama sobre as catástrofes que podem engolir nosso planeta e **aponta** como podemos salvar a humanidade de uma hecatombe climática."

- A entrevista foi realizada antes de o redator da revista escrever a introdução acima. No entanto, as formas verbais em destaque estão no presente.

a) Reescreva esse trecho no caderno, passando as formas verbais em destaque para o passado.

b) Troque ideias com os colegas e o professor, e levante hipóteses: Que efeito de sentido as formas verbais no presente causam no texto?

Inundação na cidade de Gurgaon, Índia (2021), causada pelos impactos das mudanças climáticas.

Como você já sabe, os tempos verbais básicos na língua portuguesa são três: o presente, o pretérito (passado) e o futuro. Esses tempos podem se subdividir em outros. Veja a seguir quais são os tempos verbais existentes no modo indicativo e as principais situações nas quais são empregados.

314 UNIDADE 4 Capítulo 1

Presente

Expressa uma ação que está ocorrendo no momento da fala ou uma ação que se repete ou perdura:

> "Nós já **estamos** em 1,1 grau de aquecimento da temperatura média do planeta [...]."

Pretérito

Esse tempo, também conhecido como **passado**, se subdivide em:

- **pretérito perfeito**

Transmite a ideia de ação completamente concluída:

> "[...] fora da janela de temperatura que **existiu** durante toda a história da humanidade."

- **pretérito imperfeito**

Transmite a ideia de uma ação passada habitual ou contínua:

> "E que era muito mais urgente do que eu **imaginava**."

Também pode transmitir a ideia de uma ação que vinha acontecendo, mas foi interrompida por outra ação:

> "[...] pensei por muito tempo que a vida moderna **era** uma espécie de fortaleza contra as forças da natureza. Isso até entender que a mudança climática **era** algo real [...]."

Na conjugação dos verbos regulares, o pretérito imperfeito é reconhecido pela presença, nos verbos, das desinências **-va**/**-ve** ou **-ia**/**-ie**.

- **pretérito mais-que-perfeito**

Expressa a ideia de uma ação ocorrida no passado e anterior a outra ação, também passada.

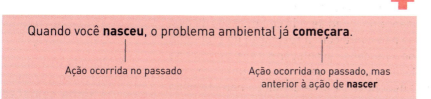

Quando você **nasceu**, o problema ambiental já **começara**.

Ação ocorrida no passado | Ação ocorrida no passado, mas anterior à ação de **nascer**

Na conjugação de verbos regulares, o pretérito mais-que-perfeito é reconhecido pela presença de **-ra**/**-re**.

Emprego dos TEMPOS VERBAIS

A classificação e o emprego dos tempos verbais não são inflexíveis. Como você viu no estudo da entrevista, é possível utilizar uma forma verbal no presente para fazer referência a um fato no passado, entre outras possibilidades de combinação, dependendo das intenções dos interlocutores e das situações de comunicação nas quais eles estejam envolvidos.

Futuro

Há dois tipos de futuro:

- **futuro do presente**

Expressa a ideia de uma ação que ocorrerá em um tempo futuro em relação ao tempo atual:

> • "[...] **chegaremos** a 4 graus de aquecimento no fim do século."
>
> • "**Haverá** partes do mundo que **sofrerão** mais do que outras, mas todas **sofrerão**."

Na conjugação de verbos regulares, o futuro do presente é reconhecido pela presença de **-re/-ra**.

Refugiados indo para a Alemanha. Eslovênia, 2015.

- **futuro do pretérito**

Expressa a ideia de uma ação futura que ocorreria desde que uma condição tivesse sido atendida antes dela:

> "Isso **significaria** possivelmente um PIB Global 30% menor do que **seria** sem a mudança climática [...]."

Na conjugação de verbos regulares, o futuro do pretérito é reconhecido pela presença, nos verbos, das desinências **-ria/-rie**.

Futuro do presente × FUTURO DO PRETÉRITO

O futuro do presente também pode ser empregado com a ideia de condição, mas há diferenças entre ele e o futuro do pretérito. Observe:

Resolveremos o problema ambiental se mudarmos nosso modo de vida.

Futuro do presente — Condição para a resolução do problema

Resolveríamos o problema ambiental se mudássemos nosso modo de vida.

Futuro do pretérito — Condição para a resolução do problema

Repare que, na primeira situação, o locutor espera resolver o problema, que depende de uma mudança no modo de vida de um grupo de pessoas. Na segunda, o locutor já não conta com a resolução do problema, uma vez que a possibilidade de a mudança acontecer parece ser mínima. O emprego do futuro do pretérito, portanto, dá a ideia de uma ação que poderia acontecer, mas, por depender de uma condição não atendida, não acontecerá.

Tempos verbais, locuções e TEMPOS COMPOSTOS

Atualmente, no português brasileiro, é mais comum o emprego de alguns tempos verbais em locuções verbais ou na forma composta. Isso ocorre especialmente nos dois tipos de futuro e no pretérito mais-que-perfeito:

- **Vamos chegar** a 4 graus de aquecimento no fim do século. (locução verbal = **chegaremos**)
- 30% menor do que **ia ser** sem a mudança climática. (locução verbal = **seria**)
- Quando você nasceu, o problema ambiental já **tinha começado**. (tempo composto = **começara**)

EXERCÍCIOS

No início deste capítulo, você leu uma entrevista que fala das relações do ser humano com a natureza e das consequências dessas relações para o futuro do planeta. No poema a seguir, de Roseana Murray, o eu lírico compara o trabalho dele ao de uma aranha e sonha com o futuro.

Máquina do tempo

Como pequena aranha
faço a máquina do tempo
com alguns fios de teia.
Passo por dentro
de suas linhas
e saio lá no futuro,
do lado de lá do vento:
desinventaram a guerra,
ninguém sabe mais matar.
Todos dividem com todos
o pão e a vida.
A alegria corre como um rio.

(*Pera, uva ou maçã?* São Paulo: Scipione, 2005. p. 48.)

1. Ao comparar seu trabalho ao de uma aranha, o eu lírico tece a máquina do tempo e, por meio dela, vai ao futuro.

    a) Qual é o trabalho do eu lírico? Por que esse trabalho é comparado ao de uma aranha?

    b) Como é o futuro imaginado pelo eu lírico?

2. Observe os tempos verbais empregados no poema.

    a) Que tempo verbal predomina nesse texto?

    b) Qual é a única exceção?

3. Apesar da predominância de um tempo verbal no poema, nele podem-se identificar dois momentos diferentes: o do tempo presente, em que as ações acontecem simultaneamente à fala do eu lírico, e o de um tempo futuro, imaginado.

    a) Em quais versos as ações ocorrem no momento em que o eu lírico fala?

    b) E em um tempo futuro, imaginado?

    c) Como teriam ficado os versos do segundo momento se a autora tivesse optado por empregar no futuro os verbos que utilizou?

4. Costuma-se dizer que os poetas são cantores da utopia, isto é, escrevem sobre um mundo que ainda não existe, mas que pode ser sonhado e construído pelos seres humanos. Você acredita que o poema lido ilustra a utopia dos poetas? Justifique sua resposta com elementos do texto.

Modelos de conjugação verbal

São apresentados, a seguir, três quadros com todos os tempos verbais do modo indicativo para você consultar quando quiser. Cada quadro apresenta um verbo de uma conjugação: **amar** (1ª conjugação), **beber** (2ª conjugação) e **partir** (3ª conjugação). Fique atento(a) às terminações.

AMAR					
MODO INDICATIVO					
Presente	**Pretérito**			**Futuro**	
	perfeito	imperfeito	mais-que-perfeito	do presente	do pretérito
amo	amei	amava	amara	amarei	amaria
amas	amaste	amavas	amaras	amarás	amarias
ama	amou	amava	amara	amará	amaria
amamos	amamos	amávamos	amáramos	amaremos	amaríamos
amais	amastes	amáveis	amáreis	amareis	amaríeis
amam	amaram	amavam	amaram	amarão	amariam

BEBER					
MODO INDICATIVO					
Presente	**Pretérito**			**Futuro**	
	perfeito	imperfeito	mais-que-perfeito	do presente	do pretérito
bebo	bebi	bebia	bebera	beberei	beberia
bebes	bebeste	bebias	beberas	beberás	beberias
bebe	bebeu	bebia	bebera	beberá	beberia
bebemos	bebemos	bebíamos	bebêramos	beberemos	beberíamos
bebeis	bebestes	bebíeis	bebêreis	bebereis	beberíeis
bebem	beberam	bebiam	beberam	beberão	beberiam

PARTIR					
MODO INDICATIVO					
Presente	**Pretérito**			**Futuro**	
	perfeito	imperfeito	mais-que-perfeito	do presente	do pretérito
parto	parti	partia	partira	partirei	partiria
partes	partiste	partias	partiras	partirás	partirias
parte	partiu	partia	partira	partirá	partiria
partimos	partimos	partíamos	partíramos	partiremos	partiríamos
partis	partistes	partíeis	partíreis	partireis	partiríeis
partem	partiram	partiam	partiram	partirão	partiriam

O princípio lógico da CONJUGAÇÃO VERBAL

Para conhecer as conjugações dos verbos, não é necessário decorar todas as formas de cada verbo, pois boa parte deles segue um modelo. Assim, conhecendo esses modelos, saberemos conjugar muitos verbos do português. Se você precisar saber, por exemplo, como se conjugam os verbos **falar**, **cantar** e **chegar**, entre outros terminados em **-ar**, basta olhar o quadro do verbo **amar**, pois eles apresentam as mesmas terminações.

Isso também vale para muitos verbos terminados em **-er** e **-ir**, cuja conjugação segue o mesmo padrão dos verbos **beber** e **partir**.

318 UNIDADE **4** ▶ Capítulo 1

EXERCÍCIOS

Leia o poema a seguir, de Paulo Leminski.

na torre da igreja

o passarinho pausa

pousa assim feito pousasse

o efeito na causa

(*Toda poesia*. São Paulo: Companhia das Letras, 2013. p. 238.)

1 Sobre o poema, indique a seguir as afirmações que são verdadeiras.

- O eu lírico é o principal personagem das ações da cena descrita.
- O eu lírico descreve a cena como alguém que a observa.
- Uma ação corriqueira, que geralmente passa despercebida, é descrita de forma poética e com sensibilidade.
- Há pouca sensibilidade na descrição da cena, pois ela demonstra distanciamento e frieza do eu lírico.

2 Observe as formas verbais **pausa** e **pousa** empregadas no poema. Discuta com os colegas e o professor, e responda:

a) Qual significado cada forma verbal tem no contexto do poema?

b) Em qual tempo e modo verbal elas estão?

c) Um desses verbos não costuma ser utilizado para indicar a ação de pássaros. Que verbo? Levante hipóteses: Qual efeito de sentido esse verbo constrói no poema?

3 Releia este trecho:

"o passarinho pausa
pousa assim feito pousasse
o efeito na causa"

a) A palavra **feito**, no contexto do poema, estabelece uma comparação. Quais são os elementos comparados?

b) Considerando a relação que há, em geral, entre efeito e causa, interprete o poema e responda: Qual relação, no plano hipotético, o eu lírico imagina que ocorre entre o passarinho e a torre da igreja?

Semântica e discurso

Leia o anúncio a seguir.

(Disponível em: http://amazonia protege.mpf.mp.br/campanha/anuncio-madeireiro-alta.jpg. Acesso em: 16/3/2022.)

1 Observe as informações que constam na parte inferior do anúncio, assim como os dois nomes que aparecem no canto inferior direito, e deduza:

a) Qual é o nome do projeto divulgado?

b) Que instituição é responsável pelo projeto e pelo anúncio?

c) A quem o anúncio se dirige e qual é a principal finalidade dele?

Releia o texto que está na parte superior do anúncio, escrito em letras maiores, e responda às questões 2 e 3.

2 Observe as formas pronominais **quem** e (d)**a gente** presentes nesse trecho do anúncio.

a) Qual delas poderia ser substituída no texto pelo pronome **nós** sem causar mudança substancial de sentido? Reescreva a frase no caderno, fazendo essa substituição.

b) Ao fazer a substituição indicada no item **a**, houve alteração na conjugação das formas verbais? Justifique sua resposta.

c) A quem se referem essas formas pronominais?

3 Compare estas expressões empregadas no trecho:

pode tentar   vai conseguir

Ambas foram construídas com duas formas verbais cada uma.

a) Em qual tempo e modo ou forma nominal estão os verbos que compõem cada uma dessas expressões?

b) Uma dessas expressões poderia ser substituída por uma forma simples, isto é, por apenas um dos verbos utilizados, sem que isso acarretasse mudança de sentido ao texto. Identifique-a e justifique sua resposta, indicando qual forma simples deveria ser empregada.

c) Em qual tempo verbal está a forma simples indicada por você no item **a**? Qual é a função desse tempo verbal no contexto?

d) Troque ideias com os colegas e o professor e explique por que a substituição da outra expressão pela forma verbal simples alteraria o sentido do texto.

Agora, releia ao lado o texto verbal do anúncio, escrito em letras menores, e responda às questões 4 e 5:

4 Esse trecho aborda duas épocas distintas.

a) Indique no texto as palavras que marcam essas duas épocas.

b) Entre os termos a seguir, identifique aquele que, no texto, contrapõe diretamente essas duas épocas:

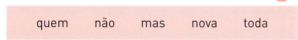

quem   não   mas   nova   toda

c) Explique quais são essas duas épocas?

5 Observe estas formas verbais empregadas no trecho:

explorava   era   adotou   utiliza

a) Identifique o tempo e o modo verbal em que cada uma foi empregada.

b) Considerando sua resposta anterior e o que você aprendeu sobre tempos verbais, justifique o uso de cada uma dessas formas no contexto do anúncio.

> Antes, identificar quem explorava ilegalmente a Amazônia não era fácil. Mas, agora, o Ministério Público Federal adotou uma nova metodologia de trabalho que utiliza imagens de satélite para fiscalizar toda a Região Amazônica, identificando e produzindo provas para punir os verdadeiros responsáveis pelo desmatamento ilegal.

6 Compare os textos verbais analisados com a parte não verbal do anúncio.

a) Quem o personagem desenhado no centro da imagem representa? O que ele está tentando fazer embaixo da árvore?

b) Qual forma verbal empregada no texto descreve as ações dele na floresta?

c) O que representam os vértices de um quadrado desenhados em volta do personagem?

d) Observe as expressões verbais a seguir e indique quais delas descrevem ações atribuídas a esse personagem no contexto:

- protege
- explora ilegalmente
- não vai conseguir
- adotou
- fiscalizar
- punir

e) A quem se referem as formas verbais **fiscalizar** e **punir** no contexto do anúncio?

De olho na escrita

Formas verbais terminadas em -ram e -rão

Releia as frases a seguir, extraídas da entrevista que você estudou no início deste capítulo.

I. "[…] regiões do mundo poderão ser atingidas por seis desastres ambientais de uma vez."

II. "[…] 30% das emissões de carbono ocorreram nos últimos 15 anos."

III. "[…] muitos dos países do sul global já perderam até 25% do seu PIB potencial nas últimas décadas, por causa da mudança climática."

IV. "[…] em 2050 muitas cidades do sul da Ásia e do Leste ficarão inabitáveis de tão quentes no verão."

V. "[…] muitas das nações do norte do globo […] se beneficiaram da queima de combustível fóssil ao longo de séculos."

1 Quais frases fazem referência a algo que:

a) já aconteceu?

b) ainda pode ou vai acontecer?

c) Identifique as formas verbais empregadas em cada frase.

2 Observe a separação silábica e a tonicidade das formas verbais identificadas no item **c** da questão 1.

a) Qual é a sílaba tônica de cada palavra?

b) Como essas palavras se classificam quanto à posição da sílaba tônica?

3 Observe a grafia das formas verbais identificadas no item **c** da questão 1.

a) As formas verbais dos trechos IV e V apresentam a mesma terminação? Explique.

b) Compare as formas analisadas por você no item **a** às demais e conclua: Qual terminação indica passado e qual terminação indica futuro, no português brasileiro?

4 Leia a seguir trechos de notícias sobre o meio ambiente e complete com a forma verbal apropriada, no passado ou no futuro, considerando o sentido do texto.

a) "Os pesquisadores ■ (detectar) uma queda média de 68% em 20 mil populações de mamíferos, pássaros, anfíbios, répteis e peixes desde 1970. […] 'Se nada mudar, as populações ■ (continuar) caindo sem dúvida, levando a vida selvagem à extinção e ameaçando a integridade dos ecossistemas dos quais dependemos' […]. '[…] ■ (ser) necessárias mudanças sistêmicas em como produzimos alimento, criamos energia, administramos nossos oceanos e usamos materiais' […]."

(Disponível em: https://www.bbc.com/portuguese/geral-54102384. Acesso em: 22/3/2022.)

b) "Relatório das Nações Unidas afirma que a humanidade e a ambição pelo crescimento econômico estão tornando a Terra um lugar inabitável […] 'Nossos filhos e netos ■ (herdar) um mundo de eventos climáticos extremos, aumento do nível do mar, perda drástica de plantas e animais, insegurança alimentar e hídrica e aumento da probabilidade de futuras pandemias […] Embora eu aplauda todos os países do mundo que ■ (decidir) zerar as emissões líquidas de carbono até 2030, a verdadeira questão é o que os países ■ (fazer) até 2030', afirma o autor principal, Watson."

(Disponível em: https://www.dw.com/pt-br/destrui%C3%A7%C3%A3o-da-natureza-pelos-humanos-%C3%A9-suicida-alerta-onu/a-56620589. Acesso em: 22/3/2022.)

c) **"BBC News Mundo — O que é o ecocídio?**
Rodrigo Lledó — É qualquer ato ilegal ou arbitrário perpetrado sabendo-se que existe uma possibilidade significativa de causar graves danos ao meio ambiente, ou que estes [danos] ■ (ser) extensos ou duradouros. Não é um termo novo, ao contrário do que se pensa. Fala-se em ecocídio desde a Guerra do Vietnã, quando os Estados Unidos ■ (pulverizar) o agente laranja e outros produtos químicos na selva vietnamita. […]

Em 2019, antes da pandemia, dois Estados ■ (concordar) em tipificar o ecocídio como um delito: Vanuatu e Maldivas. Que particularidades eles têm? São países insulares, que em questão de 10 ou 15 anos ■ (estar) submersos. Na verdade, eles já ■ (sofrer) a invasão do mar e, portanto, sérios danos às suas plantações e outras coisas terríveis."

(Disponível em: https://www.bbc.com/portuguese/geral-59220791. Acesso em: 22/3/2022.)

PRODUÇÃO DE TEXTO

Entrevista: construção e recursos expressivos

1. As entrevistas publicadas em jornais e revistas apresentam diferentes objetivos, dependendo do tipo de informação que veiculam e do público que pretendem atingir. A entrevista que você leu no início deste capítulo foi publicada em um jornal de grande circulação. Releia o texto e responda:

    a) Em sua opinião, por que o jornal escolheu o tema aquecimento global?

    b) Por que o jornalista David Wallace-Wells foi entrevistado pelo jornal?

2. É comum as entrevistas serem introduzidas por uma apresentação. Na entrevista lida, qual é o papel da apresentação?

3. Para identificar quem está perguntando e quem está respondendo, podem ser utilizados diferentes recursos, entre eles o de colocar, no início da pergunta, o nome (ou a abreviatura do nome) do jornal ou da revista e, no início da resposta, o nome do entrevistado.

    a) Na entrevista lida, que recurso foi utilizado para identificar e demarcar as falas?

    b) Em sua opinião, esse recurso deixou claro de quem era a voz que falava?

4. Observe o título da entrevista lida no início do capítulo.

    a) De que modo o título foi criado?

    b) O título é capaz de situar o leitor sobre a abordagem que o autor faz do tema? Justifique sua resposta.

5. Observe as perguntas feitas ao entrevistado. Há, no texto, indícios de que o entrevistador se preparou para fazer a entrevista? Justifique sua resposta citando elementos do texto.

6. Alguns cientistas e pessoas comuns não acreditam na gravidade do aquecimento global. O entrevistado contraria essa visão, apresentando fatos e opiniões que fundamentam seu ponto de vista. Nas frases a seguir, identifique quais delas indicam fatos e quais indicam opiniões. Responda no caderno, indicando a letra **F** para fatos e **O** para opinião.

    • "Nós já estamos em 1,1 grau de aquecimento da temperatura média do planeta [...]."

324 UNIDADE 4 ▶ Capítulo 1

• "Acho que precisamos reorientar drasticamente nossas prioridades."

• "Uma política em escala global para atacar esse problema seria um primeiro passo."

• "O processo de evolução do homem, o desenvolvimento da agricultura, da civilização, a forma como interagimos biologicamente, socialmente e politicamente, tudo isso se desenvolveu sob condições climáticas que já não predominam mais."

7 Releia estes trechos da entrevista:

• "Todos os aspectos da vida moderna têm uma pegada de carbono e precisamos eliminá-la. Então não acho que uma única diretriz possa resolver o problema. Mas quando as pessoas me perguntam qual seria a primeira coisa a fazer, acho que a resposta é realmente óbvia.

Um estudo de pesquisadores que trabalham no FMI estimou que globalmente estamos subsidiando combustíveis fósseis no valor de USS 5,3 trilhões por ano."

• "A produtividade agrícola poderá cair para a metade do que é hoje. Nós poderemos ter duas vezes mais guerras."

Para ser convincente, o entrevistado faz uso de algumas estratégias de persuasão (de convencimento), como a citação de fontes e a modalização.

a) Identifique o trecho em que o entrevistado se vale de uma citação científica para validar o ponto de vista dele.

b) Identifique, em um dos trechos, duas formas verbais que modalizam as afirmações do entrevistado, isto é, que relativizam suas afirmações, mostrando que o que ele afirma pode ou não acontecer.

8 A linguagem verbal empregada em entrevistas pode variar de acordo com o perfil do público a que estas se destinam e com o meio (jornal impresso, rádio, TV, etc.) pelo qual circulam, podendo ser menos ou mais formal.

a) Na entrevista lida no início do capítulo, como a linguagem verbal se caracteriza? Ela se apresenta menos ou mais formal? A variedade linguística usada no texto está de acordo com a norma-padrão?

b) A linguagem verbal do texto lido está adequada ao gênero entrevista e ao público a que ele se destina?

c) Quando é escrita, a entrevista pode ou não apresentar marcas de oralidade, comuns na entrevista oral. O jornalista pode optar por eliminar essas marcas no momento da transcrição do texto. Na entrevista lida, essas marcas foram mantidas?

9 Com a orientação do professor, resuma com alguns colegas as características básicas da entrevista. Para isso, copiem o quadro a seguir no caderno e respondam às questões de acordo com o que aprenderam sobre a entrevista lida ou outras com as quais já tiveram contato.

Entrevista: construção e recursos expressivos	
Quem são os interlocutores da entrevista?	
Qual é o objetivo desse gênero textual?	
Onde a entrevista circula?	
De que linguagens a entrevista se constitui?	
Como é a linguagem da entrevista?	
Como a entrevista se estrutura?	

Agora é a sua vez

No capítulo **Intervalo** desta unidade, você vai criar com a turma um jornal sobre o meio ambiente. Escolham com o professor qual vai ser o perfil do jornal de vocês: impresso ou digital, ou jornal de rádio ou televisivo, ou *podcast*. Decidam se todos os alunos vão produzir juntos um jornal em um só formato e suporte, ou se vocês vão formar grupos para produzir o mesmo jornal em formatos e suportes diferentes.

Nesse jornal, entre outros gêneros, haverá entrevistas. Convidem pelo menos uma pessoa para ser entrevistada. Essa pessoa deverá ser um profissional de alguma área relacionada ao meio ambiente: biólogo, cientista, guarda ou engenheiro florestal, oceanógrafo, engenheiro ambiental ou alguém que atue em entidades que lutem pela preservação ambiental.

Planejamento da entrevista

- Procurem conhecer melhor a pessoa que será entrevistada para desenvolver bem o assunto que será tratado na entrevista: descubram onde ela trabalha e há quanto tempo, como é esse trabalho, se ela representa ou participa de alguma entidade ambiental, etc.

- Após traçar o perfil do entrevistado, façam um recorte do tema que pretendem abordar e desenvolvam juntos as perguntas que serão feitas na entrevista.

- Decidam quem será o entrevistador ou se haverá mais de um. Se optarem por mais de um entrevistador, dividam as perguntas entre eles e combinem como será a dinâmica da entrevista.

- Com as perguntas prontas, estimem o tempo da entrevista, avaliando se este é adequado. Combinem com o entrevistado como, quando e onde a entrevista vai acontecer.

Escrita do roteiro

- Com base na pesquisa que fizeram sobre o entrevistado, preparem o roteiro de perguntas. Vocês podem começar, por exemplo, perguntando a ele por que se interessou pela profissão que exerce, há quanto tempo atua na área, onde trabalha e como é o trabalho dele. Depois, abordem questões específicas relacionadas ao meio ambiente: aquecimento global, destruição de matas e florestas, poluição dos oceanos, etc.

- Elaborem perguntas curtas e objetivas. Prevejam possíveis respostas e preparem novas perguntas relacionadas a essas respostas. Vejam se o número de perguntas que vocês criaram está adequado ao tempo da entrevista e, se necessário, escolham perguntas que poderão ser eventualmente descartadas.

- Considerando o suporte, pensem no perfil dos leitores — lembrando-se de que estes podem ser crianças, adolescentes e adultos — e empreguem uma linguagem adequada ao gênero entrevista e a esse público.

Realizando a entrevista oral

- Durante a entrevista, não confiem na memória: levem um gravador ou um celular e façam um registro. Aproveitem para fotografar ou gravar o momento, mas antes peçam autorização ao entrevistado para fazer isso.

- Ao iniciar a entrevista, o entrevistador deve cumprimentar o entrevistado e agradecer a participação dele.
- O entrevistador deve fazer uma pergunta de cada vez e saber ouvir as respostas. Deve ficar atento às respostas, pois pode aproveitar um comentário do entrevistado para improvisar uma nova pergunta, como: Por quê? ou Poderia dar um exemplo?. Essa pergunta pode resultar em uma resposta interessante, por isso o entrevistador deve aproveitar as oportunidades que aparecerem.
- Fiquem atentos ao tempo combinado para a entrevista.
- Antes de concluir a entrevista, o entrevistador deve agradecer o entrevistado pela presença e perguntar a ele se gostaria de acrescentar alguma ideia ou informação.

Transcrevendo a entrevista

- Transcrevam a entrevista oral no papel.
- Escrevam a introdução, apresentando o entrevistado e o tema da entrevista.
- Coloquem o nome do entrevistador (ou o nome do grupo ou do jornal) antes de cada pergunta e o nome do entrevistado antes das respostas. Ou, para diferenciar as perguntas das respostas, empreguem recursos gráficos.
- Reproduzam o diálogo mantendo a linguagem empregada pelo entrevistado, mas eliminem ou reduzam as marcas da linguagem oral.
- Escolham uma frase significativa do entrevistado e a transformem no título da entrevista, ou criem um título com base no tema tratado.

Revisão e reescrita

Antes de finalizar o texto da entrevista, releiam-no observando:
- se o texto veicula informações suficientes a respeito do assunto abordado;
- se há título e texto de apresentação;
- se a sequência de perguntas e respostas flui com naturalidade;
- se o nome do entrevistador (ou do grupo ou do jornal) e o nome do entrevistado estão colocados, respectivamente, antes das perguntas e das respostas, ou se as falas de cada um são diferenciadas por meio de recursos gráficos;
- se a linguagem está adequada ao perfil dos leitores e ao gênero entrevista.

Façam as correções necessárias e passem o texto para o suporte e o formato escolhidos pela turma.

DIVIRTA-SE

(Disponível em: https://g1.globo.com/sp/campinas-regiao/terra-da-gente/noticia/2021/04/05/ilustrador-carioca-faz-cartuns-divulgando-a-importancia-de-proteger-o-meio-ambiente.ghtml. Acesso em: 22/3/2022.)

CAPÍTULO 2

Vai virar água!

Nosso planeta está passando por um processo de mudança climática como nunca visto. O derretimento das geleiras do Ártico poderá afetar profundamente nossas vidas, alterando as temperaturas e o nível dos mares. Cidades inteiras poderão ficar submersas. O que a Ciência diz a respeito disso? O que pode ser feito para tentar reverter esse processo?

Derretimento de gelo na Groenlândia atingiu ponto irreversível, diz estudo

Degelo faz com que os oceanos subam cerca de um milímetro em média por ano. Em julho, o gelo marinho polar atingiu sua menor extensão em 40 anos.

Por Reuters
15/08/2020

As camadas de gelo da Groenlândia encolheram a um ponto irreversível, segundo dados publicados nesta semana na revista científica *Nature Communications Earth & Environment*.

Esse derretimento já está fazendo com que os oceanos subam cerca de um milímetro em média por ano, tornando a Groenlândia a maior responsável por essa elevação. Em julho, o gelo marinho polar atingiu sua menor extensão em 40 anos.

Se todo o gelo da Groenlândia for eliminado, a água liberada elevaria o nível do mar em 6 metros, em média — o suficiente para inundar muitas cidades costeiras ao redor do mundo. Esse processo, porém, levaria décadas.

De acordo com o estudo, o derretimento ocorre independentemente da velocidade com que o mundo reduz as emissões que causam o aquecimento global.

Os cientistas estudaram dados de 234 geleiras em todo o território ártico ao longo de 34 anos, até 2018, e descobriram que a neve anual não era mais suficiente para reabastecer as geleiras com neve e gelo perdidos no derretimento do verão.

Degelo na baía de Disko, na Groenlândia, 2019.

- **Groenlândia perde gelo sete vezes mais rápido do que nos anos 1990, diz estudo**

"A Groenlândia vai ser o canário na mina de carvão, e o canário já está praticamente morto neste momento", afirmou um dos autores do estudo, o **glaciologista** Ian Howat, da Ohio State University, fazendo referência ao uso de pássaros em minas para indicar os níveis de oxigênio.

Nos últimos 30 anos, o aquecimento no Ártico ocorreu pelo menos duas vezes mais rápido que no resto do mundo, um fenômeno conhecido como "amplificação do Ártico".

O novo estudo sugere que o manto de gelo do território agora ganhará massa apenas uma vez a cada 100 anos — um indicador sombrio de como é difícil fazer crescer novamente as geleiras depois que elas apresentam uma "hemorragia" de gelo.

Ao estudar imagens de satélite das geleiras, os pesquisadores notaram que as geleiras tinham 50% de chance de recuperar a massa antes de 2000. Desde então, as chances vêm diminuindo.

"Ainda estamos **drenando** mais gelo agora do que o que foi ganho com o acúmulo de neve em 'bons' anos", disse a autora principal Michalea King, uma glaciologista da Ohio State University.

drenar: escoar água ou outros líquidos.

glaciologista: especialista que estuda as geleiras, as glaciações e seu efeito na superfície terrestre.

As descobertas preocupantes devem estimular os governos a se preparar para a elevação do nível do mar, disse King.

"As coisas que acontecem nas regiões polares não ficam nas regiões polares", disse ela.

Ainda assim, o mundo pode reduzir as emissões para desacelerar a mudança climática, disseram os cientistas. Mesmo que a Groenlândia não consiga recuperar a massa gelada que cobriu seus 2 milhões de quilômetros quadrados, conter o aumento da temperatura global pode diminuir a taxa de perda de gelo.

"Quando pensamos em ação climática, não estamos falando sobre reconstruir a camada de gelo da Groenlândia", disse Twila Moon, uma glacióloga do Centro Nacional de Dados de Neve e Gelo, que não esteve envolvida no estudo. "Estamos falando sobre a rapidez com que o aumento do nível do mar atinge nossas comunidades, nossa infraestrutura, nossas casas, nossas bases militares."

[...]

(*Jornal G1*, 15/8/2020. Disponível em: https://g1.globo.com/natureza/noticia/2020/08/15/derretimento-de-gelo-na-groenlandia-atingiu-ponto-irreversivel-diz-estudo.ghtml. Acesso em: 23/3//2021.)

Em imagem de 2019, *iceberg* é visto flutuando em um fiorde próximo à cidade de Tasiilaq, na Groenlândia.

ESTUDO DO TEXTO

Compreensão e interpretação

1 O texto lido é uma **notícia**, principal gênero textual de jornais impressos, televisivos ou de rádios. A notícia informa aos leitores os fatos mais recentes e, para fazer isso, procura dar conta dos elementos essenciais da informação, que são: **o que**, **quem, quando, onde, como** e **por quê**.

No caso da notícia lida:

a) Qual é o principal fato noticiado?

b) Quando esse fato aconteceu?

c) Onde ele ocorreu?

d) Por que esse fato chamou a atenção de pesquisadores e da imprensa?

2 O derretimento das calotas polares pode trazer sérias consequências para o planeta. Qual é a consequência mais importante apontada no texto?

3 Para que uma pesquisa científica tenha credibilidade, é necessário que ela reúna vários componentes, entre eles, um bom *corpus* (material de análise), um método de pesquisa que seja eficiente e adequado e tempo suficiente para levantar e analisar todos os dados. De acordo com a notícia:

a) Qual foi o material observado e analisado na pesquisa?

b) Durante quanto tempo se deram a observação e a análise desse material?

c) A que conclusão as pesquisas chegaram?

4 O texto menciona uma comparação que o glaciologista Ian Howat fez para dar uma ideia da gravidade da situação:

> "A Groenlândia vai ser o canário na mina de carvão, e o canário já está praticamente morto neste momento."

a) Considerando que os canários são utilizados para medir o nível de oxigênio em cavernas, explique a comparação do cientista.

b) A afirmação de que o canário está "praticamente morto" é reiterada no texto por outra afirmação. Identifique-a e reescreva-a no caderno.

Icebergs flutuando em lago da maior geleira da Islândia.

UNIDADE 4 ▶ Capítulo 2 — 333

5 O tema do aquecimento global tem causado divergências mesmo entre pesquisadores e cientistas. Compare, a seguir, um trecho da notícia lida neste capítulo com um trecho da entrevista concedida pelo jornalista americano David Wallace-Wells, lida no capítulo anterior.

• "De acordo com o estudo, o derretimento ocorre independentemente da velocidade com que o mundo reduz as emissões que causam o aquecimento global. [...]

'A Groenlândia vai ser o canário na mina de carvão, e o canário já está praticamente morto neste momento', afirmou um dos autores do estudo."

• "Todos os aspectos da vida moderna têm uma pegada de carbono e precisamos eliminá-la. [...]

[...] Clima extremo, temporada de furacões sem precedentes, os incêndios em florestas, tudo isso já está se intensificando muito mais rapidamente. Esse aquecimento já significaria que as Ilhas Marshall estariam submersas, e grande parte da Flórida ou Bangladesh seria engolida pela água."

Agora, responda:

a) Segundo os dados da pesquisa noticiada pela revista científica *Nature Communications Earth & Environment*, o derretimento das geleiras é resultado da queima de combustíveis fósseis?

b) Qual é a posição do jornalista americano David Wallace-Wells a respeito da relação entre a queima de combustíveis fósseis e o aquecimento global?

c) Ambos os textos foram publicados pelo mesmo e renomado órgão de imprensa. Logo, em qual dos pontos de vista se pode confiar? Discuta com os colegas, indicando os critérios que você escolheu para adotar o ponto de vista de um texto ou o do outro.

6 A imprensa tradicionalmente tenta manter uma postura supostamente neutra diante dos fatos que noticia e, para isso, usa estratégias que passam a ilusão de que o jornal ou o jornalista não estão se posicionando sobre o conteúdo da notícia. Segundo alguns especialistas, a neutralidade absoluta na imprensa não existe.

Observe este trecho da notícia:

"O novo estudo sugere que o manto de gelo do território agora ganhará massa apenas uma vez a cada 100 anos — um indicador sombrio de como é difícil fazer crescer novamente as geleiras depois que elas apresentam uma 'hemorragia' de gelo."

a) Que adjetivo empregado no trecho demonstra o posicionamento ou uma **avaliação** por parte do autor do texto?

334 UNIDADE **4** ▶ Capítulo **2**

b) A escolha da palavra **hemorragia**, empregada entre aspas, também cria um efeito de sentido que pode ser considerado um posicionamento do autor diante do fato noticiado. Qual é ele?

7 Para criar a ilusão de neutralidade, o jornal pode se valer de alguns recursos linguísticos. Observe estes trechos da notícia:

> • "De acordo com o estudo, o derretimento ocorre independentemente da velocidade com que o mundo reduz as emissões que causam o aquecimento global."
>
> • "'As descobertas preocupantes devem estimular os governos a se preparar para a elevação do nível do mar', disse King."
>
> • "'Quando pensamos em ação climática, não estamos falando sobre reconstruir a camada de gelo da Groenlândia', disse Twila Moon."

a) Que recurso foi utilizado nos três trechos para evitar o posicionamento do jornal?

b) O modo como esse recurso foi utilizado é igual no segundo e no terceiro trechos? Explique.

8 Apesar de o jornal não se posicionar explicitamente sobre o tema, a notícia apresenta opiniões de outras pessoas. Copie os trechos a seguir no caderno e indique com **F** o(s) que expressa(m) fatos e com **O** o(s) que expressa(m) opiniões.

> • "Em julho, o gelo marinho polar atingiu sua menor extensão em 40 anos."
>
> • "'As descobertas preocupantes devem estimular os governos a se preparar para a elevação do nível do mar', disse King."
>
> • "Os cientistas estudaram dados de 234 geleiras em todo o território ártico ao longo de 34 anos [...]."

Icebergs maciços da geleira Jakobshavn, Groenlândia, derretendo.

UNIDADE 4 ▸ Capítulo 2

A linguagem do texto

1. Releia este trecho da notícia em estudo:

   > "Ainda estamos drenando mais gelo agora do que o que foi ganho com o acúmulo de neve em 'bons' anos", disse a autora principal Michalea King, uma glaciologista da Ohio State University.

   a) Por que foram empregadas aspas antes da palavra **ainda** e depois da palavra **anos**?

   b) Qual é o sentido da palavra **bons** no contexto?

   c) Por que a palavra **bons** está entre aspas simples e não entre aspas duplas?

2. Observe a locução verbal destacada neste trecho da notícia:

   > "'As descobertas preocupantes **devem estimular** os governos a se preparar para a elevação do nível do mar', disse King."

   a) Como ficaria a frase se o verbo auxiliar **dever** fosse eliminado?

   b) Essa mudança alterou o sentido da frase? Se sim, qual é a diferença de sentido entre as duas redações?

Trocando ideias

1. A especialista Michaela King afirmou: "As descobertas preocupantes devem estimular os governos a se preparar para a elevação do nível do mar". Que medidas os governos poderiam tomar para lidar com esse problema que afetará nosso planeta?

2. Segundo o texto, apesar de a perda da camada de gelo ser irreversível, "o mundo pode reduzir as emissões para desacelerar a mudança climática", uma vez que "conter o aumento da temperatura global pode diminuir a taxa de perda de gelo". Além das medidas que os governantes poderiam tomar para conter o aquecimento global, o que as pessoas, individualmente, podem fazer para contribuir com a desaceleração da mudança climática?

Hans Von Manteuffel/Pulsar Imagens

336 UNIDADE 4 ▶ Capítulo 2

A LÍNGUA EM FOCO

O verbo na oração e no período

Construindo o conceito

Releia o título e o subtítulo da notícia que você estudou no início deste capítulo:

> **Derretimento de gelo na Groenlândia atingiu ponto irreversível, diz estudo**
>
> Degelo faz com que os oceanos subam cerca de um milímetro em média por ano. Em julho, o gelo marinho polar atingiu sua menor extensão em 40 anos.

Iceberg derretendo e caindo na Groenlândia.

1 No título principal, foram empregadas duas formas verbais em dois tempos diferentes.

a) Identifique-as e indique o tempo e modo de cada uma delas.

b) Quais vozes estão representadas nesse título e qual forma verbal corresponde a cada voz? Justifique sua resposta.

c) Considerando suas respostas aos itens anteriores, explique o efeito de sentido do uso de diferentes tempos verbais nesse título.

2 O subtítulo retoma e amplia as informações dadas no título. Troque ideias com os colegas e o professor e responda:

a) Qual expressão do título é retomada no subtítulo pela palavra **degelo**? Essa expressão e essa palavra são agentes da mesma forma verbal? Justifique sua resposta.

b) Que expressão do subtítulo retoma a expressão "ponto irreversível" do título? Ambas complementam a mesma forma verbal? Explique.

3 Releia a frase a seguir:

"Degelo faz com que os oceanos subam cerca de um milímetro em média por ano."

a) Qual das formas verbais utilizadas nessa frase está conjugada no modo subjuntivo?

b) Qual das formas verbais está no modo indicativo? Identifique o tempo em que essa forma verbal foi conjugada e explique o sentido construído por ela no contexto, considerando as funções do modo indicativo.

4 Considerando a forma como o título e o subtítulo foram construídos, troque ideias com os colegas e o professor e responda:

a) A quem são atribuídas as ações das formas verbais empregadas?

b) Que efeito de sentido essa construção cria no texto?

Conceituando

Ao responder às questões sobre o título e o subtítulo da notícia, você percebeu que em todas as frases analisadas há um ou mais verbos. Pode-se dizer que isso ocorre porque o verbo é a classe de palavras que organiza as orações e os períodos. Enquanto as frases podem ou não conter verbo, as orações e os períodos contêm ao menos um verbo.

A frase "Em julho, o gelo marinho polar atingiu sua menor extensão em 40 anos." contém um verbo e constitui uma oração; por isso, é um período simples. Já a frase "Degelo faz com que os oceanos subam cerca de um milímetro em média por ano." contém dois verbos e constitui duas orações; por isso, é um período composto.

Veja a diferença entre frase, oração e período:

Frase é uma unidade linguística que pode ou não apresentar verbo.
Oração é uma unidade linguística que contém um verbo.
Período é uma unidade linguística que contém um ou mais verbos; é chamado **período simples** quando contém um verbo e de **período composto** quando contém dois ou mais verbos.

Como palavra organizadora das orações e dos períodos, o verbo contribui para determinar os demais elementos da oração que o acompanham, ao mesmo tempo que sua forma também é determinada por eles. Observe:

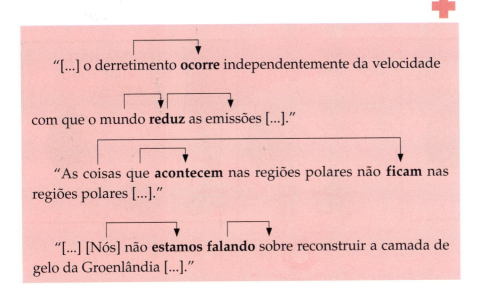

"[...] o derretimento **ocorre** independentemente da velocidade com que o mundo **reduz** as emissões [...]."

"As coisas que **acontecem** nas regiões polares não **ficam** nas regiões polares [...]."

"[...] [Nós] não **estamos falando** sobre reconstruir a camada de gelo da Groenlândia [...]."

Nas orações apresentadas, as formas verbais em destaque contêm, em sua estrutura morfológica, características dos outros termos. A 1ª pessoa do plural, por exemplo, representada pela forma verbal **estamos** (nós) na locução verbal "estamos falando", recebe o morfema número-pessoal **-mos**. Concordando com "As coisas", na 3ª pessoa do plural, as formas verbais **acontecem** e **ficam** recebem o morfema número-pessoal **-m**. Já as formas **ocorre** e **reduz** concordam, respectivamente, com "o derretimento" e "o mundo", na 3ª pessoa do singular, conjugação que não contém desinência número-pessoal.

Há, ainda, os complementos de cada verbo, tendo em vista seu sentido na oração. Veja que as formas verbais **acontecem** e **ficam** são acompanhadas de indicadores de lugar (onde acontecem, onde (não) ficam), ao passo que a forma verbal **reduz** precisa de um complemento ligado diretamente a ela (Reduz o quê? As emissões). Já a locução verbal **estamos falando** liga-se ao seu complemento por meio da palavra **sobre** (falando sobre o quê?).

Portões do Círculo Ártico, Alasca.

EXERCÍCIOS

Leia a tira:

1 No primeiro quadrinho da tira, a mãe de Armandinho faz uma suposição sobre os planos do filho para o futuro.

a) Identifique na fala da mãe o trecho que introduz essa suposição.

b) Qual é a forma verbal utilizada no trecho apontado no item anterior? Em que pessoa, tempo e modo ela está? Justifique o uso desse tempo e desse modo no contexto.

c) Qual forma verbal empregada pela mãe de Armandinho indica os planos que ela supõe que o filho tenha? Em que pessoa, tempo e modo essa forma verbal está? Justifique o uso desse tempo e desse modo no contexto.

d) Empregando outra forma verbal, reescreva o enunciado procurando manter seu sentido. Levante hipóteses: Por que houve preferência pela forma verbal **vai cuidar** no texto original?

2 No segundo quadrinho, Armandinho responde afirmativamente à fala da mãe, mas faz uma ressalva.

a) Que ressalva é essa?

b) Identifique a pessoa, o tempo e o modo em que estão as formas verbais presentes na fala de Armandinho no segundo quadrinho.

c) As pessoas do discurso com as quais os verbos empregados por Armandinho concordam não são explicitadas na tira. Discuta com os colegas e o professor, e levante hipóteses: Quais termos poderiam ser utilizados para explicitá-las? Justifique sua resposta com base na morfologia, isto é, na estrutura das formas verbais.

3 Observe o terceiro quadrinho da tira.

a) Como está a expressão facial de Armandinho em comparação com suas expressões nos quadrinhos anteriores?

b) Qual é a forma verbal que aparece conjugada em número e pessoa nesse quadrinho? Em que pessoa, tempo e modo ela está? Justifique esses usos.

c) No contexto da tira, a quem se dirige essa forma verbal? É possível considerar que ela está diretamente relacionada à mudança na expressão de Armandinho. Justifique essa afirmação.

4. As formas verbais analisadas nas questões anteriores são complementadas de formas diferentes em cada frase. Troque ideias com os colegas e o professor e escreva no caderno o complemento de cada uma das formas verbais listadas a seguir. Indique também a(s) palavra(s) que não apresenta(m) complemento.

a) crescer
b) cuidar
c) espero
d) depende
e) tentem
f) destruir

Semântica e discurso

Leia o anúncio a seguir:

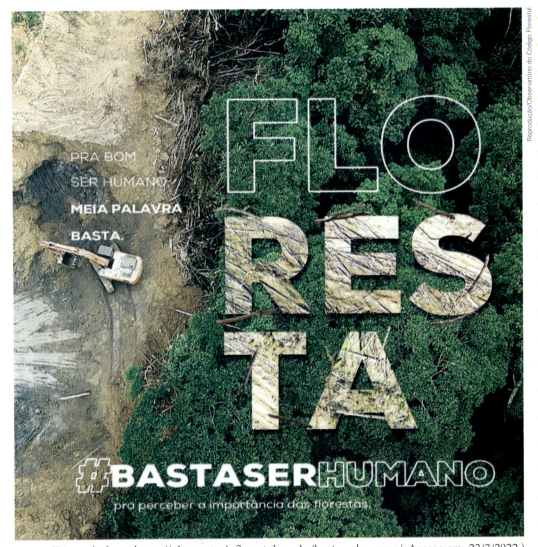

(Disponível em: https://observatorioflorestal.org.br/bastaserhumano/. Acesso em: 23/3/2022.)

1. Observe a imagem do anúncio.
   a) Quais ambientes ela retrata e qual contraste existe entre eles?
   b) Troque ideias com os colegas e o professor e levante hipóteses: O que cada um desses ambientes representa no contexto?

2. O anúncio faz parte de uma campanha em prol do meio ambiente. Levante hipóteses:
   a) A quem o anúncio se dirige?
   b) Qual é o objetivo principal do anúncio?

3. Releia o texto verbal que aparece na imagem:

   "Pra bom ser humano, meia palavra basta."

   a) Essa frase dialoga com um ditado popular. Identifique-o e explique o sentido dele. Se necessário, faça uma breve pesquisa.
   b) Compare o ditado original com o texto do anúncio. Considerando o sentido da campanha, explique por que o ditado foi alterado no anúncio.
   c) O termo **pra** é a redução de uma palavra. Identifique-a, troque ideias com os colegas e o professor e responda: Que efeito o termo reduzido **pra** constrói no texto?

4. À direita do anúncio há três sílabas em letras grandes.
   a) Quais palavras essas sílabas podem formar no contexto do anúncio?
   b) Escreva as classes das palavras indicadas por você no item **a**.
   c) Explique de que forma a parte não verbal do anúncio delimita as palavras.
   d) Deduza: Qual é a relação das duas palavras com a imagem de fundo e com a frase analisada por você na **questão 3**?

5. Observe a expressão #BASTASERHUMANO.
   a) Lida isoladamente, essa expressão pode ter dois sentidos. Explique cada um deles.
   b) Considerando os dois sentidos identificados por você no item **a**, observe que as palavras que compõem a expressão pertencem a classes gramaticais diferentes. Em qual dos sentidos a expressão apresenta verbos? Justifique sua resposta, indicando quais são os verbos e os sentidos deles. Se necessário, consulte um dicionário.
   c) Deduza: Qual é a função do símbolo # no contexto da campanha?

6. Compare as duas frases do anúncio lido:

   - "Pra bom ser humano, meia palavra basta."
   - "Basta ser humano pra perceber a importância das florestas."

a) Observe as formas verbais em cada uma e conclua: Qual delas é um período simples e qual é um período composto? Justifique sua resposta.

b) Identifique as orações que compõem o período composto indicado por você no item **a**.

7 Analise a seguir três outros anúncios que fazem parte da mesma campanha:

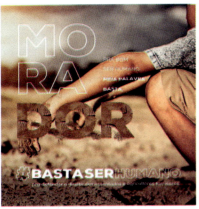

(Disponível em: https://observatorioflorestal.org.br/bastaserhumano/. Acesso em: 23/3/2022.)

a) Quais desses anúncios apresentam um verbo no texto central, em letras maiores? Justifique sua resposta identificando as formas verbais.

b) Explique o sentido das formas verbais que você identificou no item **a** no contexto do anúncio. Se julgar necessário, consulte um dicionário.

De olho na escrita

Concordância verbal

Ao tratar da importância dos verbos na construção de orações e períodos, vimos também que eles determinam outros elementos da oração, assim como têm sua forma determinada por esses elementos.

Leia estas manchetes de jornal:

I. *Amazônia está perto de ponto irreversível e pode virar deserto, dizem cientistas*

(Estadão, 12/11/2021.)

II. *Ursos-polares ocupam estação meteorológica abandonada na Rússia*

(UOL, 10/1/2022.)

III. *Situação do Cerrado é preocupante*

(Diário do Comércio, 4/1/2022.)

IV. *Maioria dos países sofrerá com ondas de calor a cada dois anos até 2030*

(Galileu, 7/1/2022.)

Veículo atolado na rodovia BR-307, Parque Nacional do Pico da Neblina, em São Gabriel da Cachoeira (AM), 2017.

UNIDADE **4** Capítulo 2 **343**

V. *Chuvas de verão colocam milhões de brasileiros em risco*

(G1, 7/1/2022.)

VI. *Falta de infraestrutura das rodovias brasileiras gera impactos no meio ambiente*

(Agência CNT, 14/12/2021.)

VII. *Tampinhas de garrafa e lacres de latinhas podem ajudar causa animal*

(Bem Paraná, 12/1/2021.)

1 Observe as formas verbais empregadas nas manchetes lidas. Quais estão no singular? Quais estão no plural?

2 Discuta com os colegas e o professor:

a) Em cada uma das manchetes, qual(is) termo(s) contribui(em) para determinar a flexão dos verbos no singular ou no plural?

b) Entre as relações sintáticas a seguir, quais delas existem entre os verbos e os termos que determinam sua flexão?

- concordância de gênero
- concordância de número
- concordância de pessoa
- concordância de grau

3 Releia estas manchetes:

> **I.** "Amazônia está perto de ponto irreversível e pode virar deserto, dizem cientistas"
>
> **II.** "Ursos-polares ocupam estação meteorológica abandonada na Rússia"
>
> **III.** "Situação no Cerrado é preocupante"
>
> **VII.** "Tampinhas de garrafa e lacres de latinhas podem ajudar a causa animal"

a) Reescreva-as, fazendo as substituições indicadas a seguir e as mudanças que forem necessárias:

- **Amazônia** por **florestas brasileiras**; **cientistas** por **pesquisa**, na I
- **Ursos-polares** por **comunidade de ursos**, na II
- **Situação** por **focos de desmatamento**, na III
- **Tampinhas de garrafa e lacres de latinhas** por **arrecadação de tampinhas e lacres** na VII

b) Discuta com os colegas e o professor: Além das alterações indicadas, que mudanças foram necessárias? Por quê?

Conforme você viu ao responder às questões anteriores, há nos enunciados situações que levam o verbo a ficar no singular ou no plural. Essas situações se relacionam com as regras de concordância verbal, segundo a norma-padrão.

Em geral, o verbo concorda em pessoa e número com o sujeito da oração.

> O **sujeito** de uma oração é o termo com o qual o verbo concorda.

Termômetro marcando 45 °C.

Sujeito simples é o que apresenta apenas um núcleo; **sujeito composto** é o que apresenta dois ou mais núcleos.

Veja:

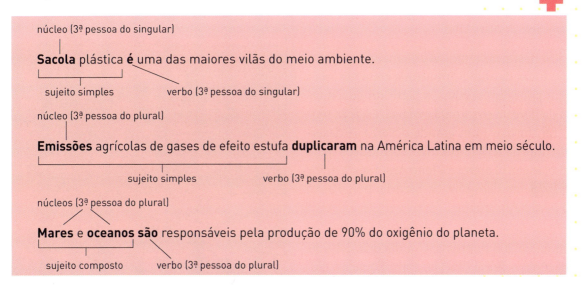

Quando a oração tem sujeito simples, o verbo concorda com ele em número e pessoa:

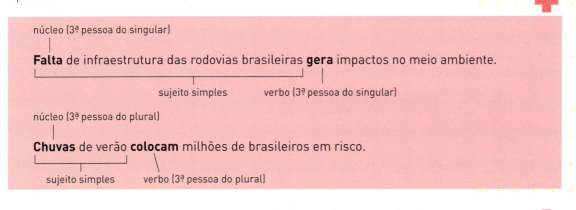

Quando a oração tem sujeito composto, o verbo fica geralmente no plural:

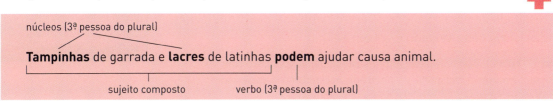

UNIDADE 4 ▸ Capítulo 2 **345**

EXERCÍCIOS

Leia um trecho da notícia de uma das manchetes lidas anteriormente. Depois, responda às questões 1 a 3.

Amazônia está perto de ponto irreversível e pode virar deserto, dizem cientistas

Reunidos na COP-26, especialistas alertam que desmatamento, queimadas e mudanças climáticas tornarão inviável a regeneração da mata

Roberta Jansen, O Estado de S.Paulo
12 de novembro de 2021 | 11h00

RIO — O desmatamento, as queimadas e as mudanças climáticas deixam a Amazônia cada vez mais perto de um ponto irreversível, a partir do qual a regeneração da floresta se tornará inviável, e a área tenderá a se transformar num grande deserto. A desertificação da floresta terá impactos "catastróficos" para o clima do planeta. O alerta foi feito nesta sexta-feira, 12, na **COP-26**, em Glasgow, na Escócia, pelo Painel Científico para a Amazônia.

As análises fazem parte do primeiro relatório do painel, que reúne 200 cientistas — a maioria deles de países amazônicos Brasil, Bolívia, Peru, Equador, Colômbia, Venezuela, Guiana, Suriname e Guiana Francesa. O documento ressalta a importância da ciência para a tomada de decisões na região. Também encoraja a inovação tecnológica e as soluções baseadas na natureza, juntamente com as soluções sustentadas pelo conhecimento tradicional de indígenas e populações ribeirinhas. Para evitar a catástrofe iminente, o relatório recomenda a suspensão imediata do desmatamento nas áreas mais degradadas. Seria um plano escalonado para atingir o desmatamento zero até o fim desta década e um novo modelo econômico para a região.

"O atual modelo de desenvolvimento está alimentando o desmatamento e a perda de biodiversidade, levando à devastação e mudanças irreversíveis", afirmou o climatologista Carlos Nobre, do Instituto de Estudos Avançados da Universidade de São Paulo, e um dos coordenadores do painel. "Para que a Amazônia sobreviva, precisamos mostrar como ela pode ser transformada de forma a gerar benefícios econômicos e ambientais como resultado de uma colaboração entre cientistas, povos indígenas, comunidades locais, setor privado e governos." [...]

(*Estadão*, 12/11/2021. Disponível em: https://sustentabilidade.estadao.com.br/noticias/geral,amazonia-esta-perto-de-ponto-de-nao-retorno-e-pode-virar-deserto-dizem-cientistas,70003896291. Acesso em: 23/3/2022.)

Desmatamento ilegal na Floresta Amazônica (AM), 2020.

COP-26: Conferência das Nações Unidas sobre as Mudanças Climáticas, realizada em 2021 em Glasglow, na Escócia.

1. Compare as manchetes a seguir:

   • "Amazônia está perto de ponto irreversível e pode virar deserto, dizem cientistas"

   • "Derretimento de gelo na Groenlândia atingiu ponto irreversível, diz estudo"

   Agora, identifique semelhanças entre as duas:

   a) quanto à estrutura da frase;
   b) quanto ao conteúdo.

2. Identifique, na notícia lida, uma ocorrência de sujeito composto e explique a concordância verbal com base nas regras que você aprendeu.

3. Observe as construções a seguir, empregadas na notícia:

   • "dizem cientistas"
   • "especialistas alertam"
   • "o documento ressalta"
   • "o relatório recomenda"

   a) Quais delas apontam para indivíduos como sujeito das formas verbais? Quem são esses indivíduos?
   b) Quais são os sujeitos das outras formas verbais?
   c) Troque ideias com os colegas e o professor, e levante hipóteses: Os sujeitos identificados por você nos itens **a** e **b** constroem que efeitos de sentido no texto? Quais construções tornam o texto mais pessoal e quais tornam o texto mais impessoal?

4. Os cientistas citados na manchete fazem parte de um grupo.

   a) De onde são esses cientistas?
   b) Indique no caderno quais afirmações a seguir são falsas e quais são verdadeiras de acordo com a notícia, considerando os interesses do grupo formado por esses cientistas:

   • Desconsiderar a inovação tecnológica e buscar apenas as soluções baseadas na natureza.
   • Unir a inovação tecnológica a soluções sustentadas pelo conhecimento tradicional de indígenas e populações ribeirinhas.
   • Revezar as partes da floresta que poderão ser desmatadas a cada década.
   • Suspender o desmatamento nas áreas mais degradadas e aos poucos atingir o desmatamento zero até o fim da década de 2020.
   • Propor um novo modelo econômico para a região.
   • Manter o atual modelo de desenvolvimento, que está alimentando a biodiversidade.

Releia o terceiro parágrafo para responder às questões 5 e 6.

"'O atual modelo de desenvolvimento **está alimentando** o desmatamento e a perda de biodiversidade, levando à devastação e mudanças irreversíveis', afirmou o climatologista Carlos Nobre, do Instituto de Estudos Avançados da Universidade de São Paulo, e um dos coordenadores do painel. 'Para que a Amazônia sobreviva, precisamos mostrar como ela pode ser transformada de forma a gerar benefícios econômicos e ambientais como resultado de uma colaboração entre cientistas, povos indígenas, comunidades locais, setor privado e governos.' [...]"

5 Nesse parágrafo é citada uma fala.

   a) De quem é essa fala e qual é a relação dessa pessoa com o fato noticiado?

   b) Qual sinal de pontuação é empregado no texto da notícia para demarcar essa fala? E qual forma verbal faz referência a ela?

6 Observe a forma verbal em destaque no trecho.

   a) Qual é o sujeito dessa forma verbal?

   b) Explique por que essa forma verbal foi empregada no singular.

PRODUÇÃO DE TEXTO

Notícia: construção e recursos expressivos

No início deste capítulo, você leu a notícia "Derretimento de gelo na Groenlândia atingiu ponto irreversível, diz estudo". Releia esse texto, se necessário, e responda às questões a seguir.

1 Além do título e do subtítulo, a notícia geralmente é composta de duas partes: lide e corpo. O **lide** consiste no primeiro parágrafo e é um resumo, em poucas linhas, que apresenta respostas às questões fundamentais do jornalismo: **o que** (fatos), **quem** (pessoas, instituições, animais, objetos, etc.), **quando** (tempo), **onde** (lugar), **como** e **por quê**.

   a) Escreva no caderno o lide da notícia lida.

   b) O lide dessa notícia responde às perguntas fundamentais do jornalismo?

Urso-polar pulando blocos de gelo no oceano Ártico, próximo às ilhas Svalbard e Jan Mayen, Noruega.

2 Observe novamente o título e o subtítulo da notícia.

a) De que modo o título foi construído?

b) Em sua opinião, o título atrai a atenção do público? Por quê?

c) Em notícias, o subtítulo não é obrigatório. Na notícia lida, qual é o papel do subtítulo?

3 No início deste capítulo, você viu que, para estabelecer um distanciamento e tentar se manter neutros diante de um fato noticiado, os jornalistas evitam colocar diretamente a opinião deles no texto, apresentando a voz de pessoas com credibilidade, por exemplo, de cientistas.

a) Considerando os tipos de discurso (direto e indireto) e os sinais de pontuação, de que modo o jornalista usa esse recurso na notícia lida?

b) Na notícia lida, algumas citações são reproduções fiéis de trechos das entrevistas feitas com cientistas. Identifique os momentos em que isso ocorre no texto.

c) Que efeito de sentido a reprodução fiel das falas dos cientistas cria no texto?

4 Observe no texto que há dois trechos destacados, escritos em letras azuis e sublinhados. No *site* em que a notícia foi publicada, esses trechos indicam **hiperlinks**, ou seja, quando são acionados conduzem o leitor a outras páginas da internet, que apresentam novos textos. Levante hipóteses sobre o que o internauta pode encontrar se clicar:

a) na palavra Groenlândia.

b) na expressão publicados nesta semana.

5 O jornal apresenta diferentes gêneros jornalísticos, como a entrevista, a notícia e a reportagem. Compare a notícia lida neste capítulo com a entrevista lida no capítulo anterior.

a) Qual desses dois textos jornalísticos está mais comprometido em transmitir ao público informações sobre os fatos?

b) E qual deles está mais comprometido com a opinião ou com uma visão particular de alguém sobre os fatos?

c) Logo, qual desses dois gêneros tende a ser mais subjetivo e pessoal?

6 A linguagem verbal empregada em uma notícia pode variar de acordo com o perfil do público a que se destina e com o meio (jornal, rádio, TV) pelo qual circula, podendo ser menos ou mais formal.

a) A linguagem da notícia lida é menos ou mais formal?

b) O texto da notícia lida está de acordo com a norma-padrão?

UNIDADE **4** ▶ Capítulo 2

7 Para garantir a conexão das ideias e a expansão do texto, foram empregados alguns recursos linguísticos. Observe os termos destacados nestes inícios de parágrafo:

O guia Vilhelmine Nathanielsen observa pedaço de gelo enquanto passeia de caiaque pelos *icebergs* que se desprenderam da geleira Sermeq Kujalleq, em Ilulissat, Groenlândia, 2021.

• "**Esse derretimento** já está fazendo com que os oceanos subam cerca de um milímetro em média por ano."

• "**De acordo com o estudo**, o derretimento ocorre independentemente da velocidade com que o mundo reduz as emissões [...]."

• "**Nos últimos 30 anos**, o aquecimento no Ártico ocorreu pelo menos duas vezes mais rápido que no resto do mundo [...]."

• "**Ainda assim**, o mundo pode reduzir as emissões para desacelerar a mudança climática, disseram os cientistas."

• "**O novo estudo** sugere que o manto de gelo do território agora ganhará massa [...]."

a) Qual dos termos destacados retoma um elemento mencionado anteriormente para desenvolvê-lo?
b) Qual desses termos insere uma noção temporal no desenvolvimento das ideias?
c) Qual desses termos estabelece uma oposição a algo que foi dito imediatamente antes?

8 Com a orientação do professor, junte-se a alguns colegas para resumir as características básicas da notícia. Para isso, copiem o quadro a seguir no caderno e completem as lacunas de acordo com o que aprenderam sobre a notícia lida neste capítulo ou outras com as quais já tiveram contato.

Notícia: construção e recursos expressivos	
Quem são os interlocutores da notícia?	
Qual é o objetivo desse gênero textual?	
Onde a notícia circula?	
De que linguagens a notícia se constitui?	
Como é a linguagem verbal de uma notícia?	
Qual é a estrutura básica da notícia?	

Agora é a sua vez

No capítulo **Intervalo** desta unidade, você vai montar com a turma um jornal sobre o meio ambiente, no formato que foi definido por vocês no capítulo anterior, ou seja, impresso, digital, televisivo, jornal de rádio ou *podcast*. Entre outros gêneros, nesse jornal haverá notícias. Reúna-se com os colegas de grupo para produzi-las.

Planejamento do texto

○ Façam um levantamento dos temas relacionados com o meio ambiente. Escolham um tema para desenvolver, de preferência que seja próximo do assunto abordado na entrevista realizada no capítulo anterior. Desse modo, vocês poderão aproveitar trechos da entrevista nas notícias que vão criar.

○ Pesquisem o tema que escolheram em jornais, revistas e na internet. Procurem saber os fatos recentes sobre esse tema e conversem a respeito dele com seus responsáveis, familiares, professores e colegas, procurando obter o máximo possível de informações.

Escrita

○ Pensem no perfil dos leitores — seus familiares, outros alunos, professores e funcionários da escola — e empreguem uma linguagem adequada ao público e ao gênero notícia.

○ Comecem o texto da notícia pelo lide, destacando de forma resumida as informações que considerarem mais importantes. Procurem responder às perguntas: O quê? Quem? Quando? Onde? Como? Por quê? Depois, criem o *corpo* da notícia, desenvolvendo cada uma dessas perguntas.

○ Escrevam de maneira objetiva e na ordem direta. Sempre que possível, empreguem uma palavra em vez de duas ou mais; usem frases curtas, com duas ou três linhas no máximo; e escrevam parágrafos com poucas frases. Utilizem um vocabulário acessível e evitem palavras difíceis, termos coloquiais, gírias e adjetivos desnecessários.

○ Limitem-se a informar, não explicitem a opinião do grupo sobre o fato.

○ Escrevam de acordo com a norma-padrão e sem excessiva formalidade.

○ Tentem incorporar ao texto alguns trechos da entrevista feita no capítulo anterior ou citem comentários feitos por cientistas a respeito do tema. Se os comentários forem inseridos de forma indireta, empreguem expressões como "De acordo com...". Se a citação for fiel à fala do entrevistado, vocês devem usar as aspas para indicar o uso do discurso direto e verbos *dicendi*, por exemplo: "disse...", "destacou..." e "falou...".

○ Empreguem elementos linguísticos que garantam a conexão entre as ideias e os parágrafos do texto.

○ Deem à notícia um título curto e sugestivo, que sirva para anunciar ao leitor o assunto que será desenvolvido.

Revisão e reescrita

Antes de finalizar a notícia, releiam-na, observando:

○ se ela apresenta título, lide e corpo;
○ se o lide menciona a maior parte das informações essenciais relacionadas ao fato noticiado: o que, quem, quando, onde, como e por quê;
○ se o corpo do texto contém o detalhamento do que foi apresentado no lide;
○ se a linguagem empregada é impessoal e está de acordo com a norma-padrão;
○ se as falas de terceiros estão devidamente demarcadas e identificadas.

Façam as alterações necessárias e passem o texto a limpo, preparando-o para o formato que vocês escolheram no capítulo anterior.

A notícia em outras mídias: notícias em áudio e audiovisuais

mentalhealth/Shutterstock

No século XIX, o jornal impresso foi o primeiro suporte usado para divulgar notícias. Hoje, os gêneros jornalísticos são produzidos para diferentes mídias — portais de notícias da internet, canais de rádio, canais televisivos, redes sociais, etc. — e suportes — televisão, computador, celular, *tablets* e publicações impressas.

Uma notícia publicada no jornal impresso pode ser veiculada em um *site*, ou aplicativo, ou ser produzida para ir ao ar em uma estação de rádio, ou ser transmitida em formato *podcast*, ou ir ao ar em um jornal televisivo e depois postada em redes sociais da emissora, por exemplo.

Atualmente, as notícias são lidas, ouvidas e vistas na palma da mão, em *tablets* e *smartphones*. Além de acelerar a divulgação dos fatos do mundo todo em diferentes formatos, as novas tecnologias disseminam mais facilmente boatos e *fake news* (notícias falsas), o que torna o jornalismo profissional de qualidade cada vez mais relevante em nossa sociedade.

Organizem-se em grupos e analisem uma notícia de jornal televisivo e uma notícia de jornal radiofônico. Acessem *sites* de emissoras de televisão e de estações de rádio e selecionem as notícias que vocês vão analisar, dessa forma poderão revê-las ou escutá-las quantas vezes for necessário.

Roteiro de estudo de notícia em jornal televisivo

○ Qual é o título da notícia? Quem anuncia o título?
○ Qual é o principal fato noticiado?
○ As informações que costumam constar no lide são ditas no início da notícia?

○ Analisem as imagens que constituem a notícia:

– Como são a postura corporal, os movimentos, a gestualidade e a expressão facial dos jornalistas?

– Há cenas em que o repórter aparece falando parte do texto?

– Há cenas de locais, pessoas e objetos relacionados ao assunto da notícia e acompanhados da narração do repórter?

– Há cenas de pessoas sendo entrevistadas, dando depoimentos? Quem são os entrevistados? Qual é a relação deles com o fato noticiado?

– Quais imagens compõem a notícia? Há imagens de gráficos, tabelas e outros recursos imagéticos? Que tipos de informação esses recursos veiculam?

○ Agora, examinem o texto oral da notícia:

– Avaliem a fala do repórter e do âncora no que diz respeito a: altura, intensidade, ritmo da voz, entonação e respiração.

– O texto parece espontâneo ou foi planejado?

– O texto da notícia é iniciado com um resumo (lide) e depois é detalhado, exemplificado e ampliado?

– A linguagem utilizada é formal ou informal? Ela está de acordo com a norma-padrão?

– A linguagem usada é semelhante à da notícia escrita, ou seja, apresenta concisão, objetividade e impessoalidade?

Roteiro de estudo de notícia em jornal radiofônico

○ Qual é o título da notícia? Quem anuncia o título?

○ Qual é o principal fato noticiado?

○ As informações que costumam constar no lide são ditas no início da notícia?

○ Pessoas são entrevistadas? Se sim, quem? Qual é a relação dos entrevistados com o fato noticiado?

○ Examinem o texto oral da notícia:

– Avaliem a fala do repórter e a do âncora no que diz respeito a: altura, intensidade, ritmo da voz, entonação e respiração.

– O texto parece espontâneo ou foi planejado?

– O texto da notícia é iniciado com um resumo (lide) e depois é detalhado e ampliado?

– A linguagem utilizada é formal ou informal? Ela está de acordo com a norma-padrão?

– A linguagem usada é semelhante à da notícia escrita, ou seja, apresenta concisão, objetividade e impessoalidade?

Produzindo a notícia em *podcast* e em vídeo

Agora, transformem as notícias que vocês produziram para o formato de vídeo — audiovisual — e áudio — *podcast*. Lembrem-se de que a notícia escrita não deve ser simplesmente lida, mas também adaptada ao novo formato. Organizem um roteiro para os dois formatos. No caso da notícia em vídeo, considerem as seguintes questões e orientações:

UNIDADE **4** ■ Capítulo 2

- Haverá um âncora e um repórter? Quais alunos farão esses papéis? Planejem também o figurino deles, pensem sobre a imagem que vocês querem transmitir, por exemplo: para ganhar credibilidade, os alunos deverão estar vestidos com roupas mais formais.
- Planejem o posicionamento dos alunos que farão os papéis de âncora e repórter nas cenas. Cuidem para que a postura corporal, os movimentos, a gestualidade e a expressão facial deles, assim como altura, intensidade, ritmo e entonação da voz, estejam adequados.
- Revisem os textos para que fiquem de acordo com as características básicas do gênero notícia e com a norma-padrão.
- Pensem no roteiro: Qual será a ordem das cenas? Quais partes do texto serão ditas pelo âncora? Quais serão ditas pelo repórter?
- Nas cenas em que o âncora e/ou o repórter não aparecem, será necessário gravar trechos do texto em formato de áudio?
- Haverá recursos gráficos, como esquemas, gráficos, infográficos, fotografias e mapas?
- Onde serão gravadas as cenas? Procurem filmar em ambientes relacionados ao fato noticiado.
- Haverá entrevistado(s)? Quem? Quais perguntas serão feitas a ele(s)?
- Durante as gravações, confiram se o áudio está com boa qualidade. Se necessário, corrijam o problema e gravem novamente.
- Usem *softwares* para editar as cenas que vocês gravaram e lembrem-se de seguir o roteiro que vocês criaram. Não se esqueçam de inserir os recursos gráficos e os áudios. Se necessário, peçam a ajuda do professor de Informática ou de Robótica.

Para produzirem a notícia em formato de áudio, sigam as mesmas orientações, com exceção das instruções sobre cenas, gestos, figurinos e recursos gráficos.

DIVIRTA-SE

Você conhece as cores e os desenhos utilizados no descarte de materiais para reciclagem? Faça o teste! Tente relacionar os símbolos e os rótulos às lixeiras corretas.

METAL   NÃO RECICLÁVEL   PLÁSTICO   VIDRO   PAPEL   ORGÂNICO

UNIDADE 4 ▸ Capítulo 2 — 355

CAPÍTULO 3

Perdas irreparáveis

Até hoje causa interesse o desaparecimento de animais que viveram em um passado longínquo em nosso planeta, como os dinossauros. Mas nem todo mundo se importa com as centenas de espécies de seres vivos que estão desaparecendo sob nossos olhos: peixes, aves, mamíferos e até árvores! E a cada espécie que desaparece, um mundo de outros seres também se vai.

1 a cada 3 árvores no mundo está perto da extinção, alerta estudo

Relatório "State of the World's Trees" mostra que ações humanas são os principais perigos para a flora arbórea. No Brasil, cerca de 20% das espécies estão ameaçadas

Após cinco anos de intensa pesquisa, cientistas publicaram o primeiro relatório sobre o estágio de conservação de todas as 58.497 espécies de árvores do mundo. De acordo com o documento, 17.500 delas, ou seja 30%, estão sob risco de extinção. Isso corresponde ao dobro do total de mamíferos, aves, anfíbios e répteis ameaçados no planeta. O estudo aponta ainda que pelo menos 142 árvores já foram extintas.

Disponível no site da organização britânica não governamental *Botanic Gardens Conservation International (BGCI)*, o trabalho teve a contribuição de mais de 60 instituições e 500 especialistas. No relatório intitulado *State of the World's Trees*, os pesquisadores apontam que, das 17.500 árvores sob risco, mais de 440 espécies estão à beira da extinção, o que significa que restam apenas 50 espécimes de cada uma na natureza.

endêmico: nativo de determinada região ou restrito a ela.

florestas nubladas: são florestas de regiões tropicais e subtropicais localizadas no alto das montanhas, em altitudes que variam de 500 a 3 500 metros, e apresentam certa neblina.

Além disso, o documento alerta que uma das principais ameaças à proteção da flora são as ações humanas. Entre os grandes elementos prejudiciais às árvores estão a perda de habitat impulsionada pela agricultura e pelo pasto, a superexploração derivada da extração de madeira e de atividades de colheita e a disseminação de pestes invasoras e doenças.

Em uma perspectiva global, as mudanças climáticas e temperaturas extremas são ameaças emergentes que podem impactar negativamente tanto áreas temperadas como tropicais. Diante desse cenário, os especialistas destacam um risco maior para espécies de **florestas nubladas** da América Central. Há ainda o aumento do nível do mar, ao qual no mínimo 180 espécies estão sujeitas, como é o caso das magnólias no Caribe.

"Essa avaliação deixa claro que as árvores estão em perigo", afirma, em nota, Gerard T. Donnelly, presidente da instituição norte-americana *The Morton Arboretum.* "Como espécies-chave nos ecossistemas florestais, elas amparam muitas plantas e seres vivos que estão desaparecendo. Salvar uma árvore significa proteger muito mais do que somente as árvores", explica.

O estudo mostra também que o Brasil é o país com a maior diversidade de flora arbórea (8.847 espécies, das quais 4.226 são **endêmicas**) e um dos líderes do ranking de espécies ameaçadas de extinção em números absolutos. Com 1.788 (20%) nessa situação, ficamos atrás apenas de Madagascar, onde 1.842 espécies estão sob risco de sumir.

Uma a cada três árvores no mundo está perto da extinção, alerta estudo. Acima, o carvalho *Quercus brandegeei*, uma espécie endêmica do México e ameaçada.

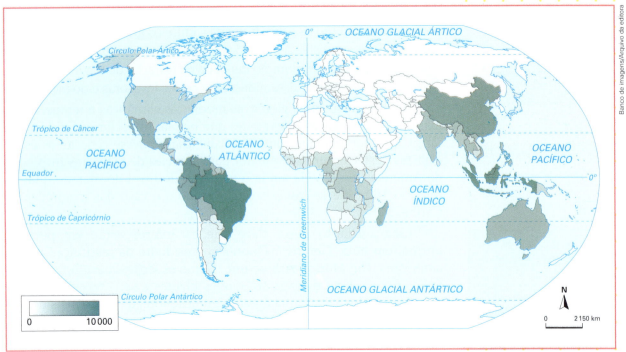

Relatório ilustra a diversidade de espécies de árvores por país.

Fonte: *Galileu*, 13/9/2021.

Embora a conjuntura seja preocupante, os pesquisadores observam que os esforços de preservação ao redor do mundo têm crescido. Cerca de 64% de todas as espécies de árvores podem ser encontradas em ao menos uma área protegida, enquanto aproximadamente 30% estão em coleções de jardins botânicos e bancos de sementes. Mas ainda assim há espaço (e necessidade) para mais mobilizações.

[...]

Os colaboradores do projeto acreditam que, somada ao relatório *State of World's Trees*, a base de dados *on-line* GlobalTree Portal irá contribuir para fomentar o desenvolvimento de medidas em prol do meio ambiente. Tanto a pesquisa como a plataforma revelam, pela primeira vez, as árvores que precisam de maior cuidado, os locais onde as ações são mais urgentes e quais lacunas de conservação devem ser preenchidas.

E, além de envolver especialistas e políticos, esse é um assunto que inclui todos os cidadãos. "Indivíduos e organizações da comunidade podem apoiar o plantio de espécies nativas e ameaçadas nos seus **arboretos** ou jardins botânicos regionais", sugere [Murphy] Westwood. "Ou então as pessoas podem simplesmente plantar as árvores certas nos lugares adequados com o cuidado necessário para que elas prosperem por muitos anos. Salvar árvores é um esforço global que requer ações locais", finaliza.

(*Revista Galileu*, 13/9/2021. Disponível em: https://revistagalileu.globo.com/Um-So-Planeta/noticia/2021/09/1-cada-3-arvores-no-mundo-esta-perto-da-extincao-alerta-estudo.html. Acesso em: 24/3/2021.)

Floresta nublada.

arboreto: lugar onde se cultivam árvores, arbustos e plantas herbáceas para fins científicos ou exibição ao público.

ESTUDO DO TEXTO

Compreensão e interpretação

1 O texto lido é um **artigo de divulgação científica** que foi publicado em uma revista especializada.

a) Qual é o objetivo principal do texto?

b) Quem é o público desse texto: especializado no tema ou leigo? Por quê?

2 O artigo divulga e analisa os dados de uma pesquisa feita a respeito da conservação das espécies de árvores que existem no planeta.

a) Qual é o resultado da pesquisa?

b) Comparando esses dados com o número de animais ameaçados de extinção, qual é a situação das árvores?

3 Para que uma pesquisa tenha credibilidade, é necessário que ela envolva profissionais e instituições competentes e seja desenvolvida com método adequado, levando o tempo que for necessário. Considerando esses critérios, responda: A pesquisa realizada apresenta credibilidade? Por quê?

4 Para que uma espécie de árvore seja considerada em processo de extinção, os cientistas adotaram um critério.

a) Que critério é esse?

b) No mundo, quantas espécies de árvore atualmente estão nessa situação?

5 O relatório aponta algumas causas do desaparecimento das espécies de árvores e faz a seguinte classificação: causas em uma perspectiva local e causas em uma perspectiva global.

a) O que afeta localmente a existência de várias espécies de árvores?

b) O que tem afetado ou pode afetar a existência das espécies no mundo todo?

c) Segundo o cientista Gerard Donnelly, "Salvar uma árvore significa proteger muito mais do que somente as árvores". Explique por quê.

6 O Brasil sempre é lembrado quando o assunto é meio ambiente, pelo fato de ter uma grande diversidade de fauna e flora.

a) Qual é a posição do Brasil entre os países que têm diversidade de espécies de árvores?

b) E qual é a situação das espécies de árvore em risco de extinção em nosso país?

c) Considerando as informações sobre o Brasil que você leu no artigo e o mapa do país que o acompanha, explique de que forma essa imagem representa as informações do texto verbal.

UNIDADE **4** ▶ Capítulo 3 **359**

7 Apesar de a situação das árvores em todo o mundo ser preocupante, o texto dá uma boa notícia a respeito da preservação das espécies em extinção.

   a) Que notícia é essa?
   b) No entanto, por que o texto faz a seguinte afirmação: "Mas ainda assim há espaço (e necessidade) para mais mobilizações"?

8 As informações da pesquisa realizada serão disponibilizadas em uma plataforma digital para cientistas, pesquisadores e defensores da causa ambiental em geral. Levante hipóteses: De que forma essa plataforma poderá ajudar os interessados?

9 Segundo o texto, a luta para preservar a diversidade de árvores em todo o planeta é de todos.

   a) Levante hipóteses: De que forma os políticos podem colaborar?
   b) E como o cidadão comum e as instituições podem contribuir?
   c) Explique a afirmação de Murphy Westwood: "Salvar árvores é um esforço global que requer ações locais".

A linguagem do texto

1 Releia este trecho do texto:

> "No relatório intitulado *State of the World's Trees*, os pesquisadores apontam que, das 17.500 árvores sob risco, mais de 440 espécies estão à beira da extinção, o que significa que restam apenas 50 espécimes de cada uma na natureza."

   a) Observe que, no trecho, há as palavras **espécie** e **espécime**. Qual é a diferença de sentido entre elas? Se necessário, consulte um dicionário.
   b) Que palavra poderia substituir a palavra **espécime** sem prejudicar o sentido da frase?

2 O cientista Gerard Donnelly afirma:

> "Como **espécies-chave** nos ecossistemas florestais, elas amparam muitas plantas e seres vivos que estão desaparecendo."

Algumas palavras costumam ser formadas com o acréscimo da palavra **chave**, como **espécies-chave**, **ideias-chave**. Que sentido a palavra **chave** atribui ao substantivo anterior em palavras como essas?

Árvore mogno, Jardim Botânico, Rio de Janeiro (RJ), 2013.

Cruzando linguagens

Observe esta ilustração:

1. Note que, nas laterais da ilustração, há duas pedras, que parecem ser parte de duas encostas.

    a) O que separa essas encostas?

    b) Como você imagina que seja o lugar retratado na ilustração?

2. Em cada encosta, está plantada uma árvore.

    a) Na parte inferior do tronco, como essas árvores são? Por que elas são assim?

    b) Na parte superior, como as árvores são?

3. A aproximação e a união da parte superior dos troncos das árvores resultam em uma figura.

    a) Que figura é essa?

    b) Como essa figura é constituída?

    c) Interprete: Pode-se dizer que a ilustração transmite uma mensagem ecológica? Por quê?

4. Relacione a ilustração ao artigo de divulgação científica que você leu no início deste capítulo. Que semelhanças você nota entre os dois textos?

Trocando ideias

1 Você viu que se algumas espécies de árvores desaparecerem de nosso planeta com elas desaparecerão também outras espécies de plantas e animais.

    a) Em sua opinião, é importante manter a diversidade de espécies no planeta? Por quê?

    b) Com o desaparecimento de algumas espécies de árvores, a espécie humana também corre riscos? Por quê?

2 Você acha válida a iniciativa de manter espécies em risco de extinção em jardins botânicos e áreas de reserva ambiental? Por quê?

3 Que iniciativas poderiam ser tomadas por governos, empresas e cidadãos comuns a fim de evitar a extinção de espécies de plantas e animais?

A LÍNGUA EM FOCO

■ Análise linguística: fato e opinião

Você já sabe que as notícias e os artigos de divulgação científica veiculam informações sobre fatos com menos ou mais objetividade, dependendo da finalidade que os veículos de comunicação têm em vista. Viu também que a diferença entre fato e opinião pode ser percebida por meio da análise da linguagem utilizada nos textos e, além disso, verificou a importância dos verbos na construção de orações e períodos.

A seguir, leia trechos de duas notícias:

Um terço da riqueza florestal mundial e da América Latina sob ameaça

Um terço da riqueza florestal da América Latina e do Caribe está ameaçada de extinção, percentual semelhante ao do restante do planeta, segundo estudo divulgado nesta quarta-feira (1º).

Das quase 60.000 espécies de árvores catalogadas em todo o mundo, cerca de 30% estão ameaçadas de extinção, de acordo com o relatório elaborado pela Botanic Gardens Conservation International (BGCI).

[...]

A região do planeta mais afetada pelo risco de extinção é a África. Das pouco mais de 9.000 espécies de árvores classificadas, quase 40% estão ameaçadas.

A agricultura, a extração de madeira e a pecuária respondem por 70% das ameaças, enquanto as mudanças climáticas apenas 4%.

[...]

(*IstoÉ Dinheiro*, 1/9/2021. Disponível em: https://www.istoedinheiro.com.br/um-terco-da-riqueza-florestal-mundial-e-da-america-latina-sob-ameaca/. Acesso em: 25/3/2022.)

Brasil lidera ranking global de espécies de árvores ameaçadas de extinção

No mundo todo, 30% das espécies de árvores encontram-se sob perigo, diz relatório

Quase um terço das espécies de árvores do mundo está em risco de extinção e centenas estão à beira da extinção, de acordo com um relatório histórico publicado pela "Botanic Gardens Conservation International" (BGCI) na quarta-feira (01).

Milhares de variedades de árvores nos seis principais países do mundo para a diversidade de espécies estão em risco. O maior número absoluto é no Brasil, onde 1.788 espécies estão em risco de extinção.

Os outros cinco países são Indonésia, Malásia, China, Colômbia e Venezuela.

De acordo com o relatório "State of the World's Trees", 17.500 espécies de árvores — cerca de 30% do total — estão em risco de extinção, enquanto 440 espécies têm menos de 50 representantes na natureza.

[...]

"Este relatório é um alerta para todos ao redor do mundo de que as árvores precisam de ajuda", disse o Secretário Geral da BGCI, Paul Smith, em uma declaração.

[...]

As três principais ameaças que as espécies arbóreas enfrentam são a produção agrícola, a exploração madeireira e a pecuária, diz o relatório, enquanto as mudanças climáticas e o clima extremo são ameaças emergentes.

Pelo menos 180 espécies de árvores estão diretamente ameaçadas pela subida dos mares e por condições climáticas severas, especialmente espécies insulares como as magnólias no Caribe.

[...]

(*CNN Brasil*, 1/9/2021. Disponível em: https://www.cnnbrasil.com.br/internacional/brasil-lidera-ranking-global-de-especies-de-arvores-ameacadas-de-extincao/. Acesso em: 25/3/2022.)

1 As duas notícias lidas, assim como o texto que você estudou no início deste capítulo, foram escritas com base em um mesmo trabalho de pesquisa.

a) Identifique, em cada um dos textos, termos e expressões que comprovam que os três tomam por base o mesmo estudo.

b) Nos três textos, quais expressões se referem ao total de espécies de árvores catalogadas em todo o mundo?

c) Levante hipóteses: Por que o mesmo dado é representado de formas distintas nos três textos?

Compare os títulos e subtítulos dos três textos para responder às questões 2 a 5:

1 a cada 3 árvores no mundo está perto da extinção, alerta estudo

Relatório "State of the World's Trees" mostra que ações humanas são os principais perigos para a flora arbórea. No Brasil, cerca de 20% das espécies estão ameaçadas

(*Revista Galileu*, 13/9/2021. Disponível em: https://revistagalileu.globo.com/Um-So-Planeta/noticia/2021/09/1-cada-3-arvores-no-mundo-esta-perto-da-extincao-alerta-estudo.html. Acesso em: 24/3/2021.)

Um terço da riqueza florestal mundial e da América Latina sob ameaça

Um terço da riqueza florestal da América Latina e do Caribe está ameaçada de extinção, percentual semelhante ao do restante do planeta, segundo estudo divulgado nesta quarta-feira (1º).

(*IstoÉ Dinheiro*, 1/9/2021. Disponível em: https://www.istoedinheiro.com.br/um-terco-da-riqueza-florestal-mundial-e-da-america-latina-sob-ameaca/. Acesso em: 25/3/2022.)

Brasil lidera ranking global de espécies de árvores ameaçadas de extinção

No mundo todo, 30% das espécies de árvores encontram-se sob perigo, diz relatório

(*CNN Brasil*, 1/9/2021. Disponível em: https://www.cnnbrasil.com.br/internacional/brasil-lidera-ranking-global-de-especies-de-arvores-ameacadas-de-extincao/. Acesso em: 25/3/2022.)

2 Em todos os títulos e subtítulos é citada outra voz, que não a do enunciador.

a) Quais expressões são utilizadas para introduzir essa outra voz em cada um deles?

b) Identifique as formas verbais presentes nas expressões indicadas por você no item **a** e explique as diferenças de sentido entre elas.

c) Deduza: Em qual deles essa voz tem mais destaque? Justifique sua resposta.

3 Embora tomem por base o mesmo estudo, cada texto deu um enfoque diferente à situação.

a) O mesmo dado numérico é mencionado de formas diferentes nos três títulos e subtítulos. Identifique-as.

b) Troque ideias com os colegas e o professor e levante hipóteses: Qual é a diferença de sentido entre essas formas?

4 O contexto brasileiro aparece nos três títulos.

   a) Em qual deles a menção ao Brasil é feita de forma indireta? Justifique sua resposta.

   b) Em qual deles o Brasil ganha mais destaque? Esse destaque é positivo ou negativo? Explique.

5 Observe as expressões a seguir:

- "riqueza florestal mundial"
- "ranking global de espécies de árvores"

Troque ideias com os colegas e o professor e levante hipóteses: Qual dessas expressões tem um caráter subjetivo e qual sugere uma descrição científica? Justifique sua resposta.

6 Releia este trecho do artigo estudado no início do capítulo:

> "Além disso, o documento alerta que uma das principais ameaças à proteção da flora são as ações humanas. Entre os grandes elementos prejudiciais às árvores estão a perda de habitat impulsionada pela agricultura e pelo pasto, a superexploração derivada da extração de madeira e de atividades de colheita e a disseminação de pestes invasoras e doenças.
>
> Em uma perspectiva global, as mudanças climáticas e temperaturas extremas são ameaças emergentes que podem impactar negativamente tanto áreas temperadas como tropicais. [...]"

   a) A segunda frase do primeiro parágrafo desenvolve a expressão "ações humanas" empregada na primeira frase. Que ações são essas? Justifique sua resposta com termos do texto.

   b) Reúnam-se em dupla e reescrevam no caderno a segunda frase de forma que as ações humanas mencionadas assumam a função de sujeito das formas verbais empregadas.

   c) Compare a frase original com a resposta de vocês ao item **b** e explique as diferenças de sentido entre elas.

   d) Identifique os parágrafos das duas notícias em estudo que correspondem às informações dadas no trecho lido acima. Compare os três trechos e conclua: Qual deles dá mais destaque para as ações humanas citadas? Justifique sua resposta.

7 Compare estes trechos dos três textos:

> • "O estudo mostra também que o Brasil é o país com a maior diversidade de flora arbórea (8.847 espécies, das quais 4.226 são endêmicas) e um dos líderes do ranking de espécies ameaçadas de extinção em números absolutos. Com 1.788 (20%) nessa situação, ficamos atrás apenas de Madagascar, onde 1.842 espécies estão sob risco de sumir."
>
> • "A região do planeta mais afetada pelo risco de extinção é a África. Das pouco mais de 9.000 espécies de árvores classificadas, quase 40% estão ameaçadas."
>
> • "Milhares de variedades de árvores nos seis principais países do mundo para a diversidade de espécies estão em risco. O maior número absoluto é no Brasil, onde 1.788 espécies estão em risco de extinção.
>
> Os outros cinco países são Indonésia, Malásia, China, Colômbia e Venezuela."

UNIDADE **4** ▶ Capítulo **3**

a) Diferentes países e um continente são citados nesses trechos. Identifique-os.

b) Qual informação é veiculada sobre esses países e esse continente em cada trecho?

c) Troque ideias com os colegas e o professor e deduza: Por que os textos apresentam informações diferentes se têm como base a mesma pesquisa?

Todo texto contém necessariamente, de forma menos ou mais explícita, um ponto de vista, que pode ser identificado por meio de uma análise cuidadosa da linguagem. Como vimos no estudo comparativo entre as notícias e o artigo de divulgação científica, muitos elementos, como a escolha de algumas palavras, a pontuação, a construção das frases e citações contribuem para construir sentido e marcar, de forma menos ou mais direta, o ponto de vista do autor, mesmo que o texto seja escrito de forma impessoal.

Convém lembrar que o enunciador — a pessoa, a instituição, o veículo de comunicação, etc., responsável pela produção do texto — tem necessariamente seu ponto de vista sobre o assunto, ainda que não o manifeste de forma explícita no próprio texto, seja ele uma notícia, seja um depoimento, seja uma reportagem, etc.

Portanto, é importante saber reconhecer as estratégias utilizadas para expressar tais posicionamentos, direta ou indiretamente. Para isso é necessário ter em mente que os textos apresentam apenas uma versão do fato e que certamente há outras versões.

Leia o texto a seguir:

Plantas também podem entrar em extinção?

É muito comum que os animais sejam os seres vivos mais relacionados ao desaparecimento de espécies da Terra. Inclusive, é o reino mais pesquisado quando se trata desse tema. No entanto, existe outro grupo tão importante quanto para a biodiversidade do planeta: o reino vegetal. Será que as plantas também estão sujeitas à extinção?

Infelizmente, as plantas, além de vulneráveis ao desaparecimento, estão, sim, sob forte ameaça de extinção. Segundo o relatório de Avaliação Global de Árvores, publicado em 2020 pela Organização das Nações Unidas para Alimentação e Agricultura (FAO), ao menos 30% das espécies de árvores do mundo podem ser extintas.

[...]

O desmatamento e as queimadas são apresentados como os maiores contribuidores para a redução da população vegetal mundial. Os impactos dessa perda são profundos para todo o planeta, pois as plantas são a base da cadeia alimentar de muitos seres vivos. Para derrubar uma torre de baralhos, basta remover algumas cartas de baixo.

[...]

Se todos os seres vivos possuem papéis fundamentais e únicos para a biodiversidade do planeta, nada mais justo que as plantas ganhem a mesma importância do que os animais e outros organismos, tanto para o combate à ameaça de extinção quanto para a preservação deste reino que literalmente produz o oxigênio que respiramos.

(*Canaltech*, 14/10/2021. Disponível em: https://canaltech.com.br/meio-ambiente/plantas-tambem-podem-entrar-em-extincao-198710/. Acesso em: 25/3/2022.)

1. O título do texto é uma pergunta, que é retomada no primeiro parágrafo. Troque ideias com os colegas e o professor e responda: A presença de perguntas como essa deixa o texto mais pessoal ou mais impessoal? Justifique sua resposta.

2. O texto toma por base informações da mesma pesquisa mencionada em textos anteriores. Em qual trecho do texto lido essa informação é explicitada?

3. Ao comparar esse texto com os estudados anteriormente, é possível perceber o posicionamento pessoal do autor. Analise os trechos a seguir e indique aqueles que contêm claramente o posicionamento dele. Justifique suas respostas com base nos termos e construções utilizados.

   a) "[...] existe outro grupo tão importante quanto para a biodiversidade do planeta: o reino vegetal."

   b) "Infelizmente, as plantas, além de vulneráveis ao desaparecimento, estão, sim, sob forte ameaça de extinção."

   c) "O desmatamento e as queimadas são apresentados como os maiores contribuidores para a redução da população vegetal mundial."

   d) "[...] nada mais justo que as plantas ganhem a mesma importância do que os animais e outros organismos [...]"

Flor de *Schefflera vinosa*, conhecida como mandioquinha-do-cerrado, São Carlos (SP), 2015.

4 Releia esta frase:

> "Para derrubar uma torre de baralhos, basta remover algumas cartas de baixo."

a) No texto, essa frase foi empregada em sentido figurado. Explique-a e deduza qual é o sentido dela no contexto.

b) Releia estes trechos:

> - "[...] é o reino mais pesquisado quando se trata desse tema."
> - "[...] a preservação deste reino que literalmente produz o oxigênio que respiramos."

Neles também foi empregada linguagem figurada? Explique.

De olho na escrita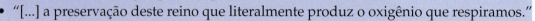

Palavras terminadas em -izar/-isar e -oso

Leia o gráfico a seguir, gerado com base em uma pesquisa feita pelo instituto WWF Brasil sobre a relação dos brasileiros com o meio ambiente.

Fonte: Unidades de Conservação 2018. *Pesquisa Ibope/WWF-Brasil*. Disponível em: https://www.wwf.org.br/?67242/Pesquisa-WWF-Brasil-e-Ibope-Brasileiro-quer-ficar-mais-perto-da-natureza-mas-acha-que-ela-no-est-sendo-protegida. Acesso em: 25/3/2022.)

1 O gráfico compara dados de 2014 com dados de 2018. Troque ideias com os colegas e o professor e responda:

a) O título está diretamente relacionado a qual item apresentado?

b) Comparando os resultados das pesquisas feitas nesses dois anos, é possível considerar que a relação dos brasileiros com a natureza tem se intensificado? Explique.

2 Observe as formas verbais em destaque nos trechos a seguir:

> - "**Valorizam** lugares que tenham paisagens naturais [...]"
> - "[...] costuma **realizar** atividades junto à natureza"

368 UNIDADE 4 ▷ Capítulo 3

a) As formas verbais em destaque têm a mesma terminação quando estão no infinitivo. Que terminação é essa?

b) Deduza: De quais palavras as formas desses verbos, no infinitivo, derivam?

c) Entre as palavras a seguir, indique as que dão origem a formas verbais, no infinitivo, pelo acréscimo da terminação **-izar**. Quais são essas formas verbais?

| disponível | papel | feliz | parabéns | canal | postal | sensível |

3 Releia o subtítulo do gráfico:

"Percentuais são mais altos que em pesquisa realizada em 2014"

a) Qual verbo é formado a partir da palavra **pesquisa**?

Agora, observe:

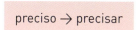 

preciso → precisar   análise → analisar   aviso → avisar

b) Compare as terminações dessas formas verbais com as terminações das formas verbais analisadas na questão anterior: Qual é a diferença entre elas?

c) Deduza: Qual é o sufixo, isto é, a terminação, das formas verbais analisadas nesta questão?

d) Indique, entre as palavras a seguir, as que dão origem a verbos cuja terminação, no infinitivo, é a mesma que a de **precisar**, **analisar** e **avisar**. Depois, escreva no caderno quais são os verbos.

- piso
- vaso
- fuso
- improviso

4 Com base em suas respostas anteriores, discuta com os colegas e o professor e conclua: Por que as formas verbais analisadas nas questões 2 e 3 não apresentam a mesma terminação?

Agora, leia o gráfico a seguir.

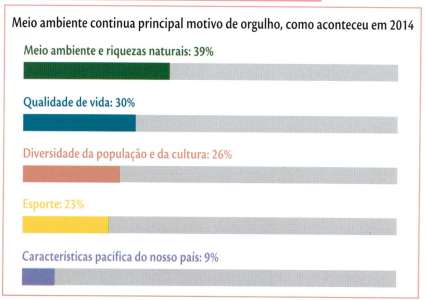

Quais são as razões de orgulho para o país?

Meio ambiente continua principal motivo de orgulho, como aconteceu em 2014

Meio ambiente e riquezas naturais: 39%
Qualidade de vida: 30%
Diversidade da população e da cultura: 26%
Esporte: 23%
Características pacífica do nosso país: 9%

Fonte: Unidades de Conservação 2018. Pesquisa Ibope/WWF-Brasil. Disponível em: https://www.wwf.org.br/?67242/Pesquisa-WWF-Brasil-e-Ibope-Brasileiro-quer-ficar-mais-perto-da-natureza-mas-acha-que-ela-no-est-sendo-protegida. Acesso em: 25/3/2022.

5 Esse gráfico apresenta as razões que dão orgulho de viver no país, segundo os brasileiros entrevistados.

a) Você concorda com esse resultado? Por quê?

b) Faça uma enquete com a turma usando a mesma pergunta do gráfico acima e depois crie com os colegas um gráfico com os dados coletados. O gráfico ficou parecido com o original?

6 Assim como é possível formar verbos acrescentando uma terminação a um substantivo, também é possível formar adjetivos por um processo semelhante. Observe o substantivo **orgulho**, empregado no texto.

a) Entre as terminações a seguir, indique aquela que pode ser utilizada para formar um adjetivo a partir do substantivo **orgulho**. Escreva no caderno o adjetivo formado.

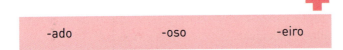

-ado   -oso   -eiro

b) Quais das palavras a seguir formam adjetivo com a mesma terminação indicada por você no item **a**?

maravilha	relógio	eleitor
amor	natureza	vida
custo	anjo pé	valor

c) Escreva no caderno os adjetivos formados com base nas palavras indicadas por você no item **b**.

d) Observe os sentidos das palavras formadas, troque ideias com os colegas e o professor e conclua: Que sentido é dado a essas palavras pelo acréscimo do sufixo **-oso**?

Você já sabe que as palavras de uma língua se formam por vários processos, entre eles a derivação. Nesse processo, palavras primitivas dão origem a outras, por meio do acréscimo de prefixos e sufixos. No estudo que acabamos de fazer, vimos que **-izar**, **-ar** e **-oso** são sufixos da nossa língua.

Os dois primeiros dão origem a formas verbais no infinitivo: **-izar** se junta a palavras que não contêm a letra **s** no radical, enquanto **-ar** se junta a palavras que contêm a letra **s** no radical. O sufixo **-oso**, por sua vez, forma adjetivos ao ser acrescentado a substantivos, dando a eles a ideia de abundância, de grande quantidade. Quando o adjetivo ao qual é acrescentado acompanha substantivos femininos, pode ser flexionado no feminino: **-osa**.

Veja outros exemplos de palavras derivadas por meio do acréscimo dos sufixos **-izar**, **-ar** e **-oso**:

friso → frisar	precisão → precisar	visão → visar
canal → canalizar	industrial → industrializar	urbano → urbanizar
gosto → gostoso	mimo → mimoso	seda → sedoso

370 UNIDADE 4 ▸ Capítulo 3

EXERCÍCIOS

Leia o cartaz a seguir e responda às questões 1 a 3.

(Disponível em: http://4.bp.blogspot.com/-va5EF_Jp1bA/TdKHsMchD8I/ AAAAAAAAAFY/8xAcw2GKQAU/s1600/Cartaz_Recicle_Oleo_ShopVale_ 40x60+copy.jpg. Acesso em: 7/3/2022.)

1 Qual é a finalidade principal desse cartaz?

2 Indique os verbos formados a partir do radical destas palavras empregadas no cartaz:

- solidariedade
- consciência
- disponíveis

3 Como se formam os verbos que você indicou na questão anterior?

4 Quais são os infinitivos correspondentes às seguintes formas verbais?

a) armazene

b) usado

c) traga

d) repassada

5 Leia as manchetes a seguir.

I. *Próximos dias com muita chuva em SP e no RJ*

(*Terra*, 6/2/2022.)

II. *Suco relaxante de maçã e maracujá: refrescante e cheio de sabor, pronto em 15 minutos*

(*FolhaGO*, 24/1/2022.)

III. *Os Clássicos da Moda: chapéus são cheios de estilo e significados*

(*R7*, 16/2/2022.)

a) Sem alterar significativamente o sentido, reescreva-as no caderno, substituindo termos e expressões por adjetivos formados com sufixo **-oso**.

b) Considerando o sentido do sufixo **-oso**, explique: Por que tais substituições poderiam ser feitas sem causar prejuízo ao sentido das manchetes?

Para escrever com coerência e coesão

A coerência e a coesão textual

Todo texto — oral, escrito, composto de imagens e de texto escrito (como as tirinhas) ou de recursos gráficos (como os infográficos) — tem um sentido global. Esse sentido é alcançado por sua **textualidade**, formada por vários fatores que contribuem para um texto ter sentido, como a **coerência** e a **coesão**.

A coerência textual

Leia, a seguir, o título de um texto de divulgação científica.

"Oito braços que pensam?"

1 Esse título consiste em uma pergunta. Levante hipóteses: Por que ele é apresentado dessa maneira?

2 Em sua opinião, a relação estabelecida entre braços e a capacidade de pensar é surpreendente?

3 Considerando que o texto com esse título é um artigo de divulgação científica, levante hipóteses: Do que trata o texto?

372 UNIDADE **4** ▶ Capítulo **3**

Leia, agora, o texto completo:

Oito braços que pensam?
Conheça os polvos, animais incríveis!

FUNDO DO MAR — 07-08-2017

O que é, o que é: tem oito braços, uma cabeça arredondada, é muito inteligente e vive no fundo do mar? Se você respondeu polvo, acertou! Mas vamos falar a verdade: essa foi fácil, não foi? Devido ao formato de corpo que só eles têm, os polvos são inconfundíveis! Por isso, são comuns em muitos filmes, desenhos animados e lendas das mais antigas. Mas será que tudo que é mostrado sobre esses animais é verdade?

Com oito braços distribuídos ao redor de sua cabeça e sem esqueleto duro, os polvos são muito flexíveis. Por isso, conseguem entrar em pequenas reentrâncias e frestas no fundo do mar, seja para procurar um alimento, escapar de um predador ou descansar. Os braços dos polvos são ainda cobertos de ventosas adesivas, utilizadas tanto para locomoção como para segurar objetos e até outros animais.

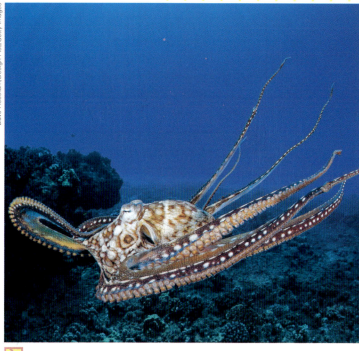

Polvo no mar do Havaí, 2016.

Além de flexíveis, os polvos podem mudar a cor e a textura de seu corpo. Assim, são capazes de se camuflar no ambiente, ficando praticamente invisíveis, e até de imitar animais perigosos para enganar e assustar seus predadores. Em último caso, quando ameaçados, os polvos jogam uma tinta escura nos predadores, deixando-os desorientados, e fogem em segurança.

Em contrapartida ao corpo mole, os polvos têm um bico duro e afiado em sua boca, que utilizam para quebrar conchas e carapaças de suas presas, como caramujos e caranguejos. Porém, diferentemente do que muita gente pensa, os polvos não são agressivos, a não ser quando ameaçados ou quando estão caçando. Por outro lado, os polvos fazem jus a outra fama que têm: a de sua grande inteligência. São capazes de abrir garrafas, achar a saída de labirintos e fugir de aquários. E o mais incrível: conseguem aprender tudo isso apenas observando outros polvos.

Agora, o melhor ficou para o final! O que muita gente não sabe é que a maior parte do cérebro dos polvos não está na sua cabeça, mas distribuída entre seus oito braços. Ou seja: polvos possuem braços que pensam! Por causa de sua inteligência, os polvos são utilizados em estudos científicos que procuram entender como animais tão diferentes de nós, seres humanos, e com cérebros mais simples, conseguem fazer atividades e ter comportamentos tão complexos.

Esquisito? Pode até ser, mas, com seu formato de corpo e os seus oito braços pensantes, os polvos nos fazem refletir sobre como a vida na Terra pode produzir características tão semelhantes, mas com formas e origens tão diferentes.

(Roberta Bonaldo e Amanda Ercília de Carvalho, Universidade Estadual de Campinas e Universidade Federal da Bahia. Disponível em: http://chc.org.br/coluna/oito-bracos-que-pensam/. Acesso em: 28/3/2022.)

4 Do que o texto trata?

5 Quem são os autores do texto? Que relação eles têm, provavelmente, com o tema?

6 Qual característica do polvo tem relação com o título "Oito braços que pensam?"? A pergunta-título é respondida no texto?

A expressão "Oito braços que pensam?" indica aparentemente uma situação absurda, pois a ideia de braços pensantes parece ser incoerente com a realidade e, por isso, é empregada como pergunta. Contudo, após a leitura do texto, que é um artigo de divulgação científica e tem por finalidade explicar conceitos e descobertas científicas, o leitor consegue compreender o título e dar sentido a ele. Podemos dizer, portanto, que há **coerência** nesse texto, uma vez que é possível estabelecer conexões de ideias com sentido.

Coerência textual são as conexões de ideias que conferem sentido a um texto.

A coerência de um texto relaciona-se não só com a construção de ideias observada nele próprio, mas também com os conhecimentos prévios do leitor e com a situação em que ele é produzido, ou seja, ela diz respeito também a quem produz, para quem, com que finalidade.

A coesão textual

A coerência textual está diretamente ligada à conexão entre palavras e partes do texto.

1 Releia o primeiro parágrafo do texto "Oito braços que pensam?" e depois responda:

a) As palavras **essa** e **eles** se referem a quais palavras ou expressões empregadas anteriormente?

b) A expressão **esses animais** retoma qual palavra empregada anteriormente?

c) A expressão **por isso** liga duas ideias do texto: a de que os polvos têm um formato de corpo especial e a de que os polvos aparecem com frequência em filmes, desenhos animados e lendas. Que sentido **por isso** tem nesse contexto? Indique a melhor opção.

- conclusão
- oposição
- adição
- causa

d) A palavra **mas** aparece duas vezes no parágrafo. Que sentido ela expressa nos dois contextos? Indique a melhor opção.

- adição
- oposição
- causa
- consequência

2 Releia o quarto parágrafo.

a) Qual é o sentido da expressão **em contrapartida** no contexto? Indique a melhor opção.

- em consequência
- em compensação
- por causa de

b) A expressão **por outro lado** liga duas ideias do texto. Que sentido ela tem no contexto? Indique a melhor opção.

- adição
- contraste
- causa
- consequência

3 No início do quinto parágrafo, as autoras do texto afirmam que o melhor ficou para o final. Que informação, explicitada nesse parágrafo, é anunciada pela expressão **o melhor**?

4 Releia o último parágrafo do texto. Depois, responda: Os pronomes **seu** e **seus** se referem a qual palavra ou expressão empregada anteriormente?

Ao responder às questões anteriores, você notou que as partes, as frases e as palavras do texto "Oito braços que pensam?" não estão soltas. Elas se relacionam, ou seja, retomam, se referem e se ligam umas às outras, formando uma espécie de tecido verbal, isto é, formando o **texto**. Essas conexões são chamadas **coesão textual**.

> **Coesão textual** são as conexões gramaticais existentes entre palavras, frases, parágrafos e partes maiores de um texto.

Para que um texto seja um todo significativo, e não um amontoado de frases soltas, sem conexão, é necessário que ele tenha **textualidade**. A coerência e a coesão textuais são dois dos elementos fundamentais que conferem textualidade a um texto.

EXERCÍCIOS

Leia a seguinte tira, com as personagens Calvin e Haroldo, e responda às questões 1 a 5.

(Bill Watterson. Disponível em: http://depositodocalvin.blogspot.com.br/2013/01/calvin-haroldo-tirinha-617-27-de-julho.html. Acesso em: 28/3/2022.)

1 Na tira, Calvin faz uma série de reclamações sobre a vida dele. Com base apenas nas falas do garoto, como parece ser a vida do personagem?

2 Observe as imagens dos quadrinhos. O que Calvin está fazendo enquanto reclama de tédio?

3 Observe as falas de Calvin no 1º e no 2º quadrinhos.

a) O pronome possessivo **minha** se refere a quem?

b) O advérbio **aqui** retoma qual expressão empregada anteriormente?

4 Calvin fica bravo com a fala de Haroldo no último quadrinho. Por que ele reage assim?

5 O humor da tira é construído com base na incoerência entre o que Calvin diz e o que as imagens retratam. Explique essa incoerência.

6 Complete o texto que segue, dando a ele coerência e coesão. Para isso, empregue as palavras do quadro abaixo nos lugares convenientes.

Por que o Rio Negro e o Rio Solimões não se misturam?

Perto de Manaus, o Rio Solimões (de águas claras ■ barrentas) se encontra com o Rio Negro (com águas limpas ■ escuras), formando o maior rio do planeta, o Amazonas.

O interessante é ■ as águas claras e escuras permanecem lado a lado ■ muitos quilômetros sem se misturar, criando um fenômeno conhecido como "Encontro das águas".

Passei por lá em 2009 e posso dizer que, ■ bem de pertinho, é possível ver as duas cores bem separadas, ■ se existisse um muro invisível entre elas. Dê uma olhada na foto que eu tirei: ■ acontece ■ as águas do Solimões são mais frias que ■ do Negro, dificultando a mistura. ■, apesar de os dois rios serem lentos, o Solimões desce um pouco mais rápido, e ■ também contribui para que as águas se mantenham separadas.

(Disponível em: www.manualdomundo.com.br/2013/10/por-que-o-rionegro-e-o-solimoes-nao-se-misturam/. Acesso em: 28/3/2022.)

PRODUÇÃO DE TEXTO

Artigo de divulgação científica: construção e recursos expressivos

No início deste capítulo, você leu um artigo de divulgação científica relacionado ao meio ambiente. Releia o texto, se necessário, para responder às questões a seguir.

1. Como você viu, o artigo de divulgação científica é um texto produzido com uma finalidade específica.

    a) Qual é a finalidade desse gênero?
    b) Em que meios ele circula?
    c) A quem ele se destina?

2. Os temas abordados por artigos de divulgação científica são geralmente aqueles que a ciência vem estudando, pesquisando ou buscando explicações simplificadas de fenômenos. No caso do artigo lido:

    a) Qual é o tema central abordado pelo texto?
    b) Por que esse tema pode interessar ao público?

3. Observe o título e o subtítulo do artigo lido.

> **1 a cada 3 árvores no mundo está perto da extinção, alerta estudo**
>
> Relatório "State of the World's Trees" mostra que ações humanas são os principais perigos para a flora arbórea. No Brasil, cerca de 20% das espécies estão ameaçadas

a) Como o título foi construído? Ele consegue atrair a atenção do público? Por quê?

b) Em artigos de divulgação científica, o subtítulo não é obrigatório. No artigo lido, qual é o papel do subtítulo?

Floresta tropical do Parque Nacional Khao Yai, Tailândia.

4 Não há uma estrutura rígida para os artigos de divulgação científica. Contudo, geralmente no primeiro ou nos dois primeiros parágrafos se apresenta uma **introdução** do texto (expondo o fenômeno, ou o conceito científico, ou a pesquisa científica); em seguida, inicia-se o **desenvolvimento** (explicando cientificamente por que ocorre aquele fenômeno, ou o que é determinado conceito, ou explicando os resultados de uma pesquisa, etc.); e, finalmente, temos a **conclusão** (que geralmente ocorre no último parágrafo e nele há a retomada das principais ideias do texto, ou um alerta aos leitores, ou sugestões para novas pesquisas, etc.). No texto lido:

a) Em que parágrafo(s) do texto é apresentada a introdução?

b) No caderno, anote as letras que indicam os procedimentos utilizados no desenvolvimento do artigo lido:

(A) Cita os participantes da pesquisa e os resultados.
(B) Dá as causas da extinção de espécies de árvores.
(C) Oferece dados da pesquisa: percentuais de espécies em risco e em vias de extinção.
(D) Aponta a atuação dos governos no combate ao desmatamento.
(E) Indica como é a situação das espécies de árvores no Brasil.
(F) Denuncia a falta de iniciativa de pesquisadores e instituições de todo o mundo para a preservação das espécies.
(G) Disponibiliza dados da pesquisa para todos os interessados.
(H) Aponta a necessidade de todos participarem da luta pela preservação das árvores.

c) Que tipo de conclusão é desenvolvida?

5 É comum haver em artigos de divulgação científica depoimentos ou trechos de entrevistas de cientistas, nomes de obras e revistas especializadas, bem como de instituições de pesquisa, dados estáticos, resultados de pesquisa, etc. No artigo de divulgação científica lido:

a) São divulgados resultados de pesquisas e dados estatísticos, instituições de pesquisa, nomes de pesquisadores e trechos de entrevistas? Justifique sua resposta com elementos do texto.

b) Considerando a finalidade desse gênero e o perfil do público, que importância tem citar esses dados?

Árvores baobás em Madagascar.

6 Embora o artigo de divulgação científica tenha a pretensão de abordar um tema científico de forma simples para um público leigo, é comum haver o emprego de alguns termos técnicos ou científicos. Observe a linguagem do texto lido e responda:

a) Quais termos indicam uma linguagem técnica e especializada? A que áreas do conhecimento esses termos pertencem?

b) A variedade linguística usada no artigo está de acordo com a norma-padrão?

c) Que tempo verbal predomina no texto? Por que esse tempo é predominante?

7 Os artigos de divulgação científica podem ser acompanhados de tabelas, gráficos, infográficos, fotografias e ilustrações que contribuem para as informações da parte verbal. No artigo lido, existem tais recursos?

8 Com a orientação do professor, junte-se a alguns colegas para resumir as características básicas do artigo de divulgação científica. Para isso, copiem o quadro a seguir no caderno e completem as lacunas de acordo com o que aprenderam sobre o artigo estudado ou outros textos que vocês tenham lido.

Artigo de divulgação científica: construção e recursos expressivos	
Quem são os interlocutores do artigo de divulgação científica?	
Qual é o objetivo desse gênero textual?	
Onde circula?	
De que linguagens o artigo de divulgação científica se constitui?	
Como se caracteriza a linguagem verbal de um artigo de divulgação científica?	
Qual é a estrutura básica do artigo de divulgação científica?	

UNIDADE **4** Capítulo 3

Agora é a sua vez

No capítulo **Intervalo** desta unidade, você vai montar com a turma um jornal sobre o meio ambiente, no formato que foi definido por vocês no capítulo 1 — impresso, digital, televisivo, jornal de rádio ou *podcast*. Entre outros gêneros, nesse jornal haverá artigo de divulgação científica. Para isso, é necessário que você e os colegas produzam textos desse gênero.

No início deste capítulo, você leu um artigo sobre o risco de extinção que algumas espécies de árvores estão correndo em nosso planeta. Além das árvores, outras espécies de seres vivos correm esse risco, por causa das ações humanas e das mudanças climáticas.

Dividam-se em grupos e contribuam com o meio ambiente, pesquisando o assunto, produzindo um artigo de divulgação científica e compartilhando-o com a comunidade escolar por meio do jornal que vocês vão publicar. Orientem-se pelas instruções a seguir.

Pesquisando e organizando as informações

- Com a orientação do professor, façam um recorte do tema: se vocês escolheram o tema "animais", qual recorte vão fazer sobre esse tema? Vão escolher mamíferos, aves, répteis, peixes, anfíbios, insetos ou aracnídeos, por exemplo? Escolhida a classe, que espécie vocês pretendem pesquisar?

- Levantem algumas questões que vão orientar a pesquisa, por exemplo: Onde vivem esses animais? Qual é a população estimada? Quais são as prováveis causas do risco de extinção? Que ações podem ser adotadas para reverter esse quadro? Que experiências deram certo? Pensem também em outras questões que gostariam de ver respondidas pela pesquisa.

- Definam as fontes de pesquisa: livros de Ciências, revistas de divulgação científica, enciclopédias, *sites* especializados e canais de vídeos da internet. Peçam a ajuda do professor de Ciências e da bibliotecária da escola, pois eles poderão indicar fontes seguras. Vejam alguns *links* que podem servir como ponto de partida para a pesquisa:

- Quem entra na lista vermelha? Revista *Ciência Hoje das Crianças*, 4 out. 2021. Disponível em: http://chc.org.br/artigo/quem-entra-na-lista-vermelha/.

- Chá de sumiço. Revista *Ciência Hoje das Crianças*, 8 jul. 2020. Disponível em: http://chc.org.br/artigo/cha-de-sumico/.

- Imprimam os melhores textos pesquisados e, durante a leitura de vocês, grifem as principais partes, fazendo anotações no próprio texto ou em um bloco de notas à parte, procurando resumir ou esquematizando as principais ideias. Se julgarem conveniente e útil, façam quadros, tabelas ou mapas conceituais que possam integrar o artigo e ajudar a transmitir as informações.

- Ao pesquisarem textos de diferentes fontes — fonte impressa, digital e vídeo, por exemplo —, comparem informações e dados, verificando se são semelhantes ou se apresentam diferenças. No caso de haver diferenças, tenham uma postura crítica diante delas e avalie quais são as fontes mais seguras, quais podem estar veiculando erros conceituais e, depois, busquem outras fontes mais confiáveis para fazer um novo confronto.

- Quando tiverem informações suficientes e seguras sobre o recorte do tema escolhido, organizem as informações de forma esquemática em painéis (usando cartolina, por exemplo) ou em *slides,* e façam uma apresentação para o professor e os colegas de turma. Ouçam sugestões, anotem e reformulem o texto, se necessário.

380 UNIDADE 4 ▶ Capítulo 3

Planejamento do texto

- Decidam se vão incluir no texto o ponto de vista do grupo sobre o tema abordado ou se vão procurar dar a ele um tratamento impessoal.
- Definam quais informações pretendem destacar e observem a estrutura das frases (ordenação dos termos, escolha das formas verbais, seleção e apresentação dos dados, etc.) na construção do texto.
- Pensem em um parágrafo introdutório, que resuma as principais informações do texto.
- Anotem como vão desenvolver os parágrafos seguintes: que dados vão apresentar, se trarão depoimentos de especialistas, dados de pesquisas, se farão comparações, etc.
- Pensem de que forma vão concluir o texto.

Escrita

- Redijam o parágrafo introdutório. Nele, a ideia principal do texto deve ser claramente identificada de forma sucinta.
- Iniciem os parágrafos de desenvolvimento do texto apresentando fatos, exemplos, dados e estatísticas que possibilitem elaborar o assunto.
- Citem vozes de autoridade e especialistas. Se transcreverem trechos de entrevistas, não se esqueçam de demarcar as vozes com aspas e indicar as fontes.

- Utilizem imagens que chamem a atenção e, se julgarem necessário, criem para elas legendas sucintas e interessantes. Se fizerem uso de tabelas, gráficos e infográficos, eles devem dialogar com a parte verbal, organizando e complementando as informações.
- Se for conveniente, recorram a analogias, comparações e metáforas, utilizando a linguagem figurada a fim de facilitar a compreensão de conceitos científicos.
- Procurem empregar uma linguagem de acordo com a norma-padrão e adequada ao público leitor do jornal: outros estudantes, familiares, professores e funcionários da escola. Cuidem para que não haja erros conceituais. Se usarem terminologias científicas, insiram notas explicativas entre parênteses, ou usem expressões como "ou seja", "quer dizer", ou façam notas de rodapé.
- Redijam a conclusão retomando as ideias centrais do texto ou fazendo propostas e sugestões.
- Criem um título (e, se quiserem, um subtítulo) para o texto, antecipando, de forma resumida, as ideias principais e o enfoque de como elas serão tratadas.
- Empreguem os recursos de coesão textual que aprenderam neste capítulo, estabelecendo relações e conexões com o emprego de expressões como "além disso", "por outro lado", "apesar disso", "ainda que", "outro aspecto", entretanto, etc.

Revisão e reescrita

Antes de finalizar o texto, releiam-no, observando:
- se ele está redigido e estruturado de acordo com a situação de comunicação;
- se a linguagem empregada está de acordo com a norma-padrão e adequada ao público leitor;
- se o assunto está exposto com clareza e as ideias são apoiadas em exemplos, comparações, relações de causa e efeito, dados estatísticos, etc.;
- se há vozes de autoridades e especialistas no assunto e se estão bem demarcadas;
- se o texto ficou leve e atraente para a leitura e se as imagens escolhidas despertam o interesse do leitor;
- se a estruturação do texto em parágrafos está bem-feita;
- se a linguagem apresenta terminologia científica acessível, mas sem erros conceituais;
- se o título é convidativo e anuncia o que vai ser tratado;
- se existem elementos de conexão entre as frases e os parágrafos do texto que garantem a coesão textual.

Outros suportes

Caso seu grupo tenha optado por outro formato e suporte que não o impresso, converse com o professor sobre como adaptar o artigo de divulgação científica para jornal televisivo, ou programa de rádio, ou *podcasts*.

DIVIRTA-SE

(Disponível em: http://www.responsabilidadesocial.com/charge/lute-2012-06-15/. Acesso em: 30/5/2022.)

PASSANDO A LIMPO

Leia o texto a seguir e responda às questões 1 e 2.

[...] Diz Fred Eliaschewitz, diretor do Centro de Pesquisas Clínicas (CPClin), de São Paulo: "Nenhuma máquina ou modelo de computador consegue simular a complexidade de um organismo vivo". Um remédio contra a asma pode até nascer de um programa de computador. Mas não há como testar, em máquinas, sua segurança no cérebro, nos intestinos, no fígado e nos rins. Isso só é garantido inicialmente com testes em animais e, depois, nos próprios seres humanos. Além disso, é filosofia dos pesquisadores mais sérios e cuidadosos sempre reduzir a amostra de cobaias e, na medida do possível, substituí-las por espécies inferiores. Os ratos hoje estão presentes em 75% das experiências. Os cachorros, em especial os beagles, em menos de 1% delas. Uma das espécies que mais têm sumido dos experimentos são os primatas. Ainda assim, seu uso é essencial para as pesquisas de doenças neurodegenerativas e imunológicas. Não fossem os macacos, o neurocientista Miguel Nicolelis [...] jamais teria avançado em seus hoje reputadíssimos estudos sobre neurofisiologia, em busca de próteses neurais para pacientes vítimas de paralisia.

[...]

(Nossa eterna gratidão. *Veja*, n. 2 345, p. 106-107.)

1 De acordo com o texto:

a) as máquinas ou modelos de computador substituem os animais nos testes de laboratório.

b) ratos representam a menor parcela de animais utilizados como cobaias.

c) hoje os primatas não são mais usados em pesquisas.

d) os testes em animais são necessários para a pesquisa de doenças humanas.

2 No trecho "**Isso** só é garantido inicialmente com testes em animais", o termo em destaque se refere a qual expressão do texto?

a) remédio

b) programa de computador

c) segurança

d) testar

UNIDADE 4 ▸ Passando a limpo · 383

Leia a tira a seguir e responda às questões 3 e 4.

(André Dahmer. *Folha de S.Paulo*, 24/9/2013.)

3 Na tira, o personagem emite uma opinião. Como essa opinião pode ser traduzida?

a) Os humanos são superiores aos animais.

b) Os humanos não são solidários.

c) Os pássaros são desumanos.

d) Os pássaros não são solidários.

4 No 1º quadrinho, a palavra **se**, em "se ajudam" e "se revezam", ressalta a ideia de que os pássaros:

a) colaboram uns com os outros.

b) excluem alguns membros do bando.

c) só colaboram com o grupo em certas condições.

d) são individualistas e apenas seguem a direção dos ventos.

5 Leia as estrofes de uma adivinha, de Armando Nogueira.

O que é, o que é?

O que é, o que é?
Bola de ouro
Correndo, sem choro
Na ponta do pé.

[...]

O que é, o que é?
Bola de fogo
Ardendo no jogo
De pé contrapé.

[...]

O que é, o que é?
Bola fagueira
Saindo certeira
Do arco do pé.

É gol de Pelé.

(Disponível em: https://novaescola.
org.br/conteudo/7435/o-que-e-o-que-e.
Acesso em: 28/3/2022.)

384 UNIDADE 4 ▶ Passando a limpo

A repetição de sons é um dos principais elementos responsáveis pela musicalidade de um texto. No texto lido, há repetição de sons:

a) em todas as palavras dos versos 2 e 3, 6 e 7, 10 e 11.

b) apenas nas palavras do primeiro verso de cada estrofe.

c) somente no título do poema.

d) nas rimas entre palavras monossílabas e oxítonas.

6 Leia este cartum, de Laerte:

(*Folha de S.Paulo*, 23/8/2013.)

A ausência de verbo no primeiro balão e a intencionalidade diferente de cada discurso são os elementos responsáveis pelo humor do cartum. Do ponto de vista do tamanduá, o verbo ausente na fala do homem é:

a) pôr.

b) haver.

c) tirar.

d) existir.

Leia o texto a seguir e responda às questões 7 e 8.

Desmatamento no Brasil: o verde em perigo

O assunto não sai dos jornais: o Brasil está perdendo áreas verdes. O Instituto Nacional de Pesquisas Espaciais estima que 17% da Floresta Amazônica tenha desaparecido do mapa, aproximadamente 700 mil quilômetros quadrados, uma área em que caberiam os estados de Minas Gerais, do Rio de Janeiro e do Espírito Santo. Mas não é só ela: 93% da Mata Atlântica não existe mais, e o cerrado encolheu 40% nos últimos dez anos, segundo o Instituto Brasileiro de Geografia e Estatística. Os fatores que contribuem para esse quadro preocupante têm como origem a urbanização, o desmatamento para a abertura de estradas e a expansão da agropecuária.

Além de causar o empobrecimento da biodiversidade e contribuir para a concentração de gás carbônico na atmosfera, o fim das formações naturais destrói o hábitat de insetos e outros animais, que se tornam vetores de doenças, e ameaça os mananciais. [...]

(Disponível em: https://novaescola.org.br/conteudo/3145/desmatamento-no-brasil-o-verde-em-perigo#:~:text=O%20assunto%20n%C3%A3o%20sai%20dos,Janeiro%20e%20do%20Esp%C3%ADrito%20Santo. Acesso em: 10/2/2014.)

7 De acordo com o texto, a urbanização, a abertura de estradas e a expansão da agropecuária são:

a) ocorrências que resultam no desmatamento.

b) consequências do desmatamento.

c) condições para o desmatamento.

d) finalidades do desmatamento.

8 A expressão "esse quadro preocupante", no final do primeiro parágrafo do texto, faz referência:

a) à redução de uma área correspondente a três Estados brasileiros.

b) à extinção de grande parte da Mata Atlântica.

c) ao encolhimento da região do cerrado.

d) ao desmatamento de grandes áreas do território brasileiro.

Observe o anúncio a seguir e responda às questões 9 e 10.

9 Quanto à linguagem visual do anúncio, é **inadequado** dizer que:

a) a árvore que se transforma em areia representa o processo de desertificação resultante da destruição das florestas.

b) a ampulheta, instrumento que marca o tempo, demonstra que é urgente impedir o desmatamento.

c) o fundo e a base da imagem principal mostram a madeira que provém de árvores derrubadas.

d) a árvore, na parte superior da ampulheta, sugere o renascimento da natureza a partir do pó.

10 Sobre o anúncio como um todo, é **incorreto** afirmar que:

a) sua finalidade é conscientizar o público-alvo sobre a urgência de impedir o desmatamento.

b) a expressão "Não deixe" procura convencer o leitor a agir contra a destruição das florestas.

c) a expressão "fiquem no passado" sugere a possibilidade de nossas florestas ficarem apenas em nossa lembrança.

d) há contradição entre as linguagens verbal e visual do anúncio.

(*Superinteressante*, n. 322, p. 21.)

INTERVALO

Planeta Terra, urgente!

Nesta unidade, você leu textos relacionados com questões ambientais, que envolvem problemas como aquecimento global, derretimento de geleiras, nível ascendente do mar (que pode inundar muitas cidades) e desaparecimento de inúmeras espécies de seres vivos de nosso planeta. Além disso, a turma produziu entrevistas, notícias e artigos de divulgação científica, todos relacionados ao tema do meio ambiente.

Agora, participe da produção de um **jornal** cujo objetivo é compartilhar o conhecimento produzido ao longo desta unidade e colaborar para o desenvolvimento de uma consciência ambiental na comunidade escolar.

No capítulo 1 desta unidade, os grupos decidiram, sob a supervisão do professor, os tipos de jornais que iriam desenvolver: jornal impresso, jornal televisivo, jornal de rádio ou *podcast*. Converse com os colegas e o professor a respeito de como gostaria de apresentar ao público todo o material produzido por vocês, levando em conta os formatos e suportes escolhidos pela turma, assim como a realidade da comunidade em que vivem. Compartilhe ideias e ouça com atenção as propostas dos colegas e do professor. Defenda seu ponto de vista com base em argumentos consistentes, considerando o contexto escolar e os desejos de todos. Nessa discussão, a turma deve definir um plano para implementar o que for combinado e tomar algumas decisões.

TOMANDO DECISÕES

Com a ajuda do professor, combinem como serão montadas as diferentes versões do jornal e como se dará a divisão de tarefas pelos grupos de trabalho.

- **Cronograma**: Estabeleçam um cronograma com prazos para execução de todas as tarefas, considerando as particularidades das diferentes versões de jornal que vocês produzirão, a realidade da escola e a data final combinada com o professor.
- **Apresentação**: Como será montado o jornal impresso: ele será coletivo, com todos os textos jornalísticos produzidos pela turma ou cada grupo produzirá o próprio jornal?
- **Providências**: Façam um levantamento de todo o material necessário para a divulgação e a disponibilização dos jornais: murais, cartazes, espaço na biblioteca, salas, secretaria, cantina, sala dos professores, etc. Decidam se haverá um local fixo na escola em que os leitores terão acesso à versão impressa e em quais ambientes virtuais a versão digital será disponibilizada. Conversem com a gestão escolar sobre os locais

mais apropriados para a disponibilização da versão impressa, tendo em vista alguns critérios: espaços de maior circulação de pessoas e algum ponto de apoio (mesa, suporte, revisteiro) onde os jornais possam ser colocados. Se for possível, fotografem ou filmem esses locais e usem esse material para divulgar o jornal.

- **Divulgação**: Produzam *banners* e cartazes (impressos e digitais) para divulgar as diferentes versões do jornal, indicando, entre outras coisas, os locais onde os leitores poderão ter acesso à versão impressa, bem como os endereços das páginas virtuais para eles acessarem a versão digital ou a versão audiovidual — vídeos e *podcasts*. Com a ajuda do professor, organizem uma lista com o nome dos potenciais leitores e seus respectivos endereços de *e-mail*. Os cartazes impressos deverão ser afixados em locais estratégicos da escola para garantir que toda a comunidade escolar tome conhecimento da publicação do jornal.

JORNAL IMPRESSO

O grupo ou os grupos responsáveis pela produção de jornal impresso precisarão decidir:

- Qual será o suporte do jornal impresso? Ele será produzido e distribuído digitalmente, podendo ser impresso pelos leitores? Ou será exposto ao público em um mural do pátio, do corredor ou em outro lugar da escola? Ou ele será impresso e distribuído ao público? Neste caso, em que formato ele seria impresso? Quem arcaria com os custos da impressão?

- Como o jornal será organizado? Ele será dividido por gêneros — com uma seção só de notícias, outra só de entrevistas, outra só de artigos — ou será organizado por temas?

- Como será feita a distribuição das tarefas? O jornal impresso conta com várias etapas de trabalho, como a seleção de textos e imagens, a digitação, a diagramação, a definição do tipo e do tamanho de letra, etc., por isso, é importante distribuir as tarefas de cada etapa entre os grupos ou entre os membros de cada grupo.

UNIDADE 4 ▶ Intervalo 389

JORNAL DE RÁDIO, EM *PODCASTS* E TELEVISIVO

O grupo ou os grupos responsáveis pela apresentação de jornal de rádio ou jornal televisivo ou *podcast* devem decidir se pretendem fazer uma encenação ao vivo — diante de um público — de uma gravação do jornal ou se pretendem gravar previamente e editar o conteúdo para depois apresentá-lo.

O jornal, como já foi orientado ao longo dos capítulos, contará com as notícias e as entrevistas produzidas na unidade. Converse com o professor sobre a possibilidade de transformar os artigos de divulgação científica em notícias orais e entrevistas.

As diferentes tarefas que a atividade demanda para esses tipos de jornais — criação de roteiro, apresentação, gravação, edição do áudio ou do vídeo, vinheta musical, seleção de roupas para a gravação, no caso do jornal televisivo — devem ser divididas entre os membros do(s) grupo(s).

Para fazer a edição do material gravado, escolham um dos programas de edição de áudio ou de vídeo gratuitos disponíveis na internet. Se tiverem dificuldades para editar, peçam a ajuda do professor de Informática ou de Robótica da escola, ou de alunos mais experientes, ou de familiares.